पेंगुइन स्वदेश

मेरी फिल्मी आत्मकथा

हिन्दी फिल्मों के प्रख्यात अभिनेता बलराज साहनी के बचपन का नाम युधिष्ठिर था। वे सुप्रसिद्ध लेखक भीष्म साहनी के बड़े भाई थे। वे विश्वप्रसिद्ध फिल्में *धरती के लाल* (1946), *दो बीघा ज़मीन* (1953), *काबुलीवाला* (1961) और *गरम हवा* के लिए जाने जाते हैं। साहनी की प्रथम पत्नी दमयंती उनकी 1947 की फिल्म *गुड़िया* की नायिका थीं, उसी साल कम उम्र में उनकी मृत्यु हो गई। दो साल बाद, उन्होंने संतोष साहनी से विवाह किया। संतोष साहनी ने भी साहित्य और फिल्मी लेखन में अपनी विशिष्ट पहचान बनाई है।

मेरी फिल्मी आत्मकथा

बलराज साहनी

संपादन
श्रीमती संतोष साहनी

पेंगुइन स्वदेश
पेंगुइन रैंडम हाउस इम्प्रिंट

पेंगुइन स्वदेश

यूएसए | कनाडा | यूके | आयरलैंड | ऑस्ट्रेलिया | सिंगापुर
न्यू ज़ीलैंड | भारत | दक्षिण अफ्रीका | चीन

पेंगुइन स्वदेश, पेंगुइन रैंडम हाउस ग्रुप ऑफ़ कम्पनीज़ का हिस्सा है,
जिसका पता global.penguinrandomhouse.com पर मिलेगा

पेंगुइन रैंडम हाउस इंडिया प्रा. लि.,
चौथी मंजिल, कैपिटल टावर -1, एम जी रोड,
गुड़गांव 122 002, हरियाणा, भारत

पेंगुइन
रैंडम हाउस
इंडिया

प्रथम हिन्दी संस्करण हिन्द पॉकेट बुक्स द्वारा 1974 में प्रकाशित
यह हिन्दी संस्करण पेंगुइन स्वदेश में पेंगुइन रैंडम हाउस द्वारा 2023 में प्रकाशित

10 9 8 7 6 5 4 3 2

ISBN 9780143456278

टाइपसेटिंग : डीजीअल्ट्राबुक्स प्रा.लि., नई दिल्ली

मुद्रकः रेप्रो इंडिया लिमिटेड

www.penguin.co.in

FSC www.fsc.org MIX Paper from responsible sources FSC® C047271

This is a legitimate digitally printed version of the book and therefore might not have certain extra finishing on the cover.

पहला दौर

1

फिल्मों में एक चीज़ को 'फ्लैशबैक' कहते हैं, अर्थात् वर्तमान से भूतकाल में छलांग लगा जाना। फ्लैशबैक तभी सफल होता है, जब दर्शकों को नाटक के वर्तमान का काफी एहसास करा दिया जाए। फिर, उन्हें अंगुली लगाकर भूतकाल या भविष्य में कहीं भी घुमाया जा सकता है।

अपनी फिल्मी जीवनकथा का फ्लैशबैक शुरू करने से पहले आइए ज़रा वर्तमान के उद्यान में थोड़ा टहल लें।

चैम्बूर का इलाका। स्टूडियो का मेकअप रूम। मेकअप मैन ने रीति-अनुसार मेकअप का पहला तिलक आईने को लगाया, फिर मेरा मेकअप करना शुरू किया। अब वह ख़त्म हो चुका है। सिर्फ बालों को काला करना शेष रह गया है। महीने-डेढ़ महीने से मैंने खिज़ाब इस्तेमाल नहीं किया था, इसलिए ब्रश के साथ काली पैंसिल घिसा-घिसाकर बालों के ऊपर फेर रहा हूँ, जोकि बड़े झंझट का काम है।

अभी-अभी ड्रेसमैन मेरी मिलिट्री की वर्दी और काले डबली बूट रखकर गया है। उनकी तीखी पॉलिश की गन्ध से सारा कमरा भर गया है, जिससे अनुमान लगाया जा सकता है कि कमरा बहुत छोटा है। दरअसल, बड़े सारे एक कमरे में दो और दीवारें डालकर तीन कम्पार्टमेंट बना दिए गए हैं। कोई दस वर्ष पहले, जब फिल्मस्टार भगवान दादा ने यह स्टूडियो अपने हाथ में लिया था, तो ये मेकअप रूम उन्होंने स्वयं बड़े शौक से बनवाए थे। उस समय उनकी फिल्म,

अलबेला बड़ी जोरदार हिट हुई थी। भगवान दादा का सवालिया अदा से ठुमक-ठुमककर नाचना लोगों को बहुत पसन्द आया था। मजदूर-वर्ग तो सदा से ही भगवान दादा पर जान न्योछावर करता रहा है। एक बार टैक्सी-ड्राइवर के मुँह से मैंने सुना था, 'अरे एक बार वह कह दे मुझे तुम्हारी गाड़ी चाहिए, ख़ुदा की कसम, उसी वक्त चाबी हवाले करके नीचे उतर जाऊँ।' राजकपूर और दिलीप कुमार निस्सदेह कई गुना अधिक लोकप्रिय हैं, पर गरीब-वर्ग मार-धाड़ की फिल्में ज़्यादा देखता है। इसलिए भगवान दादा का उनके दिलों में विशेष स्थान है। वे पर्दे पर अनपढ़ों की तरह हू-ब-हू अनपढ़ और ग्रामीणों की तरह ग्रामीण ही दिखाई देते हैं। लोगों को ऐसे लगता है, जैसे उनका अपना कोई सगा-सम्बन्धी उठकर इतनी ऊँची जगह पहुँच गया हो और गीता बाली जैसी हसीना के साथ रोमांस लड़ा रहा हो। भगवान दादा इससे पहले सामाजिक फिल्मों में कम ही आए थे।

सामाजिक, स्टंट और धार्मिक, हिन्दी फिल्मों के ये तीन मुख्य क्षेत्र हैं।

एक क्षेत्र के कलाकार के लिए दूसरे क्षेत्र में कदम रखना बहुत मुश्किल काम है। इसलिए *अलबेला* दादा ने स्वयं बनाई थी। उन्हें बड़ा लाभ हुआ था। तुरन्त यह स्टूडियो लीज़ पर ले लिया था। जिस मेकअप रूम में मैं इस समय बैठा हुआ हूँ, स्टडियो की वर्तमान मालकिन ने, दादा के सम्मान में उनके लिए यह सुरक्षित रखा हुआ है। पर अब स्टूडियो की अपनी किस्मत भी डगमगाई हुई है। दो में से एक फ्लोर तो किसी फैक्टरी के कब्ज़े में जा चुका है। वहाँ टेलीविज़न के सैट जोड़े जा रहे हैं।

मेरा ख़ास लिहाज़ करके चाबी भगवान दादा के घर से मंगाई गई है, क्योंकि शेष दोनों कमरे निरूपा राय और ललिता पवार के कब्ज़े में हैं।

सब फिल्म-स्टारों को एक दिन उसी अस्ताचल के देश में जाना है। कहाँ गईं गीता बाली? बेचारी वे भी मर गईं। मुझे पता है, किस तरह अस्ताचल की सुर्ख़ रंगत जलते हुए कोयलों की तरह उनका अंग-अंग जलाती रहती थी। उन दिनों तीन-चार फिल्मों में हम इकट्ठे हीरो-हीरोइन आए थे। एक दिन एम० एण्ड टी० स्टडियो में (वह भी अब एक फैक्टरी में बदल चुका है) मैंने अपने कानों से उन्हें एक सहेली को कहते सुना था, 'हण तां बस ए बूथी सड़िया बलराज ही

रह गया है मेरे भागां विच हीरो बनन लई।' (अब तो बस यह मुँहजला बलराज ही रह गया है मेरी किस्मत में हीरो बनने के लिए।)

इससे कुछ वर्ष पहले, जब उनकी पतंग आकाश में चढ़ी हुई थी, उन्होंने एक फिल्म में कहानी बेहद पसन्द आने के बावजूद काम करने से सिर्फ इसलिए इंकार कर दिया था कि निर्देशक ने मुझे हीरो लेने के बारे में सोचा ही था। निर्माता ने मिनटों में निर्देशक का दिमाग ठिकाने लगा दिया था।

भगवान दादा भी अब लगभग रिटायर हो चुके हैं। मेकअप रूम को ताला लगाकर रखना अपने-आपको तसल्ली देने वाली बात कही जा सकती है। पर क्या पता, यह उनके लिए यादों का ताजमहल हो!

हर स्टूडियो का मेकअप रूम एक तरह से यादों का ताजमहल ही होता है। इसके आईने में अभिनेता-अभिनेत्री का चेहरा ही नहीं, आत्मा भी अपना प्रतिबिम्ब छोड़ जाती है। पर क्या लाभ इस किस्से को छेड़कर?

अजीब निराली दुनिया है हम तमाशे वालों की–वे जो दुनिया को हँसाते-रुलाते हैं, लोगों के कल्पना को उड़ाकर एक तिलिस्मी दुनिया में ले जाते हैं। हम स्वयं भी उसी दुनिया में जा बसते हैं, अपने वास्तविक जीवन को फिल्म या नाटक बना छोड़ते हैं, और इस तरह हमारे प्रशंसकों का आनन्द दुगुना-चौगुना हो जाता है।

फिल्म-स्टार की जितनी लम्बी-चौड़ी मोटर पास से गुज़र जाए, प्रशंसक की ख़ुशी की सीमा नहीं रहती। इतनी ख़ुशी तो उसे शायद मोटर अपने नाम लिखवाकर भी न मिले।

बड़े-से-बड़ा और छोटे-से-छोटा फिल्म-स्टार अपनी तस्वीर देखने की इच्छा से फिल्मी पत्रिका खोलता है। हर रोज़ अख़बार में सबसे बड़ी खबर शहर में चल रही उसकी फिल्म का इश्तिहार होती है। वह भले ही कई सप्ताह से क्यों न छप रहा हो, नज़र तीर की तरह उड़कर वहीं जाती है। इश्तिहार में ठीक जगह अपना नाम छपा देखकर उसे वही ख़ुशी होती है, जो एक सिगरेट पीने वाले को छाती में गहरा धुआँ खींचकर होती है। दुनिया की कोई और ख़ुशी शायद इस काल्पनिक ख़ुशी का मुकाबला नहीं कर सकती।

काल्पनिक ख़ुशियों, जिन पर ख़ूबसूरत मेकअप हो, और जो तेज़ रोशनियों में जगमगा रही हों, फिल्मस्टार को बहुत अच्छी लगती हैं। इस तरह ज़िन्दगी के सब क्षण, विकृत पर सुखद बन जाते हैं, जैसे गोलाकार आईने में शक्लें बेमाप हो जाती हैं और फिर काल्पनिक ख़ुशियों का रंगीन जाम एक दिन नाज़ुक हाथों से गिरकर चूर-चूर हो जाता है। रोशनियाँ बुझ जाती हैं। किसी को ज़िन्दगी और किसी को मौत अपने खुरदरे हाथों से खींच कर कल्पनालोक से बाहर निकाल लाती है। उन हज़ारों और लाखों निगाहों की परछाइयाँ अचानक खो जाती हैं, जो फिल्म स्टार के लिए फूलों की सेज बनी होती हैं। अगर बाकी बचे-खुचे का नाम ज़िन्दगी है, तो वह मौत से किसी भी तरह बेहतर नहीं है।

अपनी छोटी-सी ज़िन्दगी में इस मेकअप रूम के आईने ने क्या-क्या नहीं देखा होगा! कितना हसीन था यह कमरा जब नया-नया बना था! कल की ही बात लगती है, जब एक शाम कामेडियन राधाकृष्ण, भगवान दादा, मैं और एक-दो अन्य व्यक्तियों ने यहाँ बैठकर व्हिस्की पी थी। कमाल के मूड में थे राधाकृष्ण उस शाम। बोतल अभी खुली भी नहीं थी कि वे चार पैगों जितने नशे में आ गए थे। एक-एक बात ऐसी चमत्कारपूर्ण निकलती थी उनके मुँह से कि कागज़-पैंसिल लेकर नोट करने को दिल चाहता था। और जितने गुणी, जबान के माहिर, दिल वाले और रंगीन-मिज़ाज आदमी पिछले बीस बरसों में मैंने इस फिल्मी दुनिया में देखे हैं, कहीं और नहीं देखे। बल्कि मैं हैरान होता रहा हूँ कि इतने अच्छे व्यक्तित्वों के स्वामी इतनी थर्ड-क्लास फिल्में बनाने में कैसे सफल हो जाते हैं।

और अगले रोज़ राधाकृष्ण ने चौथी मंज़िल से छलांग लगाकर आत्महत्या कर ली थी।

कमरे की एक दीवार के साथ उसकी पूरी लम्बाई जितना लम्बा, नर्म, मुलायम, लाल रंग का दीवान लगा है, जैसा कि एयरकंडीशंड रेलवे कम्पार्टमेंट में होता है। कम्पार्टमेंट की खिड़की वाली जगह पर एक बड़ा चौकोर आईना लगा हुआ है, जिसके सामने बैठा हुआ मैं बाल काले करने का काम लगभग समाप्त कर चुका हूँ। आईने के आस-पास ऊपर-नीचे तेज़ बल्ब जल रहे हैं। मेकअप का सामान रखने के लिए शैल्फ और खाने भी बने हुए हैं। दीवान के सामने वाली दीवार

खाली है, सिवाय कपड़े लटकाने के लिए एक डण्डे और छोटी-छोटी चीज़ें रखने के लिए छोटे-छोटे शैल्फों के। यह खाली दीवार कमरे की वर्तमान दयनीय हालत का मुक्त कण्ठ से वर्णन कर रही है। गन्दगी और मैल की तहों पर तहें चढ़ी हुई हैं, जैसे किसी गीली किताब के सारे पन्ने जड़ जाएँ, और नीचे की लिखावट ऊपर वाली में गडमड हो जाए। या जैसे कोई आजकल के फैशन का चित्रकार कैनवस पर ख़ाहमख़ाह रंग के छींटे मारता रहा हो कि अपने-आप कोई आकृति उभर आएगी। मेकअप के रंगदार धब्बे, पान की थूकें, रसगुल्लों की चाशनी और अन्य अनेक तरह के दाग हैं, जिनकी तरफ अगर ध्यान से देखा जाए तो दिल कच्चा होने लगता है। स्टूडियो के मालिकों के लिए आजकल फिल्मी धंधा उतना लाभप्रद नहीं रहा, इसलिए उसे साफ-सुथरा रखने के लिए वे एक कौड़ी तक ख़र्च करना पसन्द नहीं करते। ज़मीन-जायदाद की कीमतें आकाश पर चढ़ी हुई हैं। स्टूडियो को बेचकर वे बिना किसी मेहनत के बेहिसाब पूँजी प्राप्त कर सकते हैं। फिर, इस फिल्म के धन्धे में क्या रखा है, जहाँ लखपति से कंगाल होते देर नहीं लगती। इस स्टूडियो की मालकिन भी उस दिन का बड़े चाव से इन्तज़ार कर रही होगी, जब टेलीविज़न फैक्टरी वाले दूसरा फ्लोर भी किराये पर ले लेंगे। फिर कर्मचारियों को स्टूडियो से बाहर निकालने का उसे अच्छा बहाना मिल जाएगा। चूँ भी नहीं कर सकेंगे वे। स्वयं ही मर-खप जाएँगे। किसी को क्या!

कितना जवान लग रहा हूँ बाल काले करके! क्या हुआ अगर अब तक सारे बाल सफेद हो चुके हैं! आधे बाल तो फिल्मों में आने से पहले ही सफेद हो चुके थे। किसी से क्या छुपाना! मुझे बाल काले करते हुए बीस साल से ऊपर हो चुके हैं। कुछ बाल पिछले विश्व-युद्ध में बमों के धमाकों से, और कुछ मेरी अल्हड़ जवानी के सिर उठाते ही गर्दन पर पड़े धक्कों और मुक्कों ने सफेद कर डाले हैं। मेरा फिल्मों में आना एक तरह से जवानी से बुढ़ापे की ओर कदम उठाने के बराबर है।

पर अब मैं अपने-आपको और दुनिया को धोखा दे-देकर थक चुका हूँ। सोचता हूँ कि इतना समय क्यों न कुछ पढ़-लिख लूँ। अब रह ही कितनी गई है ज़िन्दगी। शबनम का विवाह हो गया है। परीक्षित सत्ताइस बरस का जवान है—मुझसे दूनी-चौगुनी ताकत वाला। प्रोड्यूसरों की भूखी नज़रें हर समय

उसका पीछा करती रहती हैं। फिल्मों के बारे में मैं जितना बीस साल तक सिर खपाकर सीखा हूँ, वह प्रवेश करने से पहले ही सीख चुका है। फिर, यह सारी खींचातानी करने की क्या ज़रूरत है?

फौजी मेजर की वर्दी पहनाने में ड्रेसमैन ने मेरी सहायता की है। अब मैं बड़े स्मार्ट अन्दाज़ से स्टूडियो के विशाल अहाते में से गुज़रता हुआ दफ्तर की ओर जा रहा हूँ। एक निर्माता को टेलीफोन करना है, जिसने कल रात बड़ी बेदर्दी से मेरा अपमान किया था। नहले का जवाब दहले से देना है।

वह निर्माता और मैं किसी ज़माने में कॉलेज में एक साथ पढ़े थे। मेरे दिल में दोस्ती की बड़ी गहरी कद्र है। इसीलिए दोस्तों से जितना हो सके, दूर रहने की कोशिश करता हूँ। कितने बरसों से हम दोनों अपनी-अपनी जगह सफलता की सीढ़ी चढ़ते आ रहे हैं। पता नहीं, किस मनहूस दिन मैं उसके हाथों चढ़ गया। मैंने हर मुमकिन ढंग से दोस्ती पर किसी तरह का धब्बा न पाने देने की कोशिश की। पैसों की भी बात अपने मुँह से कभी नहीं की। जो उसने दिए, ले लिए दूसरों से जो लेता हूँ, उसके आधे भी नहीं। समय-समय जब भी उसने बुलाया, दूसरों का काम छोड़कर पहले उसका काम किया। फिर भी, ज़ालिम का दिल नहीं भरा। मुश्किल से थोड़ा-सा काम बाकी रह गया था कि ठीक उस समय उसने पीछे से मुझे लात दे मारी। अच्छा, वह भी क्या याद करेगा! अपमान सहना तो मैंने भी नहीं सीखा है। पर कारण क्या है उसके इस तरह करने का? समझ में नहीं आ रहा।

रात देर तक मैं सो नहीं सका था। सुबह उठते ही फिर दिमाग खौल उठा था। तन-बदन ऐसे जल रहा था, जैसे किसी बिच्छू ने डंक मारा हो।

कल घर से निकलने से पहले डायरी देखी थी। सेक्रेटरी ने लिखा था कि चैम्बूर की शूटिंग के बाद शाम को सात से दस बजे तक दादर में उस दोस्त की फिल्म के दो शॉट देने जाना है।

मैं ठीक समय पर थका-हारा उसकी हाज़िरी देने के लिए जा पहुँचा था। क्या देखता हूँ कि वह स्टूडियो के अहाते में निश्चिन्त होकर किसी और आर्टिस्ट के शॉट ले रहा था। मेरी ओर उसने इस तरह घूरकर देखा जैसे बिना दस्तक दिए उसके सोने के कमरे में चला गया होऊँ। फिर, वह देर तक इधर-उधर की

बातें करता रहा–कभी हीरोइन के साथ, कभी हीरो के साथ। असली बात का ज़िक्र तक नहीं कि मेरा शॉट कब लेना है, लेना है भी या नहीं। या मुझे अकारण बुला लेने का ही कोई अफसोस किया होता। उसके नौकर-चाकरों ने भी कोई पूछताछ नहीं की। मैं वैसे ही मुँह उठाए वापिस चला आया।

राह में सोचा, शायद मुझसे ही कोई गलती हो गई हो, या डायरी गलत पढ़ी हो। घर आकर पुष्टि की। न मैंने और न मेरे सेक्रेटरी ने कोई गलती की थी। मेरे अन्दर गुस्से की ज्वाला भड़क उठी।

खाने की मेज़ पर मेरा बेटा अपने एक दोस्त को बता रहा था कि कैसे रूसी फिल्म-स्टार को उतना ही वेतन मिलता है, जितना एक प्रोफेसर या इंजीनियर को। साधारण लोगों की तरह ही वे बसों और ट्रेनों में बैठकर आते-जाते हैं। किसी-किसी के पास ही गाड़ी होती है। न कोई उनके काम को और न कोई उनके व्यक्तित्व को असाधारण महत्त्व देता है। बल्कि फिल्म के लेखक या निर्देशक अभिनेता से कहीं अधिक से लेते हैं।

मैं बीच में ही बोल पड़ा, 'वहाँ की और हमारी सामाजिक स्थिति में बड़ा फर्क है।'

यहाँ हिन्दुस्तान में झूठी शान दिखाए बगैर इन्सान की अपने घर में भी कद्र नहीं होती, बाहर का क्या कहना! मेरा बेटा और उसका दोस्त हैरान होकर मेरी ओर देखने लगे।

कुछ समय से मेरा वह निर्माता दोस्त इशारों-इशारों में अपनी अगली फिल्म के कॉन्ट्रैक्ट की बात छेड़ रहा था कि बड़ी शानदार कहानी है, बड़ा शानदार रोल है। पर मैं अनसुनी कर जाता था। जहाँ दिल औपचारिकता में फँसा रहे, काम करने का सच्चा आनन्द नहीं आता। शायद उसने मेरी ख़ामोशी का अर्थ मेरा अहंकार समझा हो। या शायद सोचा हो कि मैं पैसे ज़्यादा माँगने की चाल चल रहा हूँ। इसलिए उसने मुझे नीचा दिखाने के लिए यह तरीका सोचा। कितनी ओछी हरकत है! अच्छा पानी फेरा है पिछले तीस वर्षों की दोस्ती पर!

अब मैं स्टूडियो की कैंटीन के पास से गुज़र रहा था। किचन की खिड़की से दो कर्मचारी लड़के बाहर झाँक रहे थे। एक सोलह वर्ष का, दूसरा बीस-पच्चीस

का। उन्हें देखकर मैंने दूर से ही अपनी फौजी जंगल-हैट दुरुस्त करनी शुरू कर दी थी।

'हैलो बलराज!' छोटे लड़के ने आवाज़ दी, जैसे मैं भी उसी की उम्र का हूँ।

'हैलो।' मैंने लापरवाही से हँसकर जवाब दिया और आगे बढ़ गया। मेरी चाल कुछ और चुस्त हो गई।

'धरमिन्दर का बाप!' दूसरे ने नारा लगाया। मेरी चाल कुछ ढीली पड़ गई।

मेरी अजीब हालत है। आजकल रवेल की फिल्म, *संघर्ष* में वैजयन्ती माला के प्रेमी का रोल कर रहा हूँ। दिलीप कुमार मेरे रक़ीब हैं। और शाम बहल की फिल्म में वही वैजयन्ती माला मेरी बेटी बनी हुई हैं। मैं आधी फिल्मों में जवान हूँ, आधी फिल्मों में बूढ़ा।

एक बात ज़रूर निर्माताओं को चुभती होगी, कि उम्र ढलने के बावजूद मेरी मार्केट उतरने का नाम नहीं ले रही। बल्कि रोमांस के रोल, जो मैंने जवानी में नहीं किए थे, अब कर रहा हूँ।

जवानी के दिनों में मेरे प्रशंसकों ने अपने ख़तों में मेरी ख़ूबसूरती का ज़िक्र कभी नहीं किया था। अब लड़कियाँ लिखती हैं– '*आए, दिन बहार के* में सफेद सूट पहनकर आप कितने अच्छे लगते हैं! क्या आप उस पोज़ में मुझे अपनी रंगीन फोटो भेज सकेंगे?' और मैं सोचने पर मजबूर हो जाता हूँ कि क्या मैं वही कलाकार हूँ, जिसने बिमल राय की *दो बीघा ज़मीन* जैसी फिल्मों में काम किया था!

उस निर्माता दोस्त की फिल्म में भी तो मैं एक जवान आदमी का ही रोल कर रहा हूँ। शायद वह मेरी बढ़ती हुई शोहरत से चिढ़ गया हो, और मेरी चमकती हुई फिल्मी जवानी से। सोचता हो कि यह दूसरा अशोक कुमार कहाँ से पैदा हो गया। मेरा अपमान करके उसने शायद अपना हीन-भाव दूर करना चाहा हो।

तब तो कोई बुरी बात नहीं। दिल कुछ और फूल उठा। चाल में और ज़्यादा चुस्ती आ गई। दिमाग ऊँची उड़ानें भरने लगा। आगे-आगे देखिए होता है क्या? हॉलीवुड में तो अभिनेता मेरी उम्र को पहुँचकर शिखर छूते हैं। क्या पता,

इस देश में उल्टी गंगा बहाने की ज़िम्मेदारी मेरे कंधों पर ही पड़नी हो। अगर यह अनहोनी हो गई तो राजकपूर, दिलीप कुमार और देव आनन्द की क्या हालत होगी? वे तो सब मुझसे दस-दस, बारह-बारह वर्ष छोटे हैं। उनका तो खाना, पीना, सोना, उठना, बैठना हराम हो जाएगा।

बड़ी मुश्किल से अपने आपको शेखचिल्लीपन से खींचकर बाहर लाया हूँ। कहाँ जा पहुँचा है मन? जितनी शोहरत इन कलाकारों को मिली है, मेरे सपनों में भी नहीं आ सकती। ज़रा अपने होश ठिकाने लगा लो।

अहाते में पुराने सैटों और धार्मिक फिल्मों के बेकार हुए देवी-देवताओं के ढेर लगे हुए हैं। कभी-न-कभी किसी ढेर के नीचे बलराज साहनी की हड्डियाँ भी सड़ती हुई मिलेंगी, मन में ख़्याल उठा।

कहाँ गई सहगल, कानन बाला, पहाड़ी सान्याल, जमुना, बरुआ और चन्द्रमोहन की शोहरतें? कभी-न-कभी मेरे निर्माता दोस्त को भी वहीं पहुँचना है, जहाँ न्यू थियेटर्स और प्रभात फिल्म कम्पनी वाले पहुँच चुके हैं। कोई दो दिन पहले और कोई दो दिन बाद। अब तो बम्बई में स्टूडियो भी धीरे-धीरे समाप्ति की ओर जा रहे हैं। गुरुदत्त स्टूडियो में से सरकार सड़क निकालने पर तुली हुई है। सेंट्रल स्टूडियो हस्ती से मिट चुका है। उसकी जगह दस-दस मंजिल की इमारतें बन चुकी हैं। पर जब भी मैं वहाँ से गुज़रता हूँ, इन इमारतों से अनगिनत यादें उठकर मेरे चारों तरफ उड़ने लगती हैं–चुडैलों की तरह। मरने से कुछ दिन पहले इसी सेंट्रल स्टूडियो में याकूब ने मेरे साथ आख़िरी शूटिंग की थी। अलनासिर भी थे उस फिल्म में। वे कुछ अरसा पहले दुनिया से चले गए। कई बरस फिल्म बन्द पड़ी रही। फिर, वह *अकेला* के नाम से प्रदर्शित हुई। फिल्मी पर्दों पर थिरकने वाली परछाइयाँ ही तो फिल्मी कलाकारों के जीवन की वास्तविकता है। स्टडियो को नष्ट करके वह असलियत हमसे छीनने का उन्हें क्या अधिकार है? मैं उन्हें कभी माफ नहीं कर सकता।

और अपने निर्माता दोस्त को भी मैं माफ नहीं कर सकता। चाहे उसने अपमान सचमुच किया, या मुझे वहम हुआ है। बदला तो मैं ज़रूर लूँगा। बड़ी अच्छी योजना बना रखी है मैंने भी। उसके अनुसार, शिखर दुपहर में, वह और उसका पूरा यूनिट बम्बई शहर की सड़कों पर कैमरा लगाकर मेरा ख़ूब इन्तज़ार

करेंगे और मैं उस समय दिल्ली की हवा खा रहा हूँगा। अपने आप नसीहत हो जाएगी।

मैं पहुँच गया हूँ टेलीफोन के पास। क्या नम्बर है–343

आइए अब फ्लैशबैक शुरू करें।

2

सबसे पहला फिल्मी अनुभव मुझे सात-आठ साल की उम्र में हुआ था। रावलपिंडी शहर में प्लेग का ख़तरा उठ खड़ा हुआ था। मेरी माँ ने घर में एक चूहा कूदता हुआ देखा। उसी दिन वे बच्चों को साथ लेकर भेरे रवाना हो गई, जो साहनियों की खानदानी जगह है। वहाँ साहनियों का अपना अलग मुहल्ला है, सेठियों का अलग, और अन्य सभी खुखरैन और ख़त्री जातियों का अलग। यह कब और कैसे हुआ, भगवान जाने।

मेरी माँ ने हमें शारीरिक तौर पर तो सुरक्षित कर लिया, पर मानसिक रूप से बड़े भयानक ख़तरों में धकेल दिया। भेरा कहने को तो शहर था, पर वातावरण बिल्कुल गाँवों जैसा था। आजकल के ग्रामीण वातावरण का अंग्रेज़ों के समय के वातावरण से कोई मुकाबला नहीं है। बेशक उस समय चीज़ें सस्ती थीं, आर्थिक निश्चिन्तता भी बहुत थी, पर पुलिस और अफसरी दहशत अपनी सीमा पार कर चुकी थी। मनुष्य के साथ केवल व्यवहार ही पशुओं वाला नहीं किया जाता था, बल्कि उसे पशु बना देने की, उसके अन्दर से सारी सभ्यता और मनुष्यता ख़त्म करने की उस निज़ाम ने पूरी योजना बना रखी थी। हर प्रकार की बदचलनी, जहालत और ज़ुल्म को शह दी जाती थी। शरीफों के लिए इज़्ज़त से गुज़ारा करना दिन-प्रतिदिन मुश्किल होता जा रहा था। जो इस प्रवृत्ति का विरोध कर सकते थे, वे धन-दौलत के लालच में रावलपिंडी और लाहौर जैसे बड़े शहरों को भाग जाने के मौकों की तलाश में रहते थे। गिरावट का दौर दिन-प्रतिदिन बुलन्द होता जा रहा था। 1947 में पंजाबियों ने जिस पैशाचिकता का सबूत दिया, उसकी तैयारी की शुरुआत दूरदर्शी अंग्रेज़ सरकार ने तब से करनी शुरू कर दी थी।

एक दिन हमारे स्कूल में ऐलान हुआ कि सब विद्यार्थियों को बाइस्कोप दिखलाने के लिए ले जाया जाएगा। वह मंडुआ हमारे घर के नजदीक, पर शहर से बाहर एक मैदान में कनातें लगाकर बनाया गया था। छत खुली थी, इसलिए शो रात को तारों के नीचे होते थे। पर्दे के साथ एक ऊँची मचान पर बुलारा खड़ा रहता। फिल्में बोलती नहीं थीं। बनकर भी विलायत से आती थीं। वह बुलारा इनकी कहानी साथ-साथ बयान करता जाता।

सारा स्कूल शो देखने जा रहा था। मास्टर और हैडमास्टर भी। हमारे देश में मास्टरों को ईश्वरीय फरिश्ते मानने, और भेड़ों को भेड़िए का शिकार बना देने की परम्परा बहुत पुरानी है। माँ ने ख़ुशी से मुझे और मेरे छोटे भाई को जाने की इजाज़त दे दी। स्कूल को शो आधी कीमत पर दिखाया जाता था। यह भी तो उसके अच्छा और फायदेमन्द होने का सबूत था।

मैं पैंतालीस साल पहले की बात कर रहा हूँ। उस फिल्म की कहानी के बारे में अब बस इतना ही याद है कि वह जासूसी नहीं थी। जो बात मुझे बहुत अच्छी तरह याद है और हमेशा रहेगी, वह यह कि कई दृश्यों में हीरोइन प्यार करते-करते एकदम नंगी हो जाती थी। और बुलारा बोलता था: 'साहिब, ख़्याल रखें यह नंगी नहीं है, अब इसने जादुई पोशाक पहन ली है, जिसकी मदद से यह कहीं भी जा सकती है, यह किसी को भी देख सकती है, पर इसको कोई नहीं देख सकता।'

मुमकिन है कि वह ठीक ही कहता हो। नग्न अवस्था में उस मेम का चेहरा तो सफेद रहता था, पर सारा शरीर काला हो जाता था। या तो उसके नंगे शरीर का काला मेकअप कर दिया जाता होगा या कोई मोज़े जैसी चिपटी पोशाक पहना देते होंगे। न तो हमारे हैडमास्टर और न ही उपस्थित लोगों में से किसी ने इस अश्लीलता का विरोध किया। औरतों को सिनेमा दिखाने का उस समय रिवाज़ नहीं था। यूँ ही शोर मचाकर पुरानी पीढ़ी के लोग मज़ा ख़राब कर देते? बुलारे ने कह जो दिया था कि वह नंगी नहीं है। बच्चे सरल स्वभाव के होते हैं। उन्होंने अवश्य उसकी बात पर यकीन कर लिया होगा। इस तरह नैतिक चोट लगने की कोई सम्भावना न रही। फिर, अपना मज़ा क्यों ख़राब किया जाए। मुमकिन है, किसी व्यक्ति को उठकर विरोध करने का ख़्याल पाया हो, पर आस-पास सभी को

पाप का हिस्सेदार देखकर वह भी चुप रह गया हो, जैसे कि ब्लैक न करना चाहते हुए भी कई फिल्मी कलाकार ब्लैक करते हैं, या सौ-सौ मर्दों को एक-एक बेसहारा बेटी-बहन के साथ सरे-बाज़ार भोग करते देखकर भी सन् सैंतालीस के दिनों लोग ख़ामोश रहे थे। पास-पास का वातावरण बड़ा बलवान होता है और पंजाबियों के लिए वह ख़ासतौर पर नैतिक पतन का कारण बना है।

मुझे याद नहीं, उस समय मेरे अन्दर कोई काम-भावना जागृत हुई थी या नहीं। पर जवानी के दिन बहुत दूर नहीं थे। और बालिग होते ही उस औरत की नंगी छातियों के क्लोज़-अप मेरे लिए एकांत में वासनाओं का स्वाद लेने का साधन बन गए। इससे मेरी कितनी शारीरिक या मानसिक हानि हुई, मैं कह नहीं सकता। पर लाभ कोई नहीं हुआ—इतना मैं ज़रूर कह सकता हूँ।

दो-चार दिन बाद मैंने उससे भी गिरे हुए स्तर की फिल्म देखी। हमारा रसोइया मुझे साथ ले जाकर मंडुए की कनात के पिछवाड़े एक वृक्ष पर चढ़ गया, क्योंकि टिकट के लिए पैसे पास नहीं थे। वृक्ष कनात से दूर था, पर पर्दों पर चलती हुई तस्वीरें हमें अच्छी तरह दिखाई दे रही थीं। शो शुरू होने के साथ ही, पहले ही दृश्य में एक औरत और मर्द, कुत्तों-जैसी निर्लज्जता के साथ, हू-ब-हू उसी तरह भोग में जुट गए। मेरे लिए यह बड़ा ही भयानक दृश्य था, क्योंकि मैं नहीं जानता था कि वे क्या कर रहे हैं। मैं ज़ोर-ज़ोर से चीख उठा, और नौकर, जो मुझसे ऊपर वाली शाख पर चढ़ा हुआ था, पैर से पकड़कर नीचे खींचने लगा। पहले तो उसने मुझे चुप रहने के लिए डाँटा, पर जब मैं किसी तरह भी चुप न हुआ, तो वह नीचे उतरने पर मजबूर हो गया।

उस समय उस दृश्य के साथ मुझे केवल घृणा हुई थी। पर ज्यों-ज्यों मैं बालिग होने लगा, घृणा में आकर्षण का भी मिश्रण होता गया। मुझे अफसोस होने लगता कि मैंने क्यों रसोइये का मज़ा बिगाड़ा था। जाने कितने अरसे बाद बेचारे को ज़िन्दगी में कोई मज़ा मिला था।

यह थी फिल्मों के साथ मेरी सबसे पहली जान-पहचान। यदि इसके बाद मैंने कोई और फिल्म न भी देखी होती, तो भी मैं कह सकता हूँ कि स्त्री को पुरुष की केवल काम-वासनापूर्ति के पदार्थ के रूप में देखने की शिक्षा मुझे बड़ी प्रबलता के साथ दी जा चुकी थी।

आज के ज़माने में गाँवों में इस दिलेरी के साथ नग्न फिल्में (जो गैर-कानूनी तौर पर गुप्त रूप से बाहर के देशों से मंगवाई जाती हैं) दिखाना सम्भव नहीं है। पर अन्य कई तरीकों से आज गाँव के सरल और निर्दोष लोगों को शहरी पैशाचिकता का शिकार बनाकर भ्रष्ट किया जाता है। इसका मूल कारण यही है कि शिक्षित वर्ग गाँवों के प्रति उदासीन रहने की उस नीति पर अमल कर रहा है, जिसे अंग्रेज़ ने शुरू किया था। अगर शहरों के अच्छे विचारों वाले लोग गाँवों के साथ अपना मेल-मिलाप कायम रखें, तो बदमाश शहरी वर्ग को निडर होकर गाँव में शरारत करने की छूट न मिले। इस तरह शायद हम अपने सुन्दर लोक-नृत्य और लोक-गीत भी नष्ट होने से बचा सकें। पर नक्कारखाने में तूती की आवाज़ भला कौन सुनता है!

इसके बाद मैंने कई वर्षों तक कोई और फिल्म नहीं देखी। रावलपिंडी शहर में तब कोई सिनेमा नहीं था। ज़्यादा रिवाज़ थियेटरों का था। मेरे स्कूल के साथी उन थियेटरों के बड़े दिलचस्प किस्से सुनाते थे। पर मेरे पिताजी महर्षि दयानंद सरस्वती के भक्त एवं कट्टर आर्यसमाजी थे, और मैं उनकी आज्ञा का उल्लंघन करने के बारे में कभी सोच भी नहीं सकता था। मेरे जीवन का वह बड़ा धार्मिक युग था। मैं धर्म में इतना गहराई से डूब गया था कि मुझे सपने भी ईश्वर और परमात्मा के आते थे। एक सपने में मैंने भगवान को यहूदियों जैसी दोपल्ली टोपी पहिने अपने मकान की सीढ़ियों में बैठे हुए देखा था।

जब मैं दसवीं जमात में था तो *रूपर्ट ऑफ़ हेंटज़ॉ* नामक एक अंग्रेज़ी उपन्यास हमारे कोर्स में लगा। अचानक एक दिन खबर उड़ी कि सारी कक्षा मास्टरों और हैडमास्टरों समेत शहर में *रोज़* नामक पहला सिनेमा खुलने के समारोह में सम्मिलित होने जा रही है। और फिल्म भी *रूपर्ट ऑफ़ हेंटज़ॉ* दिखाई जाएगी, जो हमारे कोर्स की किताब थी।

कितने चालाक होते हैं सरमायादार!

मेरे पिताजी टहलते हुए कितनी देर सोच में डूबे रहे, कि मुझे जाने की इजाज़त दें या नहीं। नया ज़माना उनकी चेतना के दरवाज़ों पर धक्के मार रहा था। दरवाज़ा खोलें या नहीं? फैसला करने में वे असमर्थ थे। आख़िर उन्होंने हैडमास्टर को घर बुलाकर पूछा। मैं भी अपनी किस्मत का फैसला जानने के लिए दोनों

बुज़ुर्गों के वार्तालाप सुनने लगा। हैडमास्टर ने कहा, 'इतने पुराने विचारों वाले न बनिए लालाजी! फिल्में केवल मनोरंजन के लिए ही नहीं बनाई जातीं, यह तो एक पार्ट है। उनमें से शिक्षा भी मिलती है। यह फिल्म तो स्कूल की टैक्स्ट-बुक के आधार पर बनाई गई है। इससे चरित्र को क्या नुकसान पहुँच सकता है? इसीलिए टिकट आधा कर दिया गया है। शहर के सब स्कूलों के इसी जमात के लड़के जा रहे हैं। नुकसान इसमें न जाने से हो सकता है, जाने से नहीं।'

पिताजी ने इजाज़त दे दी। ऐसा समारोह किसी ने नहीं देखा था, जो उस दिन 'रोज़' सिनेमा के उद्घाटन पर हुआ। अंग्रेज़ डिप्टी कमिश्नर और कई राय साहब और खान साहब भी पधारे थे। सिनेमा के उद्घाटन के लिए और क्या चाहिए था? फिल्म का हमें कोई लाभ नहीं पहुँचा, क्योंकि जो कहानी पर्दे पर देखी, वह उपन्यास की कहानी से बहुत अलग थी। हाँ, एक बात ने ज़रूर प्रभावित किया कि एक ही शक्ल के दो आदमी बार-बार हीरोइन का चुम्बन लेते थे। यह बात हैडमास्टर साहब को ज़रूर आपत्तिजनक लगी होगी। पिताजी की तरह वह भी निष्ठावान आर्यसमाजी थे, और उपन्यास में चुम्बनों का कोई ज़िक्र नहीं था।

इसके बाद जब भी कभी कोई फिल्म देखनी होती, पिताजी को यह कहकर राज़ी किया जाता, कि वह एक ऊँचे दर्जे के नैतिक उपन्यास पर आधारित है। इजाज़त न मिले तो धीरे-धीरे चोरी से जाने का हौसला भी होने लगा।

रोज़ सिनेमा शहर के अन्दर था। उसके बाद वहाँ आमतौर पर हिन्दुस्तानी फिल्में दिखाई जाने लगीं। कभी-कभी अंग्रेज़ी एलमों लिंकन के सीरियल भी आते थे। दो हिन्दुस्तानी फिल्मों का मुझ पर विशेष प्रभाव पड़ा। एक थी, *हीर-रांझा*। उसमें कहानी के पात्रों ने उतना नहीं, जितना पेड़ के नीचे बैठकर नगाड़े बजा-बजाकर गाँव के एकत्रित लोगों को हीर सुनाने वाले किस्सागो ने मुझे प्रभावित किया। मौन फिल्म थी, पर किस्सागो का जादुई संगीत था, जिसे याद करके बार-बार मेरी आह निकल जाती थी।

एक और फिल्म थी, *अनारकली*। उसमें सुलोचना की अपूर्व सुन्दरता का मुझ पर काफी असर हुआ। अन्तिम दृश्य में अनारकली का सारा शरीर 'ईंटों' में चिना जा चुका है, केवल चेहरा खुला रह गया है। ईंटों से घिरा बहुत ही मासूम, सुन्दर और निर्दोष चेहरा! अकबर आख़िरी ईंट लगाने का हुक्म सुनाने से पहले

कितनी देर सोच में डूबा टहलता रहता है। आख़िर वह मुँह फेरकर हाथ के इशारे के साथ हुक्म दे ही देता है। अनारकली के चेहरे को ईंट-गारे के साथ पोत दिया जाता है। इससे बड़ा ज़ुल्म दुनिया में और क्या हो सकता था! मैं कितनी रातें सो नहीं सका। गर्मियों के दिन थे। हम ऊपर छत पर सोया करते थे। सारी-सारी रात मेरे दिल में से चीखें उठती रहतीं। अनारकली की सुन्दरता अविस्मरणीय थी। वह केवल पर्दे पर खेलने वाली परछाई नहीं थी, वह मेरे दिल की गहराइयों में उतरने वाली एक सच्चाई थी। मेरे जीवन का एक अटूट् हिस्सा। बेचारी को किस बेदर्दी के साथ मार दिया गया था! मैं इस बात पर यकीन करने के लिए तैयार नहीं था कि सुलोचना के चेहरे पर सचमुच ईंट नहीं रखी गई थी, बल्कि वह एक 'सिनेमा-ट्रिक' थी। अगर उस समय मुझे कोई वह ट्रिक समझाने लगता, तो शायद मैं उसके मुँह पर चाँटा मार देता। मेरे लिए अनारकली सचमुच मर गई थी, सुलोचना मर गई थी। और मेरी दुनिया अंधेरी हो गई थी।

पर सुलोचना आज भी जीवित हैं, और कई फिल्मों में मेरे साथ काम कर चुकी हैं। जब भी मैं उन्हें अपने उस अल्हड़पन की उम्र के पागलपन के बारे में बताता हूँ तो वे हँस देती हैं। आज मैं स्वयं फिल्म स्टार हूँ और उनके हँस देने का कारण पूरी तरह समझता हूँ, पर फिर भी जी चाहता है कि किसी-न-किसी तरह उन्हें समझा सकूँ कि मेरा वह पागलपन मज़ाक नहीं था, वह मेरे जीवन का सचमुच पहला प्यार था।

हकीकत की शूटिंग के लिए हम जीपों में कश्मीर से लद्दाख जा रहे हैं। एक रात द्रास नामक स्थान पर पड़ाव किया गया।

फौज के कर्नल ने हमें सम्मान सहित मैस की इमारत में ठहराया। यूनिट के सारे फौजी अफसर बड़े चाव से हमें मिलने आए। हमारे साथ धर्मेन्द्र थे, और प्रिया और इन्द्राणी मुकर्ज़ी जैसी सुन्दर अभिनेत्रियाँ थी। बातों के दौरान में अधेड़ कर्नल की नज़र एक कोने में पिछड़कर बैठी सुलोचना की ओर चली गई। वह उन पर से नज़र नहीं हटा सका। धीरे-धीरे उस चेहरे ने उसकी यादों के पुराने चिह्न उभारने शुरू किए और फिर उसने उन्हें पहचान लिया–अपनी जवानी के दिनों की प्रिय अभिनेत्री को। तब उसकी जो दशा हुई वह बयान नहीं की जा सकती। उस शाम हम बाकी के सब कलाकार केवल शून्य बनकर रह

गए। सुलोचना कुछ क्षणों के लिए फिर उसी पुराने सिंहासन पर विराजमान हुईं, जहाँ से उतरे हुए उन्हें लम्बा अरसा हो चुका था। पचास वर्ष की आयु के उस कर्नल पर वही उन्माद था, जिसका मैं चौदह साल की उम्र में शिकार हुआ था।

जो विद्वान फिल्मों का नाम सुनते ही उपेक्षा से नाक-भौंह सिकोड़ लेते हैं, उन्हें सिनेमा के व्यापक स्तर पर होने वाले प्रभावों पर संजीदगी से गौर करना चाहिए।

3

स्कूल का ज़माना बीता, कॉलेज का जमाना आया। चोटी, तगड़ी, जनेऊ, पाज़ामा रुख़सत हुए, पतलून आ गई। सिर पर हैट रखने के दिनों की प्रतीक्षा होने लगी। घरवालों की ओर से साइकल, मैट्रिक पास करने का, दूसरा सर्टीफिकेट होता है और जब साइकल नीचे आ जाए तो सिनेमा जाने के लिए घरवालों से पूछने की ज़रूरत कहाँ रह जाती है! उन दिनों रावलपिंडी शहर की अहमियत अंग्रेज़ी फौजों की बड़ी छावनी होने के अतिरिक्त और कुछ न थी। लोगों की सोचने की शक्ति भी सीमित थी। शिक्षित वर्ग का शरीर तो शहर में था, पर मन कैंटोनमेंट तथा सिविल लाइन के एकान्त, स्वस्थ और सभ्य वातावरण में घूमता था। स्वदेशी पोशाक, स्वदेशी खुराक, स्वदेशी रहन-सहन शिक्षित वर्ग की दृष्टि में किसी-न-किसी पात्र में, घटिया और पिछड़ेपन की वस्तुएँ थीं। आदमी उनसे जितना ही दूर हट जाए, उतनी ही उसकी इज़्ज़त बढ़ती थी। और जिस रास्ते पर कॉलेज के प्रोफेसर चलें, विद्यार्थियों को भी तो उसी रास्ते पर चलना था।

सदर के सिनेमा-घर साफ-सुथरे और शानदार थे। उनमें अंग्रेज़ी फिल्में दिखाई जाती थीं, और देखने वालों की बहुसंख्या भी अंग्रेज़ों की थी। अगर किस्मत अच्छी हो तो किसी दिन कोई सुनहरी रूप-सुन्दरी भी साथ की सीट पर आ बैठती थी। जितनी फिल्में तिलिस्मी, उतना ही सिनेमाघरों का वातावरण अलौकिक, रोमांचक, मादक। गोरी मेमों के लिबास उनके सुडोल जिस्मों से कितना न्याय करते हुए प्रतीत होते थे! किस मुक्त भाव से वे अपने प्रेमियों के बाहुपाश में आ सिमटती थीं! चुम्बन देने के लिए वे किस उतावलेपन से

लिफलिफ जाती थीं! कोई भी विलायती फिल्म देखने के बाद कई-कई दिन उसकी ख़ुमारी-सी चढ़ी रहती थी।

डोलोरस कास्टैलों फिल्मों के उस ख़ामोश युग को एक जगमगाती तारिका थी। जॉन बैरीमोर के साथ उसकी जोड़ी खूब जँचती थी। बहुत-सी फिल्मों में वे साथ-साथ आते थे। उनके प्रेम-दृश्य विशेष रूप से उत्तेजक हुआ करते थे। राजकुमारी के रूप में डोलोरस रात को गहरी नींद में सोई पड़ी है। अचानक आकाश में बादल घिर आते हैं और ज़ोर से बिजली कड़कती है। डरी हुई डोलोरस अपने स्लीपिंग गाउन में ही उठकर कमरे से बाहर दौड़ आती है। बालों के साथ-साथ होश-हवास भी बिखरे-बिखरे हैं। बाहर बरामदे में जॉन, एक जांबाज़ बहादुर, किले का बांका अफसर, उसकी घात में खड़ा है। दिन में डोलोरस ने सारी उम्र उसका मुँह न देखने की कसम खाई थी। पर अब सब कुछ भूलकर उसकी बाँहों में सिमट गई है। जॉन बैरीमोर ने अपने विशेष विजयी अन्दाज़ में कैमरा बिल्कुल निकट आ जाने की प्रतीक्षा की, ताकि पर्दे पर केवल उन दोनों के चेहरे ही रह जाएँ। और फिर उसने डोलोरस का निचला होंठ अपने होंठों में समेट लिया। वह लम्बा चुम्बन अब भी कभी-कभी मेरी यादों में बिजलियाँ चमका जाता है। *फिल्म गज़ैट*, *पिक्चर मोशन* और दूसरी फिल्मी पत्रिकाओं में जॉन के प्रेम-दृश्यों की तकनीक पर लम्बे-लम्बे लेख छपते थे। हम उन्हें बड़े गौर से पढ़ते और उन पर लम्बे-लम्बे चर्चे करते।

परन्तु माता-पिता के सामने हम इन फिल्मों के ऊँचे नैतिक स्तर और यादों का ही ज़िक्र करते थे। हम कहते कि वे संसार के प्रसिद्ध साहित्यकारों विक्टर ह्यूगो, चार्ल्स डिकन्स, अलेक्ज़ेंडर ड्यूमा, वॉल्टर स्कॉट की महान रचनाओं के आधार पर बनाई जाती थीं। फिर, वार्तालाप तथा कहानी के बारे में बताने के लिए पर्दे पर अंग्रेज़ी में लिखे टाइटल पा जाते थे। इस प्रकार मनोरंजन के साथ-साथ अभ्यास भी हो जाता था। अंग्रेज़ी में अच्छे नम्बर लाने का यह बहुत बढ़िया साधन था।

ऐसी दलीलें सुनकर माता-पिता चुप अवश्य हो जाते थे, पर उनकी तसल्ली नहीं होती थी। उन्हें इस बात पर विश्वास ही नहीं होता था कि मनोरंजन करने वाली कोई भी चीज़ इतनी निर्दोष हो सकती है।

फिल्मों में केवल रोमांस का पहलू ही प्रभावित करने वाला नहीं होता था, जांबाज़ी के दृश्य भी तड़पा जाते थे। *कासैक्स* नामक फिल्म में जॉन गिलबर्ट ने तलवारबाज़ी तथा घुड़सवारी के ऐसे बेशुमार करतब दिखाए कि अगले ही दिन सब विद्यार्थियों ने रूसी फैशन की मोटी-मोटी, गोल-गोल, नाक तक लटकती फर वाली टोपियाँ सिलवा लीं, जो कई वर्ष पिंडी में फैशन बनी रहीं। हीरो के बहादुरी के करतब देख बाहर निकलते ही स्वयं भी कुछ-न-कुछ कर गुज़रने के लिए मन मचल उठता था। पर लाचार होकर, साइकल चलाने के अलावा मन की भड़ास निकालने का कोई भी साधन उपलब्ध नहीं हो पाता था।

जहाँ फूल हैं वहाँ काँटे भी हैं। सदर के सिनेमाघरों की एक ख़राबी सारा मज़ा किरकिरा कर देती थी। हर शो के बाद *गॉड सेव दि किंग* के लिए खड़े होना पड़ता, जो सारी जमात के सामने अपने मुँह पर स्वयं थप्पड़ मारने वाली सज़ा की तरह था। एक बार मेरे एक मित्र ने उठने में थोड़ी ढील की, तो पीछे से कड़ाक करता एक गोरे का डंडा उसके सिर पर आकर लगा। ऐसे अपमान प्रतिदिन सहने पड़ते थे।

और एक दिन मैं वही पोस्तीन की गोल टोपी पहने, जो आम लोगों को दूर से बड़ी अजीब लगती थी, पर जिसमें मेरे मित्रों के कथनानुसार, बल्कि ख़ुद आईना भी गवाह था, मैं हू-ब-हू जॉन गिलबर्ट दिखाई देता था, मैं माल रोड पर बेतहाशा साइकल दौड़ाए जा रहा था। उस दिन वाली फिल्म में गिलबर्ट ने घुड़सवारी के स्थान पर स्की के कमाल दिखाए थे। फिल्म के अन्त में उसकी प्रेमिका की बेवफाई का रहस्य खुल गया था। पश्चात्ताप की अग्नि में जलता हुआ वह स्कीयों पर पाँव धरे बर्फ से ढके पहाड़ों को चीरता हुआ अपनी भोली-भाली देवी-स्वरूप पत्नी के पास जा पहुँचा था।

तब मुझे यह नहीं मालूम था कि इतनी तेज़ स्कीएँ या घोड़ा हीरो को दौड़ाने की आवश्यकता नहीं होती। केवल क्लोज़-अप ही हीरो के होते हैं, और वे बड़ी आसानी के स्टूडियो के भीतर ही ले लिए जाते हैं। 'लांग' और 'मीडियम' शॉट्स के लिए, जिनमें शक्ल पहचाननी कठिन होती है, हीरो के स्थान पर कोई दूसरा आदमी ले लेता है, जिसे घोड़ा दौड़ाना और स्की करना सचमुच आता हो। और उसे भी सिर-धड़ की बाज़ी लगाने की आवश्यकता नहीं होती। शूटिंग

करते समय कैमरे की रफ्तार थोड़ी कम करने की ज़रूरत है, पर्दे पर तस्वीरें स्वयं ही दुगुनी-चौगुनी रफ्तार से दौड़ने लगती हैं। इन्हें ट्रिक शॉट कहते हैं। तलवारबाज़ी, पिस्तौल बाज़ी, मुक्केबाज़ी, आँधी, तूफान, भूचाल ऐसे ख़तरे वाले काम सब कैमरे की चालाकी होते हैं, जिसका एक बार पता लग जाने से सब मज़ा फीका पड़ जाता है।

अगर मुझे इन बीच की बातों का पता होता तो इस प्रकार जान जोखिम में डालकर साइकल न दौड़ाया करता। चौराहे पर पहुँचने के क्षण-भर पहले मैंने देखा, सामने से एक मोटर साइकल आ रही है। मैंने एकदम ब्रेक लगाई और जॉन गिलबर्ट के अन्दाज़ में च्युइंग गम चबाते हुए ऐन वक्त पर पैडल से पाँव नीचे उतारकर सड़क पर जाम हो गया। मोटर साइकल वाले के लिए सारी सड़क खाली पड़ी थी, पर उसका सवार एक अहंकारी अंग्रेज़ था, जो बड़ी ही बदतमीज़ी से मुझे गन्दी गालियाँ बकता हुआ आगे निकल गया। उसके पीछे एक मेम बैठी हुई थी। इसलिए अपमान और भी अहसनीय हो उठा, हालाँकि उस परी से मेरी आँखें मिली और मुझे उसमें सहानुभूति और एक प्रकार की उष्णता स्पष्ट नज़र आई। अगर मेरी साइकल में भी इंजन लगा होता तो मैं उस बदतमीज़ का पीछा करके अवश्य ही उसे मज़ा चखाता। लेकिन दिल मसोसकर रह गया।

पर इस तरह का दुर्व्यवहार बड़े-बड़े राय बहादुरों तथा खान बहादुरों के साथ भी होता था, फिर प्रोफेसरों तथा लड़कों की तो बात ही क्या! हर कोई उनसे बचने के अपने विशेष व्यक्तिगत ढंग सोचता था। उसमें प्रतिशोध या विरोध की कोई भावना नहीं होती थी। हर कोई स्वयं को भीतर-बाहर से पूरी तरह अंग्रेज़ी साँचे में ढालने के प्रयत्न में लगा हुआ था। हर कोई यही सपना देखता था कि कभी-न-कभी अंग्रेज़ उसे अपने बराबर का दर्जा दें, अपनी बिरादरी में मिला लें।

और यह कोई अनहोनी बात भी नहीं थी। आर्यों की मूल भूमि पंजाब प्राचीन काल से ही शकों, यूनानी, तुर्की, यवनों और अन्य गोरी हमलावर कौमों के लिए भारत का प्रवेश-द्वार रही है। यहाँ कौमों और नस्लों का खूब सम्मिश्रण हुआ है। इसी कारण इस भाग में आश्चर्यचकित कर देने की सीमा तक गोरे, सुन्दर लोग

देखने में आते हैं। इसकी पुष्टि करने के लिए केवल इतना ही कहना पर्याप्त है कि पंजाब सदैव से हीरो-हीरोइनों के लिए फिल्म-निर्माताओं की तलाशगाह रहा है। दिलीप कुमार, राजकपूर, राजकुमार, राजिन्दर कुमार, देव आनन्द, धर्मेन्द्र, शशि कपूर, शम्मी कपूर, तथा अन्य कितने ही हीरो इसी ओर के लोग हैं। इस लिहाज़ से हमारा पिंडी-पिशोर तो और भी ज़्यादा मुमताज़ रहा है।

इस नाचीज़ लेखक की भी उसके फिल्मी जीवन में कई बार गैरी कपूर, रोनॉल्ड कोलमैन, हम्फरी बोगार्ट, एन्थनी क्विन आदि से तुलना की गई है। देव आनन्द के भारतीय ग्रेगरी पैक कहलाने से तो सब परिचित हैं।

अपने स्वाभिमान की रक्षा के लिए शेष भारत में भारतीयों ने गांधीजी का अनुसरण किया। पर पंजाबियों के लिए स्वामी दयानंद सरस्वती की राह पर चलना बहुत लाभदायक रहा, और इसे वे इस स्वतन्त्रता के युग में भी छोड़ने के लिए तैयार नहीं हैं। बल्कि सच तो यह है कि बाकी हिन्दुस्तान भी गांधीजी की राह छोड़कर उन्हीं के रास्ते की ओर खिंचता चला आ रहा है।

हमारी फिल्म इंडस्ट्री में भी कभी गांधी तथा टैगोर से प्रेरणा लेकर राष्ट्रीय भावनाएँ जागी थीं और न्यू थियेटर्स और प्रभात फिल्म कम्पनी जैसी संस्थाएँ बनी थीं। लेकिन आज पंजाबियों के प्रभाव के कारण इस क्षेत्र में भी अनुसरण का झंडा बड़ी मजबूती से गाड़ा जा चुका है।

एक तरह से देखा जाए तो बात मज़ाक की है। पर भाग्य की विडम्बना देखिए कि मनोरंजन करने वाली वस्तु को भी गम्भीर बना दिया गया है।

अगर पूरी की पूरी कौम अपने-आपको धोखा दे सकती थी तो मैं तो सिर्फ सत्रह-अठारह वर्ष का नौजवान था। जब भी मैं कोई अंग्रेज़ी फिल्म देखकर लौटता, तो मेरा पहला काम होता विभिन्न कोणों में आईने में अपनी सूरत देखना। और अजीब बात है कि मुझे उसमें सदा उस फिल्म के हीरो की झलक साफ नज़र आती। मैं स्वयं इस चमत्कार पर हैरान था कि कैसे एक ही आदमी की शक्ल हॉलीवुड के सभी हीरोज़ से मिल सकती है। मैं तब तक आईने का पीछा न छोड़ता जब तक पिताजी या माताजी की गुस्से-भरी आवाज़ सिर पर बम्ब की तरह सुनाई न देती। वे सख़्ती से देर से आने का कारण पूछते और मैं फौरन कोई कच्चा-पक्का झूठ बोल देता।

बार-बार झूठ बोलने की इस आदत ने मुँह पर साफ, सच्ची और खरी बात कहने की शक्ति भी मुझसे छीन ली। मुझमें स्वाभिमान की कमी नहीं है। और न ही आज तक कोई माई का लाल मुझे अपने बड़प्पन के बल पर झुका सका है। पर फिर भी प्रतिदिन के व्यवहार में, मैं हर आदमी के सामने एक दोषी की तरह पेश होता हूँ, भले ही वह मुझसे बड़ा हो या छोटा। जैसे उससे मैं अपना कोई दोष छुपा रहा होऊँ। मुझे अपनी फिल्मी सफलता और ख्याति भी एक अपराध ही दिखाई देती है। लोग मेरे स्वभाव की नम्रता का ज़िक्र करते हैं, इस नम्रता में मेरे कसूरवार होने के अहसास का काफी बड़ा हिस्सा है। माँ-बाप ने बचपन से ही मुझे फिल्मों को गुनाह के रूप में देखने की आदत जो डाल दी है।

मेरा बचपन संसार की फिल्म-कला के भी बचपन का ज़माना था। उसके प्रति असाधारण आकर्षण केवल मुझे ही नहीं, समूची पीढ़ी को ही था। मुझे याद है, जब फिल्मी दुनिया में दाखिल होने से पहले बम्बई रवाना होते समय पृथ्वीराज कपूर तथा जगदीश सेठी अपने मित्रों को अलविदा कहने के लिए रावलपिंडी के नजदीक कोहमरी में आए थे। उनके मुकाबले में मैं अभी बहुत छोटा था। पर अपने पास-पास जो कुछ हो रहा था, बड़े ध्यान से उसे देखता था। गोरी हुकूमत ने पंजाब के मनचले हसीन नौजवानों के लिए विकास के सभी रास्ते बन्द कर रखे थे। पर फिर भी उन्हें रोके रहना बहुत कठिन था। और फिल्म एक ऐसा साधन था, जिसके विशाल काल्पनिक घेरे में पंजाबी नौजवानों को वे सब कारनामे करने की छूट थी, जिनकी आज्ञा जीवन नहीं देता था।

हरी राम सेठी भी हमारे शहर के एक शानदार अलबेले नौजवान थे। पंजाब में सबसे पहली सरमायादार फिल्म कम्पनी उन्हीं की हिम्मत से रावलपिंडी में बनी थी। नाम था, 'पंजाब फिल्म कम्पनी'। पहली फिल्म थी, *अबला*। उसकी शूटिंग भी रावलपिंडी में हुई थी। तिलक भसीन, बाबा भीष्म सिंह तथा मेरे कई अन्य मित्रों ने उसमें अभिनय किया था। निर्देशक हीरो को बंगाल से भरती करके लाया था। यह बात शहर के सभी नौजवानों को बुरी लगी थी। शूटिंग के समय हम इर्द-गिर्द चक्कर काटते, और उसे अहसास कराने की कोशिश करते कि सुन्दरता के लिहाज़ से वह हमारी छोटी उँगली के बराबर भी नहीं है।

मोटा कामेडियन रामौतार, जो अब भी फिल्मों में काम करता है, उन्हीं दिनों पिंडी से भागकर आया था। प्रह्लाद दत्त बम्बई की फिल्म-इंडस्ट्री के एक बहुत ही मनोहर और प्रतिभाशाली कैमरामैन हो गुज़रे हैं। उनके फिल्मी आविष्कारों की सराहना यूरोप तथा अमेरिका में भी हो चुकी है। आज वे इस संसार में नहीं हैं। लेकिन मुझे याद है, वे और मेरा एक अन्य मित्र, तिलक भसीन पिंडी प्वाइंट तथा कश्मीर प्वाइंट की सैर करते समय हमेशा 'दो रीलर' कॉमेडियों की 'सिचुएशनें सोचते रहते थे। एक बार किसी छिपे खजाने की तलाश में उन्होंने किसी अंग्रेज़ की कोठी के अहाते की निशानी उखाड़ फेंकी, और पुलिस के हवाले कर दिए गए। प्रह्लाद दत्त ने इसके कुछ ही वर्ष पश्चात् अपने हाथ से एक मूवी कैमरा बनाया था, जिसकी प्रसिद्धि दूर-दूर तक फैल गई थी। अगर मैं गलती नहीं कर रहा, तो उन्होंने महान देशभक्त एवं आर्य समाजी परिवार में जन्मे भगत सिंह की क्रांतिकारी पार्टी के लिए बम आदि भी बनाए थे। उनके साथी, हरबंस भल्ला अब भी मद्रास में फिल्मों का काम करते हैं। उनकी अपनी प्रयोगशाला है।

जयकिशन नन्दा जिन्होंने *इशारा* जैसी कामयाब फिल्में निर्देशित की हैं, उन्हीं दिनों फिल्मी हीरो बनने के लिए जर्मनी भाग गए थे। आरसी तलवार हॉलीवुड जा पहुँचे थे। मेरी जान-पहचान के और भी कितने ही लोग मुझसे पहले फिल्मों में आए हुए थे।

1930 में मेरे जीवन ने एक ऐतिहासिक मोड़ लिया। मैं रावलपिंडी छोड़कर लाहौर गवर्नमेंट कॉलेज में बीए का छात्र बना। उसी वर्ष फिल्मों ने भी बोलने के युग में प्रवेश किया। अचानक ख़बर उड़ी कि *आलमआरा* नामक पहली 'टॉकी' फिल्म कैपिटल सिनेमा में दिखाई जा रही है, जिसमें पृथ्वीराज कपूर और जगदीश सेठी काम कर रहे हैं। बड़े चाव से मैं देखने गया। भीड़ का कोई अन्त नहीं था।

इसी सिनेमा में एक सप्ताह पहले जब जीन हार्लो (उस ज़माने की मर्लिन मुनरो, जो मर्लिन की तरह ही भरी जवानी में ही बेमौत मरी थी) की पिक्चर *हैल्ज़ एंजल्स* का टिकट खरीद रहा था, मुझे ख़बर मिली कि अन्दर हमारी रावलपिंडी वाली फिल्म, *अबला* का प्राइवेट शो हो रहा है और इमतियाज़ अली

ताज तथा अहमद शाह बुखारी जैसे विद्वान फिल्म देखने आए हुए हैं। बुखारी मेरे प्रोफ़ेसर थे। कुछ मिनटों के पश्चात् शो ख़त्म हुआ और मैंने बड़े उत्साह से आगे बढ़कर बुखारी साहब से उनकी राय पूछी। वे बड़े उदास होकर कहने लगे, 'तकनीकी लिहाज़ से यह फिल्म अच्छी-से-अच्छी अमरीकन फिल्म का मुकाबला कर सकती है। पर कितने अफसोस की बात है कि बनाने वालों को इतना रुपया ख़र्च करते वक्त इस बात का ख़्याल न आया कि ख़ामोश फिल्मों का ज़माना ख़त्म हो रहा है।'

उस फिल्म के कारण लाला हरीराम सेठी बर्बाद हो गए। पर मुझे उस समय इस बात का दुःख नहीं था। बल्कि मैं गर्व का अनुभव करता था कि आख़िर रावलपिंडी वालों ने विलायत वालों की बराबरी कर ही दिखाई।

इसके विपरीत तकनीकी दृष्टिकोण से *आलमआरा* एक बहुत ही घटिया फिल्म थी। पर उसके बनाने वाले मालामाल हो गए। फिल्म लाइन में इस तरह की उल्टी-सीधी बातें रोज़ ही होती हैं। घटिया फिल्में सफल हो जाती हैं, और बढ़िया असफल। लेकिन उस समय मुझे इन बातों का कुछ भी नहीं पता था। और न ही फिल्मों के सम्बन्ध में टैक्नीक शब्द का ठीक-ठीक क्या अर्थ होता है, इसका कुछ ज्ञान था।

मैं क्योंकि हॉस्टल में रहता था, इसलिए लाहौर में घर के अंकुश से स्वतंत्र था। अब फिल्में देखने से मुझे कोई नहीं रोक सकता था। सप्ताह में कम-से-कम तीन अमरीकी फिल्में तो अवश्य ही देख लेता था, और मेरी चेतना पर उनका प्रभाव दिन-प्रतिदिन गम्भीर होता जा रहा था। पर अब भी मेरे मन में फिल्म-अभिनेता बनने का ख़्याल कभी तीव्रता से नहीं उठता था। अगर अभिनेता बनना हो तो आदमी हॉलीवुड जाकर बने, हिन्दुस्तानी फिल्मों में पड़कर स्वयं को ख़राब करने से क्या लाभ!

एमए तक पहुँचते-पहुँचते मेरी साहित्यिक सूझ-बूझ काफी निखर चुकी थी। मैं गवर्नमेंट कॉलेज की नाटक-मंडली में भी भाग लेने लगा था, जिसके सर्वेसर्वा स्वयं बुखारी साहब थे। उनके साथी प्रोफेसर जीडी सोंधी, ईश्वरचन्द्र नन्दा और इम्तियाज़ अली ताज भी देशव्यापी प्रसिद्धि के स्वामी थे। मैं बड़े गर्व से कह सकता हूँ कि यथार्थवादी नाटक और अभिनय कला के प्रारम्भिक

मूल्यों से सैद्धांतिक तौर पर, अंग्रेज़ी साहित्य में एमए के अध्ययन और अमली तौर पर गवर्नमेंट कॉलेज, लाहौर की ड्रमैटिक सोसायटी ने ही पहले-पहले मुझे परिचित कराया था। जब लक्ष्य स्पष्ट हो जाए तो शेष बात लगन और मेहनत की रह जाती है। ठोकरें खाता हुआ आदमी कभी-न-कभी उस लक्ष्य तक पहुँच ही जाता है। मैंने अपने उपर्युक्त बुज़ुर्गों की याद को, जिन्होंने कला के क्षेत्र में मुझे सर्वोत्तम लक्ष्य के दर्शन कराए, सलाम भेजता हूँ।

फिर एक और धमाका हुआ। 'न्यू थियेटर्स' कलकत्ता से बनकर आई *पूर्ण भक्त* नामक फिल्म लाहौर में मैक्लोड रोड के एक सिनेमा में दिखाई गई। इस फिल्म ने मुझ जैसे पढ़े-लिखे, अंग्रेज़ीपरस्त, पंजाबी नौजवानों के जीवन में एक तूफान-सा लाकर खड़ा कर दिया। हिन्दुस्तानी फिल्मों के बारे में हमें अपना दृष्टिकोण एकदम बदल देना पड़ा।

मैंने कोई छ: बार 'पूर्ण भक्त' फिल्म देखी। न केवल स्वयं देखी, बल्कि और कितने ही लोगों को खींच-खींचकर साथ ले गया। कल तक हम भारतीय संस्कृति के विरोधी और शत्रु थे, आज कट्टर देशभक्त बन गए।

पूर्ण भक्त, *देवदास*, *चण्डीदास*...एक के बाद एक उच्चकोटि की फिल्में सहगल का प्रकट होना...प्रभात फिल्म कम्पनी की फिल्में, *दुनिया न माने*, *अमृत मंथन* और *आदमी*, पर फिर भी मुझे याद नहीं पाता कि विलायती फिल्मों के लिए मेरा शौक किसी तरह कम हुआ हो। हिन्दी फिल्में अब भी मेरे निश्चित मानदंडों से बहुत नीचे थीं। ज़िन्दगी को ठीक वैसे ही रंगों में पेश कर सकने की योग्यता अभी भी उनमें नहीं आई थी।

कॉलेज का दौर ख़त्म हुआ। जीवन के क्षेत्र में उतरने का समय आया। अखाड़े में उतरते ही ऐसी चोटें पड़ी कि कुछ मत पूछिए। नाक से ख़ून बहने लगा, मुँह-माथा सूज गया, बाँह रूमाल में टाँगनी पड़ी। शायर ने बड़े सुन्दर शब्दों में चित्र खींचा है:

'इकबाल' मेरे इश्क़ ने सब बल दिए निकाल,
मुद्दत से आरज़ू थी सीधा करे कोई!

मैंने देखा कि एमए की डिग्री का जो कागज़ हाथों में लिए घूमते हैं, कारोबारी दुनिया में उसका मोल दो कौड़ी भी नहीं है। अपनी गोरी रंगत, जिसका प्रदर्शन

ठंडी सड़क पर बड़े ठाठ से किया करते थे, हाकिमों की नज़रों में हमें और भी अधिक 'अश्वेत आदमी' बनाती थी। पिताजी के कहने पर मैंने अपने घर का बना-बनाया कपड़े का कारोबार संभाला। पर अधिक दिनों तक नहीं। कपड़ा बेचने वालों की दुनिया दूसरी ही तरह की होती है। एक एमए पास व्यक्ति के लिए उसमें समा सकना बड़ा कठिन होता है।

1936 का वर्ष था शायद। घर से भागकर मैं कलकत्ता जा पहुँचा। पंडित सुदर्शनजी का दरवाज़ा जा खटखटाया। तब वे न्यू थियेटर्स की चित्र कथाएँ लिखा करते थे। मैंने उनसे पूछा कि मेरे फिल्मों में दाखिल होने के बारे में उनकी क्या राय है।

उन्होंने मुझे थोड़ा गलत समझा। उन्होंने शायद सोचा, मैं भी अनपढ़, भावुक युवकों की तरह घर-बार छोड़ आया हूँ। वास्तव में, मैं बड़ी गम्भीरता से जीवन में अपने लिए मार्ग तलाश रहा था। मेरी बात सुनते ही वे आवेश में आ गए और फिल्म लाइन के बारे में एक डरावना-सा भाषण मुझे सुनाना आरम्भ कर दिया, जो मानो ऐसे अवसरों के लिए उन्होंने पहले से ही तैयार कर रखा था। वे मेरे पिताजी को जानते थे। और यह बात ठीक थी कि पिताजी किसी सूरत में भी मुझे फिल्मों में काम करने की आज्ञा नहीं दे सकते थे। फिर, अगर सचमुच ही मैं फिल्मों में दाखिल हो गया और अपनी ज़िन्दगी बर्बाद कर ली, जिसकी सम्भावना इस लाइन में सफलता से कहीं अधिक थी, तो मेरे पिताजी ने सारा दोष उन्हीं पर लगाना था। वे डर गए थे।

लावारिसी के आलम में, कुछ दिन कलकत्ता शहर की गलियों के चक्कर काटकर मैं वापस रावलपिंडी पहुँच गया।

एक वर्ष और बीत गया। ज़िन्दगी की तलखियों से बदन पर कुछ पोर खराशें उभर आईं। हौसले और भी पस्त हो गए। इस बीच शादी भी हो गई। पिंडी से फिर दिल उचाट हो गया। फिर कलकत्ता भाग खड़ा हुआ। फिर पंडित सुदर्शनजी का द्वार जा खटखटाया।

इस बार मिलते ही वे मुझे आशीर्वाद पर आशीर्वाद देने लगे, और मेरी प्रशंसा के पुल बाँध दिए। उन्होंने अपनी पत्नी को बुलाकर बताया कि मैं ही वह नवयुवक हूँ, जिसकी वे उसके सामने इतनी बार प्रशंसा कर चुके हैं–एकमात्र

नवयुवक, जिसने उनकी नसीहत पर अमल करके फौरन फिल्मों का इरादा छोड़ दिया था। उन्होंने मेरी पत्नी की आवभगत की, और मेरे घरवालों का हाल-चाल पूछा।

'अब तुम क्या करते हो, बेटा?' उनकी पत्नी ने पूछा।

उस हालत में मैं भला कैसे कह सकता था कि वास्तव में मैंने फिल्मों का ख़्याल छोड़ा नहीं, बल्कि इस बार तो मुँह-फाड़कर उनकी सहायता माँगने आया हूँ।

'बिज़नेस,' मैंने उत्तर दिया, और हम पति-पत्नी उठकर चले आए।

कुछ समय और बीत गया, और विचित्र दिशाओं में भटकने के पश्चात, जिसका सम्बन्ध फिल्मों से अधिक साहित्य तथा राजनीति से था, मुझे अज्ञेय तथा हज़ारीप्रसाद द्विवेदीजी के प्रभाव से शान्ति निकेतन में नौकरी मिल गई। इस प्रकार मेरा स्वाभिमान, जो अब तक लगभग सारे-का-सारा नष्टप्राय हो चुका था, एकबारगी ही लौट आया–सूद और असल के साथ। वेतन तो मात्र पचास रुपए था, पर गुरुदेव टैगोर के नाम के कारण (तब वे जीवित थे) शान्ति निकेतन में अध्यापन किसी बड़ी-से-बड़ी यूनिवर्सिटी से भी अधिक महत्त्व रखता था। पूजा की छुट्टियों में जब हम रावलपिंडी पहुँचे तो लगभग सारा शहर फूलों के हार लिए स्टेशन पर हमारे स्वागत के लिए पहुँचा हुआ था।

शान्ति निकेतन में गुज़ारे दिन बड़े अनमोल थे। मेरी पत्नी, दमयन्ती (दम्मो) को भी अपने विकास के ऐसे अवसर उपलब्ध हुए, जो रावलपिंडी के तंग दायरे में अकल्पित थे। यहीं उसने बीए किया तथा अन्य सैकड़ों तरह की गतिविधियों में भाग लिया। हम दोनों बहुत सन्तुष्ट थे।

छुट्टियों में हम एक बार जब कलकत्ता गए, तो अपने फिल्मी मित्रों के भी दर्शन किए। पृथ्वीराज कपूर दम्मो के बड़े भाई के अभिन्न मित्र थे। हम पृथ्वीराज जी के घर गए। वे बड़े प्यार से मिले। अब भी जब कभी मिल बैठते हैं, वे उस मुलाकात का ज़िक्र बड़े प्यार-भरे शब्दों में करते हैं। राजकपूर तब लगभग बारह वर्ष का प्यारा-सा बालक था।

पृथ्वीराज और जगदीश थापा हमें न्यू थियेटर्स शूटिंग दिखाने भी ले गए। सहगल और लीला देसाई की शूटिंग चल रही थी। फिल्म का नाम शायद

प्रेज़ीडेंट था। नितिन बोस निर्देशन कर रहे थे। सहगल सैट की दीवार के पीछे छिपकर सिगरेट का कश लगा आते थे। हालाँकि सैट पर सिगरेट पीने की मनाही थी, पर सहगल को रोकने की जुर्रत कौन कर सकता था! सहगल को भी नहीं मालूम था कि धुआँ बाहर वालों को दिखाई दे जाता है। वे अपनी जगह चालाक बने हुए थे, नितिन बोस अपनी जगह।

कौन सोच सकता था कि एक दिन दम्मो पृथ्वीराज जी के साथ *दीवार* में मुख्य भूमिका निभाएगी और मैं उन्हीं लीला देसाई द्वारा निर्मित *काबुलीवाला* में पठान बनूँगा, या अमिय चक्रवर्ती के निधन के पश्चात् यही नितिन बोस *कठपुतली* फिल्म पूरी करेंगे!

एक और मज़ेदार घटना भी वर्णनीय है। दम्मो ने अगले दिन कहा, 'असल में, मिलने लायक आदमी तो बरुआ हैं, उन्हें मिले बग़ैर चले जाने में क्या मज़ा है?'

सो अगले दिन हम पीसी बरुआ के घर जा पहुँचे। उनके सेक्रेटरी ने पूछताछ करने की कोशिश की, लेकिन हमने उसे इस योग्य भी नहीं समझा कि उसकी ओर ध्यान देते, और सीधे बैठक में जाकर कुर्सियों पर बैठ गए। बैठक पुस्तकों से भरी हुई थी। *एनसाइक्लोपीडिया ब्रिटेनिका* का पूरा सैट वहाँ रखा हुआ था। हम खूब प्रभावित हुए।

ऊपर जाकर सेक्रेटरी ने अवश्य ही कहा होगा कि हम शांति निकेतन से आए हैं। शायद इसी कारण बरुआ ने हमें कुछ मिनटों के लिए बुला लिया, हालाँकि उस दिन उनकी पत्नी की तबीयत ठीक नहीं थी।

पत्नी? कौन? जमुना? हम जानने के लिए बेताब हो रहे थे। पर यह पूछ सकने की हिम्मत किसमें थी?

बरुआ आए। बड़े थके-थके दिखाई दे रहे थे, जैसे सारी रात सोए न हों। प्रश्नसूचक दृष्टि से हमारी ओर देखने लगे। और तो कुछ सूझा नहीं, हमने उनकी फिल्मों पर आलोचना करनी प्रारम्भ कर दी, जैसे अपनी फिल्मी योग्यता की धाक जमा रहे हों। आपने *मुक्ति* का वह दृश्य ऐसे क्यों न लिया? *मंज़िल* में उस पार्ट के लिए अगर उसके स्थान पर उस कलाकार को ले लेते?

बरुआ चुपचाप सुनते रहे। इस तरह के लोगों से उनका पहली बार वास्ता नहीं पड़ा था। आख़िर जब हमने बोलना बन्द किया तो वे काफी देर तक, देवदास के पात्र की तरह, चुप बैठे रहे। फिर बोले, 'आप फिल्मों में काम करना चाहते हैं?'

ऐसे बेबाक सवाल के लिए हम तैयार नहीं थे।

'हाँ-हाँ, क्यों नहीं,' मुझसे पहले ही शरारत से हँसते हुए दम्मो ने कह दिया।

'अच्छी बात है। कल सुबह दस बजे आप स्टूडियो आ जाएँ।'

यह कहकर बरुआ ने हमें विदा कर दिया। सारा दिन हम हवा में उड़ते रहे। फिल्मों के प्रथम श्रेणी के निर्देशक ने हमें स्वयं अपने मुँह से कलाकार बनने का निमंत्रण दिया था।

तब हमें नहीं मालूम था कि निर्देशक पीछा छुड़ाने के लिए जान-बूझकर ऐसा करते हैं। सम्भव है, अगर हम अगले दिन सचमुच स्टूडियो जा पहुँचते तो बरुआ हमें मिलने से भी इंकार कर देते। पर एक बात से मुझे विश्वास होता है कि बरुआ ने हमें टाला नहीं था। क्योंकि बाद में जब भी शांति निकेतन में दम्मो और मुझमें कोई छोटा-मोटा झगड़ा हो जाता, तो वह मुझे डराने के लिए बरुआ का अपने हाथों से लिखा एक पत्र दिखा देती। इसमें बरुआ ने उसे फिर विश्वास दिलाया था कि वे उसे अपनी अगली फिल्म में एक प्रमुख भूमिका देने को तैयार हैं।

फिर एक दिन शांति निकेतन से हम सेवाग्राम जा पहुँचे। वहाँ हम फिल्मों के ख़्याल से बिल्कुल ही दूर हो गए। मेरी कहानियाँ अब हिन्दी पत्रिकाओं में आम छपने लगी थीं और उम्र के हिसाब से आवश्यकता से कुछ अधिक ही प्रसिद्धि प्राप्त हो गई थी। संसार में भी बड़े ज़बरदस्त परिवर्तन हो रहे थे। दूसरे महायुद्ध की भूमिका बंध चुकी थी। हिटलर और मुसोलिनी की फौजें यूरोप में तबाही मचा रही थीं। सुभाष बोस को, प्रधान चुने जाने के बाद, गांधीजी ने त्यागपत्र देने के लिए विवश कर दिया था, जिससे सारे देश में बेचैनी फैली हुई थी। सेवाग्राम में हम प्रतिदिन जवाहरलाल नेहरू, बल्लभ भाई पटेल, मौलाना आज़ाद और देश के अन्य कितने ही बड़े-बड़े नेताओं के दर्शन करते। दम्मो ने सर स्टैफोर्ड क्रिप्स तथा जवाहरलाल नेहरू को एक बार अपने हाथ से चाय

बनाकर पिलाई थी। जिस शिक्षा-संघ में मैं काम करता था, डॉक्टर ज़ाकिर हुसैन उसके प्रधान थे। ऐसे केन्द्रीय तथा महत्त्वपूर्ण वातावरण में रहते हुए, जहाँ कस्तूरबा, मीरा बेन, आशा बेन, जैसे महान लोगों के साथ हमारा रोज़ का सम्पर्क था, फिल्मों से अच्छे जीते-जागते किरदारों को देखकर भला फिल्म जैसी बेमतलब चीज़ की ओर हमारा ध्यान कैसे जा सकता था?

देखते-देखते दूसरा महायुद्ध छिड़ गया। अचानक मेरे जीवन ने भी फिर एक करवट ली और दम्मो और मैं *बीबीसी* लन्दन में अनाउंसर का काम सम्भालने के लिए सेवाग्राम को अलविदा कह कर यूरोप की ओर उड़ान भर गए।

4

लन्दन में शुरू के चार-पाँच महीने रौनक-ही-रौनक देखी। सर्दियों में हिटलर पोलैंड को दबाकर बैठ गया था। फिर गर्मियों तक उसने और कोई कदम नहीं उठाया। सारा इंग्लैंड इस भ्रम का शिकार हुआ लगता था कि हिटलर को जो चाहिए था, उसने ले लिया है, अब तो लडाई केवल नाममात्र की है। लोग चैन की चिड़िया उड़ा रहे थे। चैम्बरलेन सरकार सुरसा की नींद सोई पड़ी थी।

इतना धन-ऐश्वर्य, इतना हँसी-खेल, इतना सन्तुष्ट जीवन मैंने सपने में भी नहीं देखा था। बढ़िया जीना, साँसारिक सुखों का बिना संकोच के भरपूर मज़ा लूटना, यही हर किसी का उद्देश्य लगता था। सेवाग्राम और शान्ति निकेतन में रहकर मैं इतना ज़रूर समझ गया था कि इस सारे धन-ऐश्वर्य को हमारे देश का ही ख़ून चूसकर एकत्र किया गया है। पर मन के सचेतन संस्कारों से अचेतन संस्कार ज़्यादा प्रबल होते हैं। हिन्दुस्तान में सुनहरी बालों वाली अप्सराएँ दूर-दूर से ही दिखाई देती थीं।

वहाँ जीवन तंगियों, चिन्ताओं, दुविधाओं, प्रभावों, कठोरताओं, तनाव और कलह से भरा पड़ा था, यहाँ बहुतायत, बेपरवाही, आज़ादी और सहूलियतों का अन्त नहीं था। बहती गंगा में नहाने को किसका दिल नहीं ललचा पड़ता! यहाँ मेरे लिए कला के श्रेष्ठ पक्षों से परिचित होने के भी अच्छे अवसर थे, यह मैं भूल ही बैठा था। मैं नाटक देख सकता था, महान संगीत सुन सकता था,

चित्रशालाओं का अध्ययन कर सकता था। पर इनके लिए मेरे पास वक्त नहीं था। रंग-रेलियाँ मनाने में मेरी तनख़्वाह का इतना बड़ा हिस्सा ख़र्च हो जाता था कि सिनेमा तथा नाच-गानों के नग्न रिव्यू आदि तमाशे देखकर ही मैं सन्तुष्ट हो जाता था।

और फिर अचानक आकाश से हिटलर का कहर टूट पड़ा। देखते-ही-देखते सब ख़ुशहालियाँ नष्ट-भ्रष्ट होने लगीं। जवानी की उम्र में उस तबाही के तांडव का भी अपना एक नशा था। पर जब मौत नज़दीक आकर फिर-फिर से आँखों में घूरने लगती तो डर भी लगता। पर मौत का इतना डर नहीं था, जितना परदेस में मरने का, बेमतलब मरने का। उस लड़ाई से मेरा कोई सम्बन्ध नहीं था, न मेरे देश का था। यह बात मेरे मन में उलझन-सी पैदा किए रहती थी।

अब सिनेमा जाना केवल मनोरंजन ही नहीं रहा था, मन की चिन्ता व घबराहट से भी कुछ देर के लिए छुटकारा पाना मनोरथ होता था। मैं जितनी देर सिनेमा के अन्दर बैठा रहता, मन बहलावा होता रहता। पर बाहर आने पर फिर असलियत दुगने धमाके के साथ धावा बोल देती। कोई वक्त था, जब फिल्म में देखी परछाइयों का असर कितनी-कितनी देर तक दिमाग पर छाया रहता था। अब बाहर आते ही परछाइयाँ बेमतलब और फीकी महसूस होने लगतीं। ऐसा लगता, जैसे वे मुझे सारा वक्त मूर्ख बनाती रही हों। कभी फिल्मों को मैंने इतनी अहमियत दे रखी थी। अब मुझे साफ पता चल गया कि वे ज़िन्दगी की रूखी हकीकतों से छुटकारा दिलाने का वक्ती साधन-मात्र होती थीं–शराब, सिगरेट, या औरतबाज़ी की तरह एक नशा-सा।

कभी फिल्में मेरी नज़र में एक कला थीं। अब वे उस स्तर से बहुत नीचे उतर गईं।

पर कुछ देर बाद एक ऐसी घटना हुई, जिसने फिर मुझे अपनी राय बदलने पर मजबूर कर दिया। रूस अब लड़ाई में आ गया था, अंग्रेज़ों का साथी और हिमायती बन चुका था। टॉटनहैम कोर्ट रोड के एक सिनेमा - घर में रूसी फिल्में दिखाई जाने लगीं।

पहली फिल्म जो मैंने देखी, उसका नाम था, *सर्कस*। उसकी कहानी मुझे अब तक नहीं भूली। अमरीका से एक सर्कस मास्को आता है, जिसका खेल

लोगों में अत्यन्त प्रिय हो जाता है। सबसे ख़तरनाक और अचरज वाला खेल है, एक लड़की को तोप के मुँह में भरकर पीछे से बारूद लगाकर उड़ा देना। लड़की उड़ती हुई सर्कस के तम्बू की छत के साथ जा लगती, और फिर नीचे एक जाल में संभाल ली जाती। बड़ी ख़ूबसूरत थी वह लड़की। एक रूसी नवयुवक, जो स्वयं सर्कस का कलाबाज़ था, उसकी ओर आकर्षित होता है। वह उससे मिलने का हर सम्भव प्रयत्न करता है, मगर लड़की हमेशा टाल जाती है। वह कभी अपने कमरे से बाहर ही नहीं निकलती। रूसी लड़का सख़्त हैरान है कि लड़की इतनी शर्मीली और डरपोक क्यों है। एक दिन वह चालाकी से चोरी से उसके कमरे में जा घुसता है। क्या देखता है कि वह एक काले-स्याह अश्वेत बच्चे को छाती से लगाए दूध पिला रही है। वह हक्का-बक्का रह जाता है। पहले तो लड़की उसे डाँटती-फटकारती है, फिर फूट-फूटकर रोने लगती है। रूसी लड़के की तरफ वह स्वयं भी आकर्षण महसूस कर रही थी, इसीलिए उससे छिपने का प्रयत्न करती थी। उसका मन आत्मग्लानि का शिकार था। पहले अमरीका में उसका एक अश्वेत लड़के के साथ प्यार हुआ था। वे लुक-छिपकर मिलते थे। पर बहुत सावधानी बरतने पर भी लड़की को गर्भ ठहर गया था। भयभीत होकर वह घर से भाग उठी। वह जानती थी कि अगर किसी को पता चल गया तो लोग भले ही उसकी जान बख़्श दें, उसके अश्वेत प्रेमी को ज़रूर जान से मार डालेंगे। मुसीबत के वक्त में एक चालाक आदमी उसका सहयोगी बनता है और सब्ज़बाग दिखाकर उसे एक सर्कस के मालिक के हाथ बेच डालता है। मालिक परिस्थिति का खूब लाभ उठाता है। वह लड़की और उसके अश्वेत जैसे बच्चे को शरण तो अवश्य दे देता है, पर पूरी तरह अपना गुलाम बनाकर। वह उसको डराता रहता है कि अगर उसने ज़रा भी बाहर की दुनिया में कदम रखा तो वह उसका राज़ फाश कर देगा और लोग उसे लिंच कर देंगे। इसी डर के कारण वह अपने कमरे से बाहर नहीं निकलती थी। इसीलिए वह रूसी नौजवान के आगे बढ़ने से कतराती थी।

रूसी नौजवान उसकी कहानी सुनकर ज़ोर से हँस पड़ता है। वह उसे बताता है कि क्रांतिकारी सोवियत देश में काले-गोरे, ऊँच-नीच, जात-पांत और

धर्म-मज़हब के सब भेद-भाव सदा के लिए ख़त्म हो चुके हैं। सब इंसान पूरी तरह बराबर हैं। उसे यहाँ किसी किस्म का डर नहीं।

लड़की को यकीन नहीं आता कि कोई गोरी कौम काली नस्ल को बराबरी का दर्जा दे सकती है। वह डरी हुई-सी लड़के के साथ मास्को शहर में घूमती-फिरती है। उसे पता चलता है, कि लड़का सच कह रहा था। वह उसके माँ-बाप से मिलती है, जिन्हें पहले ही पता है कि वह एक काले बच्चे की माँ है। उनसे उसे और उसके बच्चे को ख़ूब मान और प्यार मिलता है। धीरे-धीरे लड़की में हिम्मत आ जाती है। कुछ ही दिनों में दोनों की दोस्ती प्रेम में बदल जाती है और वे निडर होकर सर्कस के मालिक के पास जाकर आपस में शादी करने का ऐलान करते हैं, जिसका अन्तर्राष्ट्रीय कानून के अनुसार वह कोई विरोध नहीं कर सकता।

अमरीकन सर्कस चला जाता है। लड़की और लड़का दोनों अब एक रूसी सर्कस में काम करने लगते हैं। और फिल्म के अन्त में दिखाया जाता है कि किस तरह उस लड़की का अश्वेत बच्चा न केवल सर्कस के साथियों का बल्कि सोवियत यूनियन की सब जातियों उज़बेग, ताजिक, तुर्कमानी, मंगोली, आरमीनों की आँखों का तारा बन जाता है। यह आख़िरी दृश्य इतने कमाल के साथ दिखाया गया कि मुझे रोमांच हो आया।

इस फिल्म का मेरे मन पर कितना गहरा प्रभाव पड़ा, मैं बयान नहीं कर सकता। जब मैं सिनेमा से बाहर निकला, तो हवाई हमले का सायरन बज चुका था। घुप्प अंधेरे में मेरी आँखों की ओर मुँह को हवा में कुछ चुभता हुआ महसूस हो रहा था। बालों में भी कांच के छोटे-छोटे टुकड़ों से भरी मिट्टी गिर रही थी। कहीं नज़दीक ही बम गिरा था। पर मैं इन सारी कठिनाइयों से बेख़बर था। मेरे अन्दर एक अजीब अहसास ठाठे मार रहा था। इंसान कितना महान है! ज़िन्दगी कितनी महान है! कितनी जीने योग्य है! मैं अपने अन्दर फौलाद-सा भरता हुआ महसूस कर रहा था। मेरे सारे डर उड़ गए थे।

यह प्रभाव अमरीकी फिल्मों के प्रभाव से एकदम उलट था। अमरीकी फिल्में इंसान को घटिया, अपनी परिस्थितियों और प्रवृत्तियों का गुलाम

दिखाती थीं। वे उसकी अन्दरूनी ताकतों के नहीं, उसकी कमज़ोरियों के राग अलापती थीं।

दो-तीन दिन बाद इस फिल्म को देखने की इच्छा फिर हुई। जब मैं हॉल में दाखिल हुआ, तो फिल्म शुरू हो चुकी थी। मैं नहीं देख सका कि मेरे आस-पास कौन बैठा हुआ था। पर जब फिल्म ख़त्म हुई और रोशनियाँ जलीं तो मैंने देखा कि हॉल खचाखच फौजी वर्दियों वाले अमरीकी अश्वेत सिपाहियों से भरा हुआ था। उनके चेहरों पर भी वही चमक थी, जो मैं अपने अन्दर महसूस कर रहा था। उनके साथ भी अपने देश में उसी तरह का बर्ताव होता था, जो काले आदमी की हैसियत से मैं सहता आया था।

उन अमरीकी अश्वेत सिपाहियों की भारी संख्या ने मुझे विश्वास दिलाया कि वह रूसी फिल्म अगर प्रोपेगेंडा थी, तो उस प्रोपेगेंडा में भी सच्चाई थी। मुझे तब अहसास हुआ कि प्रोपेगेंडा झूठा भी हो सकता है और सच्चा भी। प्रोपेगेंडा हर हालत में बुरी चीज़ नहीं। वह अच्छी चीज़ भी हो सकता है।

उसके बाद जो भी रूसी फिल्म उस सिनेमाघर में आती, मैं उसे ज़रूर देखने जाता, क्योंकि वह मुझे कम-से-कम कुछ दिनों के लिए डर से मुक्ति दिला देती थी। वे फिल्में देखकर मेरा मनुष्यता में विश्वास बढ़ता था। मैं शक्तिशाली हो जाता था।

एलेग्जेंडर नैवस्की, *बैटलशिप पोटेमकिन*, *बॉलटिक डेप्युटी*, चेपायेफ़, *शारज*, *माँ*, *गोर्की की जीवन-गाथा*, *वोल्गा-वोल्गा* और कितनी ही अन्य रूसी फिल्में मैंने देखीं।

मुझे सोवियत कला के बारे में और ज़्यादा जानने की इच्छा हुई। मैंने किताबें पढ़ीं और मुझे पता चला कि ये फिल्में मुझे ही अच्छी नहीं लगीं, बल्कि संसार-भर के फिल्मकारों ने मुक्त कंठ से उनकी प्रशंसा की है, और उन्हें फिल्म-इतिहास में शाहकार फिल्मों का दर्जा दिया है। आइज़न-स्टाइन और पुडावकिन नामों से परिचित हाग्रा चरख़ासाफ के अभिनय का मैं दिल और दिमाग से दीवाना हो गया। तब मुझे कल्पना भी नहीं हो सकती थी कि किसी दिन मैं स्वयं चरख़ासाफ और पुडावकिन के देश जाऊँगा, और जिस तरह मैंने उनकी फिल्में

देखी हैं, वे भी मेरी फिल्म, *दो बीघा ज़मीन* देखेंगे। वे भी हिन्दुस्तान आएँगे और मैं उनके गले में बाँहें डाल सकूँगा।

इस तरह सोवियत यूनियन, मार्क्सवाद और लेनिनवाद से मेरी पहली पहचान फिल्मों द्वारा हुई। मैं उस देश के बारे में जानने के लिए उत्सुक हो गया, जो इतनी अच्छी फिल्में बनाता था। अमरीकी फिल्मों के बारे में मेरा भ्रम टूट गया। वे मुझे सोवियत फिल्मों के मुकाबले में फीकी और घटिया लगने लगीं।

पर इसका यह मतलब नहीं कि मैं अब भी सोवियत फिल्मों को शाहकार मानता हूँ। अजीब-सी बात है कि लड़ाई के बाद के दिनों में सोवियत फिल्मों का स्तर एकदम गिर गया था। इस बात को रूसी भी मानते हैं। वे इसका दोष स्टालिन की डिक्टेटरशिप को देते हैं। इसमें कितना सच है, वही जानें। मेरा अपना अनुभव यह है कि मुझ पर सोवियत फिल्मों का जितना प्रभाव तब पड़ा था, वह आजकल की सोवियत फिल्मों का नहीं पड़ता। पर इसमें भी सन्देह नहीं कि जितनी सोवियत फिल्में देखने का अवसर मुझे लन्दन में मिलता था, वह आजकल हिन्दुस्तान में नहीं मिलता। इसलिए हो सकता है कि मेरा अनुमान गलत हो।

मार्क्सवाद के बारे में किताबें पढ़ते हुए मुझे रजनी पामदत्त और कृष्ण मेनन की किताबों का भी पता चला।

मुझे समझ आने लगा कि महायुद्ध क्यों होता है। समाजवाद और मार्क्सवाद का आदर्श कैसे मनुष्यता के लिए विकास का एक नया पड़ाव है।

सोवियत यूनियन उस समय सख़्त ख़तरे में से गुज़र रहा था और अत्यन्त बहादुरी से लड़ रहा था। सारे संसार की नज़रें स्टालिनग्राद और लेनिनग्राद की ओर लगी हुई थीं। हमारे अपने देश में साम्राज्ञी ज़ुल्म का कहर पड़ा हुआ था। बंगाल के अकाल की खबरें, गांधी और नेहरू के कैद होने की खबरें दिल को बहुत सख़्त बेचैन करती थीं। पर इसके साथ यह भी पता था कि सारे अन्याय के बावजूद हमारे राष्ट्रीय आन्दोलन की आशाएँ समाजवाद और जनतन्त्र की जीत के साथ जुड़ी हुई हैं, हिटलर की फासिस्ट बर्बरता के साथ नहीं।

इस तरह मुझे अपने रेडियो के काम में भी एक नया आनन्द आने लगा। मैंने अपने हिन्दी और उर्दू के उच्चारण को संवारने पर बहुत मेहनत की। मैंने

जॉन गीलगुड, टीएस एलियट, जॉर्ज ऑरवेल, हैरल्ड लास्की, लायनल फील्डन, गिल्बर्ट हार्डिंग और अन्य कितने ही उच्चकोटि के अंग्रेज़ चिन्तकों, साहित्यकारों और कलाकारों से मिलताएँ गांठीं। उनसे बहुत-कुछ सीखा, बहुत-कुछ प्राप्त किया। लड़ाई के ज़माने का एक लाभ यह भी था कि यूरोप और अमरीका के अच्छे-से-अच्छे फिल्म व स्टेज अभिनेता-अभिनेत्रियाँ बीबीसी पर अपने प्रोग्राम देने आते थे। वे नाटक खेलते थे, मनोरंजक कार्यक्रम देते थे। बॉब होप, लारेंस मॉलीवियर, माइकल रैडग्रव, बेब डेनियल, विवियन ली और अन्य कितने ही कलाकारों के काम को नज़दीक से देखने का मौका मिला। मैंने उनमें सबसे बड़ी ख़ूबी यह देखी कि वे वक्त के बड़े पाबन्द थे। रिहर्सल हो या ब्रॉडकास्ट, वे कभी आधे मिनट की भी देर नहीं करते थे और काम के समय दुनिया-जहान को भूल जाते थे। उनके काम का सिलसिला एक मशीन की तरह चलता था। मिलकर काम करते समय किसी को छोटे-बड़े का अहसास नहीं रहता था। सबके साथ एक-जैसा व्यवहार होता था और आपस में भी वे एक-दूसरे के साथ घुल-मिल जाते थे। लगन और तन्मयता का एक अद्भुत सुन्दर वातावरण पैदा हो जाता था, जिसके मुकाबले में हम हिन्दुस्तानियों के ढलमुल यकीन व्यवहार दिल को चुभते थे। प्रोग्राम में हिस्सा लेने के लिए हिन्दुस्तानी कभी भी वक्त पर नहीं आते थे। जो आते उनमें से आधे अपना पार्ट घर भूल पाते। स्क्रिप्ट वक्त पर तैयार न होता। अंग्रेज़ कलाकारों का काम देखकर मैंने एक बात ज़रूर गांठ बाँध ली थी कि कला की प्रेरणा दिव्यलोक से नहीं आती, बल्कि संयम, मेहनत और पाबन्दी से आती है। तब अभिनय के क्षेत्र में मेरे कल्पित स्तर और ऊँचे हुए। समझ पाया कि खरा क्या है और खोटा क्या है। मैंने उन दिनों बड़ी मेहनत की। हिन्दुस्तान वापस आकर इस बात की बड़ी ख़ुशी हुई कि हमारे लन्दन से पेश किए कई ड्रामे यहाँ काफी शौक के साथ सुने और पसन्द किए गए थे।

बीबीसी में काम करते और उच्चकोटि के कलाकारों को स्टूडियो में रिहर्सल करते हुए देखकर मैं इस नतीजे पर भी पहुँच गया था कि रेडियो पर आवाज़ के उतार-चढ़ाव नकली ढंग से पैदा करना गलती है।

भावना यथार्थ और सच्ची होनी चाहिए। आवाज़ की बिल्कुल परवाह नहीं करनी चाहिए कि वह कैसे निकलती है या निकलनी चाहिए। मैंने आवाज़ की

ट्रेनिंग के बारे में सोचना बिल्कुल छोड़ दिया, जिसके लिए मैं अंग्रेज़ कलाकारों का अहसानमन्द हूँ।

ज्यों-ज्यों लड़ाई संगीन होती गई, मेरा ज़िन्दगी के बारे में दृष्टिकोण भी गम्भीर होता गया। और जो मैं अपने बारे में कह रहा हूँ, वह मेरी पत्नी दम्मो पर भी उतना ही लागू होता था। वह भी बीबीसी में मुलाज़िम थी। कार्यक्रमों में वह भी उतना ही हिस्सा लेती थी, बल्कि माइक पर उसे मुझसे ज़्यादा अधिकार था। फौजी भाइयों के लिए संगीत के सबसे पहले प्रोग्राम उसने पेश करने शुरू किए थे, और हर हफ़्ते उसे दूरदराज़ के देशों से सैकड़ों स्रोताओं के पत्र आते थे। और कई बार अफ्रीका और आस्ट्रेलिया से जैम, पनीर, चाय और कितनी ही सौगातों के पार्सल भी आते थे।

हम दोनों लन्दन के यूनिटी थियेटर के भी मेम्बर बन गए। अब कोई भी अच्छा नाटक या कॉन्सर्ट हो, हम देखे बिना नहीं छोड़ते थे। अभिनय कला के लिए हमारी रुचि बड़ी प्रबल हो चुकी थी। पर अभी भी हमारे दिल में फिल्मों में काम करने का ख़्याल नहीं उठा था। हाँ, दिन-प्रतिदिन देश जाने की इच्छा ज़रूर प्रबल होती जा रही थी। अपने लाड़ले लाल, परीक्षित को, जो मुश्किल से दस महीने का था, दम्मो मेरी माँ के पास छोड़ आई थी। माँ ने लड़ाई के ज़माने में उसे साथ भेजने से साफ इंकार कर दिया था। मैं दम्मो की आँखों को अपने बच्चे के लिए तरसते देखकर कई बार तड़प उठता।

पर हिंदुस्तान रवाना होने से पहले एक और उल्लेखनीय घटना हुई। चीन भी तब लड़ने वाले देशों में शामिल हो चुका था। *बीबीसी* का एक प्रतिनिधिमंडल सारे चीन का चक्कर लगाकर आया। और उसके सदस्यों के वक्तव्य और भाषण हमारे विभाग में भी आए। उनसे पता चला कि जापान के ख़िलाफ सबसे ज़्यादा बहादुरी से उत्तरी चीन की कम्युनिस्ट फौजें लड़ रही थीं। उन फौजों के विचित्र हाल उन्होंने लिखे थे। मालूम हुआ कि वे फौजी लड़ते भी थे और किसानों के साथ मिलकर खेती भी करते थे। हर जत्थे ने अपनी नाटक-मंडली भी बनाई हुई थी, जो युद्ध-सम्बन्धी, राजनीतिक और सामाजिक घटनाओं को लेकर तुरन्त नाटक तैयार कर लेती थी। गाँव के लोगों का उन नाटकों द्वारा मनोरंजन भी

होता था और उत्तम शिक्षा भी मिलती थी। उनके ज्ञानचक्षु खुलते थे। उस थियेटर का नाम 'पीपुल्स थियेटर' था।

प्रतिनिधिमंडल अपने साथ बहुत-सा चीनी संगीत भी रिकार्ड करके लाया था, जिसमें से बहुत-सा चीनी 'पीपुल्स थियेटर' के कलाकारों का था। कुछ-एक नाटकों के अंश भी वे लाए थे, जो हमने अनुवाद करके ब्रॉडकास्ट किए।

इस पीपुल्स थियेटर के प्रति मेरा और मेरी पत्नी का काफी आकर्षण हो गया। ऐसे थियेटर की तो हमारे भारत में भी काफी ज़रूरत है। क्यों न हमारे देश में भी गाँव-गाँव में नाटक-मंडलियाँ हों, जो लोगों की चेतना जाग्रत करें?

मैंने अपने कॉलेज के दिनों में नोरा रिचर्ड को एक ऐसा प्रयोग करते हुए देखा था और वह काफी सफल रहा था। नोरा रिचर्ड ने ग्रामीण जीवन की झांकियाँ बड़े यथार्थ के साथ प्रस्तुत की थीं। कोई बड़े सैट नहीं लगाए थे, और न ही स्टेजी आडम्बर ही किया था। सारे कार्यक्रम पर मुश्किल से दस रुपए ख़र्च हुए होंगे। पर उन नाटकों का मैंने रावलपिंडी के रेल-मजदूरों और उनके परिवारों पर अत्यन्त गहरा प्रभाव पड़ते देखा था।

इसी तरह की एक बात शांति निकेतन में भी हुई थी, और महान चित्रकार नन्दलाल बोस से मुझे एक महत्त्वपूर्ण शिक्षा मिली थी। इस प्रसंग में उसका ज़िक्र मैं करना चाहूँगा।

शांति निकेतन के एक विद्यार्थी ने बर्नार्ड शॉ के नाटक, *आर्स एण्ड दि मैन* का हिन्दी अनुवाद किया था। मुझे वह अनुवाद पसन्द आया था, और मैंने उसे स्टेज पर खेलने का फैसला किया। रिहर्सलें तो मैं करता चला गया, पर बाकी तकनीकी बातों की ओर मैंने ध्यान नहीं दिया, क्योंकि मुझे उनका ज्ञान ही नहीं था। मैंने सोचा, जब खेलने का दिन नज़दीक आएगा, तो देखा जाएगा। आख़िर वह दिन सिर पर आ ही पहुँचा। और जब पात्रों की पोशाकों और स्टेज की दूसरी सामग्री को सूची बनी, तो मेरा कलेजा बैठ गया। कितनी ही फौजी वर्दियों की ज़रूरत थी। बंदूक, कारतूस, लटकाने वाली पेटियाँ, घुटनों तक आने वाले बूट, हैलमैट, और न जाने क्या-क्या।

एक अध्यापक साथी ने सलाह दी कि तुरन्त किसी को ये चीज़ें किराए पर ले आने के लिए कलकत्ता भेज दिया जाए। पर किराया कम-से-कम सौ रुपया

तो ज़रूर ही लगेगा। वह सौ रुपए हम कहाँ से लाते, हमारे पास तो दस रुपए भी नहीं थे।

ख़बर मिली की टीकमगढ़ के हिन्दी-प्रेमी महाराजा साहेब शांति निकेतन पधारे हुए हैं और गैस्ट हाउस में ठहरे हैं। मैं उनसे जाकर सौ रुपए माँग लाया। मुझे पता नहीं था कि इस तरह आगन्तुकों से चन्दा माँगने की सख़्त मनाही थी। बात बाहर निकल गई। अध्यक्ष महोदय ने मुझे अपने दफ्तर में बुलाकर सख़्त डाँटा और आदेश दिया कि मैं फौरन पैसे वापस कर आऊँ। मुझे भी गुस्सा आ गया। मैंने कहा, 'न तो आप हमारी मदद करते हैं, और अगर हम मजबूरन किसी से मदद माँगते हैं, तो आप नाराज़ होते हैं। क्या आप यह चाहते हैं कि हमारा नाटक न हो?'

अध्यक्ष महोदय ख़ामोश रहे। मैंने बाहर आ घोषणा कर दी कि नाटक नहीं होगा।

थोड़ी देर बाद जब मैं सामूहिक रसोईघर से खाना खााकर बाहर निकल रहा था तो मैंने देखा, मास्टर मोशाय (नन्दलाल बोस) मेरी प्रतीक्षा में खड़े थे। मुझे पास बुलाकर गम्भीरता से कहने लगे, 'मैंने सुना है, नाटक का ऐलान करके तुमने उसे कैंसिल कर दिया है। क्या यह ठीक बात है?'

'हाँ जी,' मैंने कहा।

'पर इस तरह शांति निकेतन में आज तक कभी नहीं हुआ।'

'मुझे फिर गुस्सा आ गया। मुझे लगा, जैसे वे भी मेरी लाचारी का मज़ाक उड़ा रहे हैं। पर उन्होंने बड़ी नम्रता से कहा, 'आओ, मेरे साथ कला-भवन। तुम्हें जिन-जिन चीज़ों की ज़रूरत है, हम सुलभ कर देंगे।'

मुझे विश्वास न आया। भला वे मुझे फौजी वर्दियाँ, बन्दूकें और पिस्तौल कहाँ से निकालकर दे देंगे? पर वे एक महान कलाकार थे। मैं उनकी अवज्ञा भी नहीं कर सकता था। सो, चुपचाप उनके साथ चल पड़ा।

कला भवन पहुँचकर मैंने उन्हें अपनी सूची पढ़कर सुना दी।

'फौजी वर्दियाँ? किस तरह की फौजी वर्दियाँ?' वे कहने लगे।

'जैसी भी फौजी वर्दियाँ मिल जाएँ, काम चल जाएगा।'

'पर बर्नार्ड शॉ का नाटक तो सर्बिया देश के बारे में है। तुम्हें तो सर्बियन फौजी वर्दियों और हैलमैटों की ज़रूरत होगी।'

मुझे वे फिर मज़ाक करते हुए महसूस हुए।

'मुझे क्या मालूम सर्बियन वर्दियाँ कैसी होती हैं। कोई भी वर्दियाँ हों, काम चल जाएगा,' मैंने कहा।

'नहीं, नहीं, हम तुम्हें सर्बियन फौजी वर्दियाँ ही देंगे।' यह कहकर वे एक अलमारी से एक बड़ी-सी किताब निकाल लाए, जिसमें हर मुल्क के फौजी सिपाहियों की रंगीन तस्वीरें छपी हुई थीं। सर्बियन सिपाहियों और अफसरों की तस्वीरें भी निकल आईं। अब मुझे मास्टर मोशाय की बातों पर कुछ-कुछ यकीन होना शुरू हुआ।

'दो दिन बाद आना, हम तुम्हें सब चीज़ें दे देंगे।' उसी दिन मास्टर मोशाय ने सारे कला भवन के विद्यार्थियों को इस काम पर लगा दिया। मिट्टी और सीमेंट मिलाकर हैलमैट बना दिए गए। गत्ते व टिशु पेपर के लम्बे बूट, पेटियाँ, पिस्तौलें और घर बन गए। विद्यार्थियों से खाकी बरसाती कोट माँग-माँगकर जाने उनका क्या-क्या रूप बनाया गया। दो दिन के अन्दर सारा सामान तैयार था। और जब हमने वह नाटक खेला तो स्वयं गुरुदेव टैगोर ने खूब प्रशंसा की।

शो के अन्त में मैंने देखा कि मास्टर मोशाय फिर उसी तरह हाल के बाहर मेरी प्रतीक्षा में खड़े थे, जैसे दो दिन पहले किचन के बाहर मिले थे। अब मैं ख़ुशी-ख़ुशी उनके पास गया और उनका बहुत धन्यवाद किया। वे मुस्कुराकर कहने लगे:

'एक बात हमेशा याद रखना, हज़ार रुपए ख़र्च करके कोई बुद्धू भी नाटक खेल सकता है, कलाकार वही है जो वही नाटक दस रुपए में खेलकर दिखा दे।'

चीन के पीपुल्स थियेटर के हाल पढ़कर, नोरा रिचर्ड और नन्दलाल बोस की शिक्षा फिर याद आई। दिल में शौक जागे। काश, अगर कभी हमारे देश में भी किसी ऐसे ही पीपुल्स थियेटर की लहर चल पड़े! कितना मज़ा आए ऐसे नाटक-मंडल में काम करके!

उस वक्त मुझे कैसे ख़्याल आ सकता था कि बम्बई में ख़्वाजा अहमद अब्बास और कलकत्ता में बिनाय राय और शम्भु मित्रा जैसे लोग हू-ब-हू इसी

तरह के थियेटर की स्थापना कर रहे हैं। और एक दिन मैं और दम्मो भी उनके साथी जा बनेंगे।

1944 के शुरू में जर्मन की पराजय निश्चित हो गई। समुद्री रास्ते खुलने शुरू हो गए और हम मई महीने में लन्दन से देश की ओर रवाना हुए। बीबीसी के उच्च अधिकारियों ने हमें अच्छे-अच्छे सर्टिफिकेट देने चाहे, पर हमने नम्रतापूर्वक इंकार कर दिया। चाहे रेडियो का हो, चाहे कोई और, हिन्दुस्तान जाकर हमारा सरकारी नौकरी करने का हरगिज़ इरादा नहीं था। हमने एक आज़ाद देश में रहकर आज़ादी का मज़ा चखा था। उस आज़ादी को हम किसी भी हालत में गिरवी नहीं रखना चाहते थे। पर देश जाकर क्या करेंगे, इस सवाल का भी हमारे पास कोई जवाब नहीं था। रह-रहकर शांति-निकेतन ही आँखों के सामने आता था। दिल चाहता था कि वहीं वापस चले जाएँ। वहाँ हमने बहुत ही प्यारे दिन गुज़ारे थे। पर क्या वहाँ हमें अब कोई वापस लेगा भी?

5

अप्रैल, 1944 में हम लोग बम्बई में जहाज़ पर से उतरे। यहाँ हमारे लिए सबकुछ अजीब-अजीब-सा था–लोग, जलवायु, पहनावा। यदि उस समय मुझसे कोई पूछता कि क्या मैं स्थायी रूप से बम्बई में रहना पसन्द करूँगा, तो मैं फौरन इंकार में सिर हिला देता। पर फिर भी मुझे देश में लौट आने की बेहद ख़ुशी थी। मैंने बड़े शौक से उसी दिन पतलून उतारकर धोती बाँध ली जैसे कि शान्ति-निकेतन और सेवाग्राम में बाँधा करता था, पान मुँह में रखा; और जब बिजली के खम्भे के पास पीक थूकने लगा, तो दीवार पर लगे वी. शान्ताराम की नई फिल्म *शकुन्तला* का इश्तहार पढ़ा, और पढ़ते ही मेरे शरीर में ख़ुशी की लहर दौड़ गई।

प्रभात फिल्म कम्पनी और शान्ताराम की पिछली फिल्म, *आदमी* देखे हुए मुझे चार साल बीत चुके थे। उसका भी मैंने मराठी रूप, *माणस* ही देखा था–ठेठ मराठी शहर पूना में। वहाँ मैं हिन्दुस्तानी तालीमी संघ की पहली कान्फ्रेंस के मौके पर सेवाग्राम से गया हुआ था। उस कान्फ्रेंस में अप्पा साहब

पन्त के साथ मेरी दोस्ती हो गई थी, जो आजकल शायद इण्डोनेशिया में भारत के राजदूत लगे हुए हैं। तब वे ऑक्सफोर्ड की तालीम ख़त्म करके नए-नए आए थे और झट से आज़ादी के आन्दोलन में कूद पड़े थे। एक रियासत का राजकुमार इतनी बड़ी कुर्बानी करे, यह अचम्भे की बात थी। मैं उनसे बहुत प्रभावित हुआ। पूना में उनका अपना पेशवाई ठाठ-बाट वाला घर था। वहाँ एक शाम भोजन करने के बाद भारती साराभाई, अप्पा पन्त और मैं यह फिल्म देखने गए थे, जो उनके घर के नज़दीक ही चल रही थी। मैं बता नहीं सकता कि उस फिल्म का मेरे मन पर कितना गहरा असर पड़ा था। इतना यथार्थ वातावरण मैंने आज तक किसी नए थियेटर की फिल्म में भी नहीं देखा था। मुझे लगा था, जैसे मैं सिनेमाघर में बैठकर फिर उसी पूना शहर में घूम-फिर रहा हूँ। रसोई-घर और गुसलखाना तक भी वही थे, जो मैं अपने निवास स्थान में रोज़ देखता और इस्तेमाल करता था।

मैं अपने को रोक नहीं पाया था। उसी रात मैंने श्री वी. शान्ताराम को एक लम्बा प्रशंसा-पत्र लिख भेजा था। उनका ज़वाब भी आएगा, इसकी मुझे कैसे आस-उम्मीद हो सकती थी! पर मैं हैरान रह गया था, जब न केवल जवाब ही आया था, बल्कि उन्होंने मुझे स्टूडियो में आकर मिलने की दावत भी दी थी।

निश्चित समय पर मैं प्रभात स्टूडियो पहुँच गया था। फाटक पर एक सज्जन ने मेरा स्वागत किया था और बड़ी विनम्रता के साथ मुझे ऊपरवाली मंज़िल के एक कमरे में बिठाकर चला गया था। उसी कमरे में काले रंग की सादा-सी, बाबुनों वाली टोपी पहने, जिसका उन दिनों महाराष्ट्र के लोगों में बड़ा रिवाज़ था, एक आदमी चुपचाप पहले से बैठा था, मानो वह भी किसी का इन्तज़ार कर रहा हो। कुछ ही देर के बाद उस आदमी ने अंग्रेज़ी में मुझे पूछा, 'क्या मिस्टर साहनी आप हैं?'

'जी।'

'मेरा नाम शान्ताराम है।' उसने धीमे-से अन्दाज़ में कहा और हाथ जोड़कर नमस्ते की। मैं अवाक्-सा उसके चेहरे की ओर देखे जा रहा था। क्या कोई इस हद तक सीधा-सादा आदमी भी फिल्म-निर्देशक हो सकता है!

सादगी तो मैंने बरुआ के घर में भी देखी थी, पर वे मुझे अपने जैसे सुशिक्षित और आधुनिक ज़माने के आदमी दिखाई दिए थे। पर उस व्यक्ति का तो किसी प्राइमरी स्कूल का अध्यापक होना ज़्यादा स्वाभाविक था।

मैं अपनी कुर्सी उठाकर उनके नजदीक ले गया और फिर उन्हें बताया कि मैं उनकी फिल्म से कितना प्रभावित हुआ था। उन्होंने जवाब दिया कि वे भी मेरे नाम से परिचित ही नहीं, बल्कि हिन्दी पत्र-पत्रिकाओं में मेरी कहानियाँ भी उनकी नज़रों से गुज़र चुकी हैं। मैं हक्का-बक्का-सा उनकी तरफ देखता रह गया।

'आपने-मेरी–कहानियाँ...' मैंने रुक-रुककर कहा।

'जी हाँ, *हँस*, *विशाल भारत* और दुसरी कई हिन्दी मासिक पत्रिकाएँ हमारे यहाँ आती हैं। अगर आपको अपनी किसी कहानी पर विश्वास हो कि उसके आधार पर अच्छी फिल्म बन सकती है, तो हमें ज़रूर भेजिए, बशर्ते कि वह छप चुकी हो। अगर किसी अन्य लेखक की कोई रचना पसन्द आए, तो वह भी भेजिए। हम उत्तम से उत्तम साहित्य को फिल्माना चाहते हैं।'

खिड़की से बाहर, स्टूडियो के अहाते में शूटिंग के लिए बनाया हुआ दो-दो, तीन-तीन मंज़िले मकानों का एक मुहल्ला दिखाई दे रहा था। वे कपड़ों के साथ जड़ी हुई लकड़ी की चौखटें नहीं थीं, जिन्हें मैं फिल्मों में आने के बाद देख-देखकर उकता गया था। वे ईंट और गारे के पक्के मकान थे, जिन पर छतें नहीं पड़ी थीं। उनके प्रति सम्पूर्णता दूर से देखने पर मन में एक अजीब-सी बेचैनी पैदा करती थी। प्रभात फिल्म कम्पनी के निर्माताओं के यथार्थवादी दृष्टिकोण का वे एक शानदार नमूना पेश कर रही थीं।

'आप स्टूडियो देखना चाहेंगे?' शान्ताराम ने पूछा।

'कलकत्ता में न्यू थियेटर्स का स्टूडियो मैं देख चुका हूँ, इसलिए स्टूडियो देखने की मुझे ख़ास ज़रूरत महसूस नहीं हो रही। आपके दर्शन करके मुझे आशा से अधिक प्रसन्नता हुई है।'

मुझे यों लगा, जैसे मैं एक पवित्र जगह बैठा हुआ हूँ। मुझे गर्व हो रहा था। जैसे वह भी शान्ति-निकेतन या सेवाग्राम का ही एक भाग था। ऐसे महान व्यक्ति का फ़िज़ूल बातों में वक्त ख़राब करना मुझे अपराध-सा लगने लगा।

यह था प्रभात स्टूडियो और उसकी आत्मा, वी. शान्ताराम से मेरा पहला परिचय। इससे अन्दाज़ा लगाया जा सकता है कि चार साल बाद उनकी नई फिल्म में कितने चाव और ऊँची आशाएँ लेकर देखने गया था। कालिदास की सर्वोत्कृष्ट रचना और शान्ताराम जैसे निर्देशक का दिग्दर्शन। और किसी को क्या चाहिए था?

पर मेरी सब आशाएँ खाक में मिल गई। ऐसे लगा, जैसे किसी ने पहाड़ की चोटी से मुझे नीचे पटक दिया हो। कला की सब कदरों और कीमतों पर जैसे छुरी फेर दी गई हो। संस्कृत का मुझे बचपन से शौक रहा था, और *अभिज्ञान शाकुन्तलम्* को मैं कोमल अनुभूतियों का खजाना मानता हूँ। शान्ताराम जैसा निर्देशक उसे इतना खुरदरा और भद्दा बनाकर पेश करेगा, दिल मानने को तैयार नहीं होता था। कहीं यह कोई दूसरा शान्ताराम तो नहीं है? मेरी आत्मा व्याकुल हो उठी। गर्मी और गन्दगी के मारे मैं पहले से परेशान था, अब तो सारी भूख और प्यास भी जाती रही।

अगले रोज़ जब मैं फीरोज़शाह मेहता रोड पर पंजाब नेशनल बैंक से पैसे निकलवा रहा था तो मैंने देखा कि साथ की खिड़की पर ही खद्दर का कुर्ता-पायजामा पहने चेतन आनन्द खड़े हैं।

गवर्नमेंट कॉलेज, लाहौर में मैं और चेतन आनन्द इकट्ठे पढ़े थे, भले ही वे मुझसे दो साल पीछे थे। हम अच्छे दोस्त थे। अंग्रेज़ी में कविता लिखने और नाटक वगैरा खेलने का हम दोनों को शौक था। दोनों ही को कॉलेज के ख़ुश-वजह व ख़ुश-मिज़ाज व्यक्तित्व कहकर सराहा और बिगाड़ा जाता था।

जब मैं विलायत रवाना हुआ, तो चेतन देहरादून के एक स्कूल में अध्यापक थे। अचानक ही उन्हें बम्बई में देखकर आश्चर्य भी हुआ और ख़ुशी भी।

चेतन ने बताया कि वे पढ़ाना छोड़कर फिल्म लाइन में आ गए हैं और इस समय तीन-चार फिल्मों में हीरो हैं। (अगर मैं गलती नहीं कर रहा तो नरगिस सबसे पहले चेतन के साथ हीरोइन बनकर आई थीं)

बैंक में खड़े-खड़े ज़्यादा बातें नहीं हो सकती थीं। चेतन ने दूसरे दिन हमें लंच पर बुला लिया।

उन दिनों उनका घर बान्द्रा में पाली हिल पर था। उस पहाड़ी को देखकर हमारे चेहरों पर रौनक आ गई। ऐसे लगा, जैसे किसी हिल-स्टेशन पर आ गए हों। बम्बई शहर के नज़दीक इतनी ख़ूबसूरत पहाड़ियाँ भी हैं, यह हमें पहली बार पता चला। पहाड़ी की ढलान पर बना चेतन का घर बेहद सुन्दर, पहाड़ी बंगलों जैसा था। ऊपर की छत पर उसका एंग्लो-इंडियन मालिक स्वयं रहता था। चेतन ने बताया कि वह बड़ा ही रंगीन मिज़ाज़ और अलबेला नवयुवक है। सारा-सारा दिन वह अपने यार-दोस्तों के साथ बीयर पीता, बैंड बजाता और नाच नाचता। जितनी देर हम चेतन के यहाँ बैठे रहे, ऊपर लकड़ी की छत पर नाचने की आवाज़ आती रही, जो हिल स्टेशन की तस्वीर को और मुकम्मल करती थी।

उस एंग्लो-इंडियन का नाम वरनॉन था। तीन साल बाद देश में आज़ादी आई और बदले हुए हालात के अनुसार अपने-आपको ढालने में वह बिल्कुल असमर्थ रहा। उसका घर बिक गया और फ़ाकों की नौबत आ गई। कुछ साल बाद मैंने उसे चेतन की ड्राइवरी करते देखा। अब वह इस दुनिया में नहीं है। उसका लड़का नोइल जवान हो गया है। चेतन की फिल्म *हकीकत* में वह असिस्टैंट कैमरामैन था, और दो-एक बरसों में पूरा कैमरामैन बन जाएगा। देखने में वह भी अंग्रेज़ ही लगता है। पर पिता को हिन्दुस्तानी बनने में जितनी दिक्कत हुई थी, उसे नहीं हुई। मेरे दिल में उसके लिए बड़ा प्यार है।

चेतन के साथ गप्पें लड़ाते हुए पता चला कि युद्ध के दौरान फिल्मी दुनिया में बड़ी जबर्दस्त तबदीलियाँ आई हैं। अब केवल स्टूडियो के मालिक ही फिल्में नहीं बनाते और न ही अभिनेता या निर्देशक ही तनख़्वाह लेकर काम करते हैं। फिल्मों की माँग बहुत बढ़ गई है, इसलिए ख़ुद फिल्म बनाने के बजाय मालिक स्टूडियो को किराए पर देकर ज़्यादा पैसे कमा सकता है। एक-एक स्टूडियो में दिन-रात लगातार आठ-आठ, दस-दस फिल्मों की शूटिंग होती है। निर्माता सेठों से रुपया लेता है और निर्देशक कहानीकार, कलाकारों और तकनीशियनों से ठेका करता है। हर किसी को छूट है कि एक साथ चाहे जितने निर्माताओं की फिल्मों में काम करे। ठेके पर काम करके एक लोकप्रिय कलाकार महीने में तीस-चालीस हज़ार तक कमा सकता है। सहगल की आमदनी इस समय हमसे

भी ज़्यादा है, जबकि 'न्यू थियेटर्स' में काम करके उनको मुश्किल से चार-पाँच हज़ार मिलते थे। कलाकारों की गुड्डी आसमान पर चढ़ गई है, क्योंकि उनके नामों को ही देख कर फाइनेंसर निर्माताओं को रुपया देते हैं और फिल्म बिकती भी स्टारों के सिर पर ही है। इसको 'स्टार-सिस्टम' कहते हैं।

ये बातें हमारे पल्ले कुछ भी नहीं पड़ रही थी, और न अब तक पड़ी हैं। पर यह सुनकर ज़रूर ख़ुशी हुई कि सभ्य समाज में अब फिल्मों को उतनी बुरी नज़र से नहीं देखा जाता, जितना लड़ाई से पहले देखा जाता था। अच्छे-अच्छे घरों के लड़के-लड़कियाँ फिल्मों में आ रहे थे। कृश्न चन्दर, उपेन्द्रनाथ 'अश्क', सआदत हसन मण्टो, भगवतीचरण वर्मा, जोश मलीहाबादी, सागर और कई अन्य चोटी के लेखक, जो पहले कभी लिखने से कमाई की उम्मीद नहीं कर सकते थे, अब बम्बई में बस गए थे और फिल्मों के लिए कहानियाँ व गाने लिखकर हज़ारों रुपए कमा रहे थे।

बलराज साहनी

बलराज साहनी और नूतन

बलराज साहनी और निरूपा राय (फ़िल्मः *दो बीघा ज़मीन*)

बलराज साहनी और हेमा मालिनी (फिल्मः *पराया धन*)

बलराज साहनी, माला सिन्हा तथा अन्य (फिल्मः *अनपढ़*)

बलराज साहनी, अजय साहनी और आईएस जौहर (फिल्म : *पवित्र पापी*)

बलराज साहनी (फिल्म : काबुलीवाला)

बलराज साहनी नन्दा के साथ (फिल्मः *भाभी*)

बलराज साहनी (फिल्मः *जगल में मंगल*)

बलराज साहनी (फिल्मः *गर्म हवा*)

कृश्न चन्दर भी हमारे कॉलेज के जमाने के साथी थे। वैसे, हम गवर्नमेंट कॉलेज में पढ़े थे और वे एफसी कॉलेज में। एक बार उन्होंने मुझे स्वयं बताया था कि मेरी कहानियाँ पढ़कर ही उन्हें कहानीकार बनने का ख़्याल आया था। इसमें कोई सन्देह नहीं कि मेरे विलायत जाने से पहले उन्होंने उर्दू में इतना नाम नहीं कमाया था, जितना मैं हिन्दी में पैदा कर चुका था। *दो फाग लम्बी सड़क* उनकी पहली कहानी थी, जिसके लिए उन्हें बहुत प्रशंसा मिली थी। पर चेतन ने बताया कि लड़ाई के दिनों में उन्होंने बेहिसाब लिखा और उर्दू साहित्य में प्रमुख स्थान हासिल कर लिया है। बंगाल के अकाल के बारे में लिखे उनके उपन्यास *अन्नदाता* ने तहलका मचा दिया है।

इंग्लैंड में मैंने पूरे चार साल कुछ भी नहीं लिखा था, पर अपने आपको साहित्यकारों में गिनने का मुझे अब भी चाव था। यह सोचकर हौसला आया कि अगर कोई और काम न बना, तो शायद फिल्मों के लिए कहानियाँ लिखकर रोज़ी कमाने लायक हो जाऊँगा। अभिनेता बनने का मुझे उस समय ख़्याल नहीं आया था। मैं फिल्मों को दूर-दूर से ही देख रहा था, जैसे उनके साथ मेरा कोई सरोकार न हो।

'चेतन यार, तुम तो कहते हो कि फिल्मों ने तरक्की की है, पर शान्ताराम की फिल्म देखकर तो मुझे "तरट्टी चौड" का अहसास हुआ है।'

चेतन हँस पड़े और बड़ी समझदारी वाली मुद्रा बनाकर कहने लगे, 'यह शान्ताराम ने "बॉक्स-ऑफिस" फिल्म बनाई है।'

दम्मो और मैं हैरान होकर उनकी तरफ देखते रह गए। यह शब्द फिल्मों के सिलसिले में हमने पहली बार सुना था। यह पता नहीं था कि आगे जाकर इस मनहूस शब्द से रोज़ वास्ता पड़ेगा।

'क्या मतलब?' मैंने पूछा।

'मतलब यह कि अब फिल्मों की कामयाबी की शर्त उनका कलात्मक स्तर नहीं है, बल्कि यह है कि वे पैसा कितना बनाती हैं। *शकुन्तला* कलात्मक दृष्टिकोण से चाहे घटिया हो, पर व्यापारिक दृष्टिकोण से ख़ूब कामयाब है। बॉक्स-ऑफिस के सारे रिकार्ड तोड़ रही है।'

'लेकिन पहले भी तो शान्ताराम की फिल्में चलती ही थीं,' मैंने कहा।

'अब उतनी कामयाबी के साथ कुछ नहीं बनता। फिल्मों की लागत बहुत बढ़ गई है। इसके साथ लोगों की रुचि भी बदल गई है। वे गम्भीर, दुखान्त, और आदर्शवादी फिल्में नहीं देखना चाहते। वे चाहते हैं मनोरंजन, नाच-गाने, हँसी-खेल।'

'तुम्हारा मतलब है कि न्यू थियेटर्स की फिल्मों से मनोरंजन नहीं होता था?'

'मध्यमवर्गीय पढ़े-लिखे लोगों का ज़्यादा होता था, ग्राम जनता का कम। और एक ही तरह की फिल्में बार-बार देखकर लोग तंग भी आ गए थे। न्यू थियेटर्स और प्रभात ने केवल दुखान्त की लकीर पकड़ी हुई थी और उनकी फिल्मों की चाल भी सुस्त थी और गाने भी सुस्त थे। इसमें शक नहीं कि वे फिल्म को पहले से ऊँचे स्तर पर ले आए थे, पर यह भी मानना पड़ेगा कि समाज की बुनियादी हकीकतों को उन्होंने दिलेरी के साथ कभी नहीं छापा था। वे भावुकता बहुत ले आते थे, जिससे लोगों को एकरसता महसूस होने लगी थी। इस परिस्थिति का लाहौर के एक प्रोड्यूसर ने लाभ उठाया। उसने लोकगीतों के आधार पर गीतों की सरल धुनें बनवाई, जो लोगों की ज़बान पर फौरन चढ़ जाती थीं। और कहानियाँ भी ऐसी ढूंढ़ी जो लोगों को ख़ुशियों-भरे मनोरंजक संसार में ले जाएँ। सुन्दर लड़कियाँ, चटकीले नाच, रोमांस, शरारत, थोड़ी-सी अश्लीलता व नग्नता। यह नया फार्मूला सबसे पहले पंचोली साहेब की *खजाँची* में प्रकट हुआ और इस फिल्म को बेहद लोकप्रियता मिली। इसकी देखादेखी इसी तरह की और फिल्में बनने लगीं। न्यू थियेटर्स और प्रभात दोनों की फिल्मों का भट्ठा बैठ गया। शान्ताराम ने वक्त की ज़रूरत को समझते हुए प्रभात से रिश्ता तोड़ लिया और बम्बई आ गए। एक स्वतन्त्र निर्माता के रूप में उनके पाँव जमाने का यही एक रास्ता था–जनता की माँग को सामने रखकर पिक्चर बनाना। इसीलिए उन्होंने *शकुन्तला* का कथानक चुना, क्योंकि उसमें ज़रूरत के मसाले आसानी से और बिना बदनामी के भरे जा सकते थे। यह ठीक है कि कालिदास के साथ अन्याय हुआ है, पर कितने लोगों ने मूल नाटक पढ़ा है?'

'मुझे यह दलील वज़नी नहीं लगती,' मैंने कहा।

'मैं जानता हूँ और काफी हद तक तुमसे सहमत हूँ,' चेतन ने कहा। 'पर इस लाइन में आदमी को कारोबारी होना ही पड़ता है। अब अगली फिल्म

डॉक्टर कोटनीस की अमर कहानी में शान्ताराम ने अपनी मर्ज़ी का यथार्थ व प्रगतिवादी विषय चुना है। मेरे ख़्याल में तो शान्ताराम की समझ-बूझ की दाद देनी चाहिए।'

'पर एक बार आत्मा को धोखा देने से वह कमज़ोर नहीं हो जाती?' मैंने कहा।

'इस लाइन में आदर्शवाद की ज़्यादा गुंजाइश नहीं है,' चेतन ने हँसकर जवाब दिया।

फिल्म *खजाँची* का ज़िक्र सुनकर दम्मो ने मेरी तरफ देखा था। हमें याद आया, जब इस फिल्म के गीत रेडियो पर बजाने के लिए हमारे पास पहले-पहले लन्दन पहुँचे थे तो हमारे सारे कर्मचारी उन्हें सुनकर हँस-हँसकर दोहरे हो गए थे।

उनमें हिन्दुस्तानी और यूरोपियन संगीत का हद से ज़्यादा ओछा और बेजोड़ मिश्रण था। एक गीत तो हमें ख़ासतौर पर बेसुरा और हास्यास्पद लगा था:

पंछीऽऽऽ जा ऽऽऽ
पीछे रहा है बचपन मेरा
उसको जाकर ला...

हमने इन रिकार्डों को एक तरफ रख दिया था। किसी अंग्रेज़ी साथी के सामने इन्हें बजाने की हमारी हिम्मत नहीं होती थी। हमारे दिलों पर आरसी बोराल और पंकज मल्लिक के सुन्दर संगीत की छाप थी। सहगल, काननबाला, केसी डे तथा उमा शशि की आवाज़ के हम दीवाने थे। सहगल के लिए मेरी श्रद्धा लंदन जाकर और भी बढ़ गई थी। उनके हर गीत में, हर गज़ल में सुन्दरता का कोई-न-कोई नया छोर मिलता था, और मन को मुग्ध कर देता था। मैंने बड़ी मेहनत से बीबीसी की लाइब्रेरी में सहगल के गीतों को शामिल करवाया था और अंग्रेज़ अधिकारी महमत हुए थे कि सचमुच वह ऊँचे दर्जे का संगीत है।

पर देखते-देखते हिन्दुस्तान से *खजाँची* जैसे और रिकार्ड धड़ाधड़ आने लगे थे और फौजी भाइयों की तरफ से भी ज़्यादा उन्हीं की फरमाइशें आती थीं।

देश से दूर होने के कारण हमने इस तब्दीली को सिर्फ मौसमी बुखार ही समझा था, उसके इंकलाबी होने का अनुमान नहीं कर सके थे।

'तुम क्या ख़्याल लेकर फिल्मों में आए हो?' मैंने चेतन से पूछा।

'दोस्त, यह बड़ा दिलचस्प सवाल है,' चेतन ने कहा। 'मेरा एक्टिंग करने का कोई इरादा नहीं है। मैं एक मौलिक, यथार्थवादी फिल्म बनाना चाहता हूँ, जिसका नाम होगा, *नीचा नगर*। यह हमारे देश के आर्थिक वर्गों की मुठभेड़ की कहानी होगी, जिसमें मैं किसी किस्म का बॉक्स-ऑफिस समझौता नहीं करूँगा। आजकल मैं उसकी कहानी पर काम कर रहा हूँ।'

'पर तुमने तो कहा था कि इस लाइन में कारोबारी होने की ज़रूरत है। अगर शान्ताराम जैसे डायरेक्टर को समझौता करना पड़ा है, तो क्या तुम्हें नहीं करना पड़ेगा?'

'मैं इस नई परिस्थिति को एक चैलेंज के रूप में देखता हूँ, बलराज! तुम और मैं दोनों ही, साहित्य और नाटक के क्षेत्र में, सच्ची यथार्थवादी कला का अध्ययन कर चुके हैं। उसका अपना एक व्यापक आकर्षण होता है, उसकी अपनी तकनीक है। लोग अपने जीवन को सही और सच्चे रंगों में देखने के लिए हमेशा उत्सुक रहते हैं। अगर फिल्मसाज़ उस भूख को मिटाने की क्षमता रखता हो, तो नाच-गाने, चटनियाँ-मसाले ज़रूरी नहीं रहते।'

चेतन ने यह ऐसी बात कही थी, जिसके साथ मैं स्वयं पूरी तरह सहमत था। इसका प्रत्यक्ष प्रमाण भी मैं अपनी आँखों से एक बार देख चुका था।

गर्मी की छुट्टियाँ थीं। मैं लाहौर से पिंडी आया हुआ था। पता चला कि रोज़ सिनेमा में, जिसका उद्घाटन *रुपर्ट मर्डोक* के साथ हुआ था, प्रभात फिल्म कम्पनी की पिक्चर *दुनिया न माने* लगी हुई है। मैं फिल्म देखने चला गया। मैं पहले कह चुका हूँ कि सभ्यता के नाते उस समय पिंडी एक पिछड़ा हुआ शहर था। मुझे यकीन नहीं था कि पब्लिक उस फिल्म को ज़रा भी पसन्द करेगी। पर हाल खचाखच भरा हुआ था। पाँच आने और दस आने वाली सीटों पर, वही पठानी किस्म के मुसलमान बैठे हुए थे, जो अपनी जहालत और अक्खड़ता के लिए मशहूर हैं। फिल्म में एक जगह शान्ता आप्टे, जिसकी शादी उसकी इच्छा

के विरुद्ध एक बूढ़े आदमी से कर दी जाती है, अपने प्रोफेसर अंग्रेज़ कवि लांगफैलो की कविताः

> Tell me not in mournful numbers
> Life is but an empty Dream…

पूरी-की-पूरी गाकर सुनाती है। काफी लम्बी कविता है यह, पर दर्शकों का दसवाँ भाग भी अंग्रेज़ी नहीं समझता था। मुझे डर लगा कि कहीं सारा का सारा हाल सीटियाँ बजाता हुआ न उठ खड़ा हो, पर ऐसा नहीं हुआ। लोग बड़ी खामोशी और अदब के साथ कविता सुनते रहे, जिसका उन्हें कुछ भी पल्ले नहीं पड़ रहा था। उसकी भावना को वे समझ गए थे और उसके लिए उनके दिल में कद्र थी।

चेतन कह रहे थे, 'इस समय आज़ाद प्रोड्यूसर अस्तित्व में आया है। इस अस्थिर-सी परिस्थिति की आशावादी सम्भावनाएँ भी हैं। इस समय अच्छे सुशिक्षित और प्रगतिशील लोग अगर हिम्मत करें तो फिल्म-इंडस्ट्री को पहले से कहीं अधिक यथार्थवादी मोड़ दे सकते हैं। अगर इस मौके का फायदा नहीं उठाया गया, तो मैदान पूरी तरह सस्ती फिल्में बनाने वाले मनोरंजनवादियों के हाथों में चला जाएगा।'

हम बड़े ध्यान से चेतन की उत्साहपूर्ण बातें सुनते रहे। उस उत्साह में हम स्वयं कितने शरीक हो सकते हैं, हमें पता नहीं था। हम चार साल देश से बाहर बिताकर आए थे। समय एक जगह खड़ा नहीं रहता और लड़ाई का ज़माना कोई साधारण ज़माना नहीं होता। देश के जीवन के साथ फिर एक होने के लिए हमें बहुत-सी टी तारें जोड़नी पड़ेंगी। हमारे पीछे अकेले बंगाल में ही बीस लाख आदमी चावलों को तरस-तरसकर मर गए थे, जबकि पुडिंग बनाने के लिए लन्दन में चावल मिल जाते थे, जहाँ चावल पैदा नहीं होते। ऐसी घटनाएँ प्रभाव डाले बिना नहीं रहतीं।

हमारा पहला कर्तव्य था, रावलपिंडी जाना और अपने परिवार से मिलना। और जब फिर पोठोहार की पहाड़ियाँ दिखाई दीं तो हमें वतन वापस आने का असली यकीन हुआ। उस समय किसे पता था कि हम वतन को पहली बार ही

नहीं आख़िरी बार भी देख रहे हैं! किसे पता था कि उससे भी और एक-दूसरे से भी सदा-सदा के लिए बिछुड़ जाने की घड़ी सिर पर मंडरा रही है!

बाझ नसीब न पानी पीता बुके भर
कौन साई पाखे इंज नहीं इंज कर

6

रावलपिंडी में कुछ दिन बिताने के बाद हम कश्मीर की ठंड़ी हवाएँ खाने के लिए निकल पड़े, जहाँ हमारा अपना घर था। अचानक एक दिन चेतन आनन्द भी वहाँ पहुँच गए और हमारे पास ही ठहर गए। उन्होंने बताया कि *नीचा नगर* बनाने की उनकी तैयारियाँ पूरी हो चुकी हैं, और फिल्म के मुख्य पात्रों की भूमिका वे मुझसे और दम्मो से करवाना चाहते हैं। मुआवज़ा बीस हज़ार रुपए।

यह सुनकर हम ऊँची हवाओं में उड़ने लगे। यकीन करना मुश्किल हो गया था। कहीं वे हमें शेखचिल्ली का सपना तो नहीं दिखा रहा थे?

श्रीनगर से मैंने शान्ति निकेतन में पंडित हज़ारीप्रसाद द्विवेदीजी को पत्र लिखा था कि वे मुझे फिर से हिन्दी भवन की शरण देना स्वीकार कर लें। उनका 'हाँ' में उत्तर भी पा चुका था। शान्ति निकेतन वापस जाने और वहाँ अपने पुराने मित्रों को फिर से मिलने की हम दोनों की बहुत इच्छा थी। पर अब जैसे एक नया कौतुक हमें चुनौती दे रहा था।

एकदम रज़ामन्द होना मुश्किल था। मेरे पिताजी भी हमारे शान्ति निकेतन लौटने से ज़्यादा ख़ुश नहीं थे। वे चाहते थे कि *बीबीसी* की नौकरी का लाभ उठाकर मैं आल इण्डिया रेडियो में किसी अच्छे ओहदे के लिए प्रयत्न करूँ। अगर कहीं वे सुन लेते कि मैं फिल्मों में जाने वाला हूँ, और अपनी पत्नी को भी अभिनेत्री बनाऊँगा, तो पता नहीं घर में कैसा तूफान उठ खड़ा होता।

मैंने सोचा कि इस बीस हज़ार की रकम का आनन्द एक बार तो उठा ही लेना चाहिए। इस बात के लिए हम पति-पत्नी दोनों ही सहमत थे। पहले भी कितनी खुराफात कर बैठे थे, एक और सही।

एक शाम को जेहलम दरिया के किनारे सैर करते हुए चेतन ने मुझे *नीचा नगर* की कहानी विस्तार से सुनाई। मैं उनके कहानी सुनाने के अंदाज़ से बहुत प्रभावित न हुआ, पर कथावस्तु में हद दरजे का यथार्थ था–वही जो मैं गोर्की की कहानियों और रूसी फिल्मों में देखता आया था। कई दृश्य चेतन ने ऐसी ख़ूबी से बयान किए कि वे मेरी कल्पना में बार-बार घूमने लगे। निस्सन्देह चेतन एक साहसपूर्ण कदम उठाने वाले थे, जिसमें उनका साथ देना किसी लिहाज़ से भी गलत नहीं कहा जा सकता था।

संवाद लिखने के लिए चेतन गुलमर्ग चले गए और पन्द्रह-बीस दिनों के बाद फिल्म-सम्बन्धी योजना की रेखाएँ और भी स्पष्ट हो गई।

फिल्म पूना में बननी थी, जहाँ हमारा 20 सितम्बर तक पहुँच जाना आवश्यक था। निर्माता थे, डब्ल्यूज़ैड अहमद, जिन्होंने नवयुवक स्टूडियो ले रखा था, और जो बड़े गुरूर वाले फिल्मसाज़ थे। निर्देशन ख़ुद चेतन का था।

जुलाई के अन्त में चेतन बम्बई वापस रवाना हो गए। चलने से पहले हमने उन्हें स्वीकृति दे दी, लेकिन परिवार से तब भी यह बात गुप्त रखी गई।

मैं ज़्यादातर कश्मीर की सैर ही करता रहा, पर थोड़ा-सा साहित्य-संसार के निकट भी गया। मैंने हिन्दी के प्रमुख मासिक पत्र, *हँस* की, जिसे मुंशी प्रेमचन्दजी के सुपुत्र, श्रीपतराय निकालते थे, पिछले चार साल की फाइलें मंगाकर पढ़ीं। दो रचनाओं ने मेरे हृदय पर गहरा प्रभाव डाला–एक थी विजन भट्टाचार्य का एकांकी नाटक, *ज़बानबन्दी*, जो हिन्दी में *अन्तिम अभिलाषा* शीर्षक से प्रकाशित हुआ था। बंगाल के अकाल-पीड़ित गाँवों के लोग कैसे अपने घर-बार छोड़कर कलकत्ता की ओर भागते हैं, इसका अत्यन्त हृदय-विदारक दृश्य प्रस्तुत किया गया था। हिन्दी में मैंने ऐसा नाटक इससे पहले नहीं पढ़ा था। दूसरी रचना थी, कृश्न चन्दर का उपन्यास, *अन्नदाता*। वह भी एक शाहकार रचना थी।

विलायत से मैं अपने देश के लिए गहरा प्यार लेकर आया था, और भविष्य में लम्बे अर्से के लिए किसी पराये देश में न रहने की, भले ही वह कितना ही सुन्दर क्यों न हो, सौगन्ध उठा ली थी। पर इसका यह अर्थ नहीं कि मुझे इंग्लैंड मैं चार वर्ष बिताने का अभिमान नहीं था। मैं इससे पहले भी कह चुका है कि

संसार को अपने चारों ओर घुमाने का मानसिक रोग मुझे बचपन से ही था। मैं आईना देखकर स्वयं को बेहद सुन्दर ही नहीं समझता था, अपने व्यक्तित्व को भी विरल और अनोखा महसूस करता था। जैसे संसार पर उसकी छाप मेरे लाख प्रयत्न करने के बावजूद भी अवश्य पड़ जाएगी। यह माता-पिता के असाधारण लाड़-प्यार से उत्पन्न हुआ मनोविकार था। मेरा जन्म पाँच बहनों के बाद हुआ था। माँ बाप ने तरस-तरसकर बेटे का मुँह देखा था।

पर इसके उलट एक और भी उतनी ही प्रबल प्रवृत्ति मेरे भीतर से सिर निकाल चुकी थी–हार न मानने की, अपने लक्ष्य पर पहुँचकर ही दम लेने की। मेरे इस व्यक्तिवादी रवैये को जीवन में बहुत-सी सख़्त चोटें भी लगी थीं। ऐसा होना स्वाभाविक था। और जख़्मी हालत में जब मैं अपने चारों तरफ देखता था, तो पता चलता था कि सारा संसार ही दुःखी है। मेरे अन्दर अपने दुःख को दूसरों के दुःखों के साथ साझा करने की भावना और मानवता के साथ गहरा रिश्ता जोड़ने की कामना प्रतिदिन प्रबलं होती जा रही थी।

व्यक्तिवाद और समष्टिवाद का यह द्वन्द्व मेरे जीवन में सदा रहा है। इसने मेरी सहायता भी की है और मेरा रास्ता भी रोका है। यही विरोध मैंने अपनी पीढ़ी के लगभग सभी साहित्यकारों और कलाकारों में देखा है।

जब से होश संभाला है, मैं जनता के साथ घुलना-मिलना भी चाहता हूँ, पर जनता से शरमाता भी हूँ। न पूरी तरह व्यक्तिवाद में ही सुखी हूँ और न ही समष्टिवाद में। मैं देश-कल्याण के कार्यों में भी हिस्सा लेता रहा हूँ, पर अपने स्वार्थ को भी नहीं छोड़ा। मैं उस बन्दर की तरह हूँ, जो आग से डरता भी है और आग से खेलने से बाज भी नहीं आता।

यही प्रवृत्ति मेरे समकालीन लोगों की है। नई पीढ़ी शायद हमारे चरित्र में अवगुण और पाखण्ड ही देखेगी। लेकिन मैं समझता हूँ कि इस द्वन्द्व में कुछ गुण भी हैं।

विलायत से वापस आकर मैंने अंग्रेज़ी साम्राज्य का निडरता से खुल्लम-खुल्ला विरोध करना शुरू कर दिया था। यहाँ तक कि मेरे दोस्त कभी-कभी मेरा ध्यान डिफेंस आफ इंडिया रूल्स की ओर भी दिलाते थे। पर इसका यह मतलब नहीं कि मैं सबकुछ छोड़-छाड़कर स्वतन्त्रता-आन्दोलन में कूदने के लिए तैयार

हो चुका था। मेरी यह प्रतिक्रिया केवल मेरा अहंकार था। विलायत जाकर मैं अपने-आपको अंग्रेज़ों के बराबर समझने लगा था। इस अहंकार के सम्बन्ध में उस समय की एक और तस्वीर मेरे सामने आती है। विलायत जाने से पहले मेरी कहानियाँ *हँस* में बाकायदा प्रकाशित होती रहती थीं। मैं उन भाग्यशाली लेखकों में से था, जिनकी भेजी हुई कोई भी रचना अस्वीकृत नहीं हुई थी। विलायत में चार साल तक मैंने एक भी कहानी नहीं लिखी थी। अभ्यास टूट चुका था। अब मैंने उसे बहाल करना चाहा। एक कहानी लिखकर *हँस* को भेजी, तो वह वापस आ गई। मेरे स्वाभिमान को गहरी चोट लगी। इस चोट का घाव कितना गहरा था, इसका अनुमान इस बात से लगाया जा सकता है कि उसके बाद मैंने कोई कहानी नहीं लिखी।

चेतन के फिल्मों में काम करने के निमन्त्रण ने जैसे इस चोट पर मरहम का काम किया। फिल्मों का मार्ग अपनाने का कारण यह अस्वीकृत कहानी भी थी।

फिर एक और घटना भी घटी, जिसने मेरे अहंकार में और भी वृद्धि कर दी। मुझे कृश्न चन्दर का पत्र मिला, जो उन्होंने पूना से लिखा था–डब्ल्यूज़ैड अहमद के स्टूडियो से, जहाँ वे चित्रकथा-लेखक की हैसियत से काम कर रहे थे। उसमें उन्होंने सबसे पहले डब्ल्यूज़ैड अहमद के व्यक्तित्व की और उनके प्रगतिशील विचारों की प्रशंसा की थी। फिर लिखा था–'चेतन द्वारा फिल्मों में आने की क्या ज़रूरत है? तुम्हें अपने साथियों में शामिल कर अहमद साहब को बहुत ख़ुशी होगी।'

मेरी दृष्टि में अपना महत्त्व अचानक इतना बढ़ गया कि मैंने यह सोचने की भी परवाह नहीं की कि कृश्न चन्दर ने यह पत्र शायद केवल मित्र-भावना से प्रेरित होकर ही लिखा है। आख़िर मैं इस नतीजे पर पहुँचा कि डब्ल्यूज़ैड अहमद ने ख़ुद यह पत्र लिखवाया है। वे अवश्य मुझे चेतन से अलग करने की कोशिश कर रहे थे। कितनी घटिया और गलत बात थी यह!

मैंने बिना उत्तर दिए पत्र चेतन को भेज दिया। कृश्न चन्दर का एक और पत्र आया। वह भी मैंने चेतन को भेज दिया। पर अजीब बात यह थी कि जाने के बाद चेतन ने एक भी खत न लिखा। और इधर, न जाने कैसे, फिल्मों में काम करने की बात मेरे मुँह से निकल गई और फौरन ही चारों ओर फैल गई। मुझे

बहुत 'ख़ास' नज़रों से देखा जाने लगा, जैसे मैं अभी से फिल्म-स्टार बन गया था। बात पिताजी के कानों में भी पहुँची। पहले तो उन्होंने मुझे टोका, पर बीस हज़ार की बात सुनकर वे भी चुप हो गए। दम्मो के बारे में मैंने अभी किसी को नहीं बताया था।

जैसे-जैसे सितम्बर की निश्चित तारीख निकट पाने लगी, मेरे मन की व्याकुलता बढ़ने लगी–अगर चेतन का ख़त न आया तो? कहीं सारे अण्डे एक ही टोकरी में रखने की मूर्खता तो नहीं कर बैठा हूँ?

लम्बी प्रतीक्षा के बाद चेतन का पत्र आ ही गया, लेकिन गोलमोल-सा। उन्होंने न तो पैसे भेजे, न ही कोई और बात पक्की की। हाँ, बीस तारीख को पूना पहुँच जाने के लिए अवश्य लिख दिया था।

मेरे छोटे भाई, भीष्म को उस पत्र से बड़ी निराशा हुई। उसके आधार पर उन्होंने दम्मो और बच्चों को साथ ले जाने का सख़्त विरोध किया। अन्त में मैं अकेला ही पानी की धार देखने पूना के लिए चल दिया।

बरसात के दिन थे। सफ़र बड़ा सुहाना था। ख़ासकर पूना के निकट पहुँचकर ऐसा लगा, जैसे मैं फिर इंग्लैंड में पहुँच गया होऊँ। तब पता चला कि अंग्रेज़ हिन्दुस्तान से जाकर पूना को क्यों इतने प्यार से याद करते थे। वहाँ की जलवायु और प्राकृतिक दृश्य वास्तव में अपना जवाब नहीं रखते।

स्टेशन पर कृश्न चन्दर मुझे लेने आए हुए थे। रात को मैं उनके घर पर रहा। उन्होंने अपने पत्रों का मुझसे कोई ज़िक्र नहीं किया। मैं हैरान था कि चेतन क्यों नहीं आए। मैं कृश्न चन्दर से कुछ झेंप महसूस करता रहा। दूसरे दिन सुबह लगभग दस बजे चेतन आए, और हम दोनों स्टूडियो के लिए रवाना हो गए।

वहाँ बहुत बिखरा हुआ और अस्थिर-सा वातावरण देखा। कोई शूटिंग नहीं हो रही थी। बहुत-से बेकार आदमी टोलियाँ बनाकर ऐसे इधर-उधर घूम रहे थे, जैसे लोग अर्थी उठने का इन्तजार करते हैं। कोई बैठने-उठने की जगह नहीं थी। टहलने वालों में कुछ जाने-पहचाने व्यक्ति मिले। डेविड अब्राहम मिले। लगभग छः साल पहले मैं उन्हें कश्मीर में मिला था, जब इनाक्षी रामाराव तथा उनके पति श्री भवनानी अपनी फिल्म *हिमालय की बेटी* बनाने के लिए कश्मीर आए थे। डेविड तब उनके प्राइवेट सेक्रेटरी थे।

हिमालय की बेटी शायद पहली हिन्दी फिल्म थी, जिसकी शूटिंग कश्मीर में हुई थी। यहाँ इस सम्बन्ध में थोड़ा विस्तार से बताना असंगत न होगा।

उन दिनों मैं शान्ति निकेतन में अध्यापक था। इनाक्षी रामाराव गुरुदेव टैगोर को अपना नृत्य दिखाने आई थीं। दम्मो से उनकी मैत्री हो गई थी। बातों-बातों में दम्मो ने उनसे ज़िक्र कर दिया कि कश्मीर में हमारा अपना घर है और गर्मियों की छुट्टियाँ हम वहीं बिताने जा रहे हैं। इनाक्षी ने बताया कि वे फिल्मों में भी काम करती हैं, और उनके पति भी आउटडोर शूटिंग के लिए कश्मीर जाने का प्रोग्राम बना रहे हैं। शायद वहाँ फिर मुलाकात होगी।

उस ज़माने में महाराजा हरीसिंह की हुकूमत थी, और आगन्तुकों पर तरह-तरह की पाबन्दियाँ थीं। शूटिंग के लिए रियासत के दीवान से इजाज़त लेना ज़रूरी था। कश्मीर पहुँचकर मैंने भवनानी के लिए इजाज़त हासिल करके उन्हें भेज दी। लगभग दो सप्ताह के बाद भवनानी अपने दल-बल के साथ श्रीनगर आ पहुँचे। डेविड, इनाक्षी और भवनानी पहले एक-दो दिन हमारे यहाँ ठहरे। इस प्रकार डेविड से मेरी जान-पहचान हुई। वे भी तब नए-नए कॉलेज से निकले थे। पीजी वुड हाउस पढ़ने का, मेरी तरह ही उनको भी बहुत शौक था। हमारी अच्छी दोस्ती हो गई। एक दिन प्रातःकाल डल झील में मैं अपने मित्रों के साथ बोटिंग कर रहा था। गगरीबल की दीवार के पास हमने देखा कि भवनानी का यूनिट शूटिंग की तैयारियाँ कर रहा है। तमाशा देखने के लिए हमने भी नाव किनारे पर लगा दी। पता चला कि एक लड़के का पानी में छलांग लगाने का सीन लेना है। दीवार बहुत ऊँची थी, और उस स्थान पर न सिर्फ पानी कम था, बल्कि नीचे पत्थर भी थे। मैंने भवनानी को इस बात की चेतावनी दी। पर उन्होंने मेरी तरफ इस प्रकार देखा जैसे वे मुझे पहचान ही न सके हों। बहुत लापरवाही से मेरी बात अनसुनी कर दी गई। हमने भी नाव आगे बढ़ा दी।

जब लगभग एक घण्टे के बाद हम वापस आए, तो गगरीबल के मोड़ पर काफी भीड़ जमा थी। पता चला कि जिस नौजवान ने छलांग लगाई थी, उसकी टाँग टूट गई थी। और भी बहुत-सी सख़्त चोटें आई थीं। मैं भवनानी की लापरवाही पर दंग रह गया।

तब मुझे पता नहीं था कि नए या छोटे-मोटे कलाकारों की जान से खेलना फिल्म इंडस्ट्री का दस्तूर ही बना हुआ है।

डेविड की गिनती अब सितारों में थी। जब वे पहले मिले थे, तो उनकी तनख़्वाह डेढ़ सौ के लगभग थी। अब एक फिल्म के कम-से-कम दस हज़ार मिल जाते थे। और उन्होंने एक साथ पन्द्रह कॉन्ट्रैक्ट ले रखे थे।

श्याम भी मिले, जिनकी मौत भी फिल्मी हादसे के कारण ही लिखी हुई थी। वे भी हमारे रावलपिंडी के ही थे। उनके परिवार से हमारे सम्बन्ध अत्यन्त स्नेहमय और गहरे थे। बड़े आदर-सत्कार से मिले वे मुझे। अभी उन्होंने इतनी ख्याति अर्जित नहीं की थी। पर अब इसमें बहुत समय नहीं लगना था। अहमद साहब की दो फिल्मों में वे नीना के मुकाबले में आ रहे थे। करन दीवान मिले, जो फिल्म *रतन* की कामयाबी के बाद एक लोकप्रिय सितारे बन चुके थे। कॉलेज के दिनों में उनका बड़ा भाई हमारा दोस्त था। हम लाहौर में इकट्ठे ही नाटक आदि खेला करते थे।

हमीद बट्ट के दर्शन हुए, जिन्हें मैं पहले एक बार लखनऊ में मिल चुका था। उनसे सुने हुए मधुर गीत मेरी स्मृति में अब भी ताज़ा थे।

गप-शप करते हुए काफी समय गुज़र गया, और हम उकता-से गए। फिल्मी आदमी बनने के लिए मक्खियाँ मार-मारकर समय बिताने की आदत डालना बहुत ज़रूरी है। मैं अभी नया-नया था और इन बातों का मुझे ज्ञान नहीं था।

अन्त में, एक व्यक्ति ने आकर कहा, 'आप मेकअप कर लें, आपके फोटो लेने हैं। साहब (डब्ल्यूज़ैड अहमद) आपको दो बजे मिलेंगे।'

एक छोटे-से कमरे में मैं मेकअप के लिए बैठ गया। यह मेरा पहला मेकअप था। कॉलेज और शांति निकेतन में नाटक खेलने पर मैं मेकअप करता था, पर इसमें और उनमें ज़मीन-आसमान का अन्तर था। यह उससे हज़ार गुना अधिक स्वाभाविक, सुन्दर और कलात्मक था। देखते-देखते मेकअप-मैन ने मेरा चेहरा ऐसा चमका दिया कि मैं मेकअप-मैन की जितनी ही तारीफें करता वह उतना ही व्यंग्य से हँसकर दूसरी ओर देखने लगता।

वास्तव में, अच्छा मेकअप फिल्मों में रोज़ाना को बात थी, उस मेकअप-मैन ने कोई असाधारण कारनामा नहीं किया था।

मेकअप के बाद फोटो ले लिए गए। एक-डेढ़ का वक्त हो गया था। अब अहमद साहब से मुलाकात का इन्तज़ार होने लगा।

दो बज गए, तीन बज गए, चार बज गए, पाँच बज गए।

मैं विलायत से नया-नया आया था, जहाँ दस मिनट से ज़्यादा लेट पहुँचने का साहस बादशाह सलामत भी नहीं कर सकता, सो यह अपमान मुझसे कैसे सहन होता? जो हवाई किले मैंने दिमाग में बनाए थे, सभी धराशायी होने शुरू हो गए। कृश्न चन्दर के पत्रों से तो मैंने अनुमान लगाया था कि अहमद साहब फूलों की माला लिए हुए स्टूडियो के फाटक पर प्रतीक्षा करते हुए मिलेंगे। पर अब स्थिति यह थी, जैसे नौकरी के उम्मीदवार के तौर पर मैं कतार में खड़ा था। डेविड, तिवारी और दूसरे मित्रों की नज़रों के सामने मैंने ख़ुद को किसी गहरे कुएँ में गिरते हुए महसूस किया। मैं बार-बार चेतन की बाँह पकड़कर उन्हें वहाँ से चलने के लिए कहता। चेतन भी अजीब असमंजस में थे। वे इस लाइन से अधिक परिचित हो चुके थे। वे जानते थे कि प्रतीक्षा के सिवाय कोई दूसरा चारा नहीं था। न ही वे इतना अपमान महसूस कर रहे थे।

मैं कभी सोचता, चेतन को चलने के लिए कह तो रहा हूँ, पर जाएँगे कहाँ? वापसी के टिकट कटाने के सिवाय अब दूसरा चारा भी क्या है? और श्रीनगर जाकर अब क्या मुँह दिखाऊँगा? भीतर-ही-भीतर मैं स्वयं को कोसता कि क्यों पक्की लिखा-पढ़ी किए बिना, इतनी दूर अपने ख़र्च पर भाग आया हूँ। अपनी इस स्थिति का ज़िम्मेवार तो मैं स्वयं हूँ।

पर जब स्वाभिमान की रक्षा का प्रश्न सामने हो, तो मैं बिना कुछ सोचे अड़ जाने वाला व्यक्ति हूँ। तब मैंने अहमद साहब से मुलाकात होने पर इस अनुचित व्यवहार के खिलाफ रोष प्रकट करने का इरादा कर लिया।

अन्त में, लगभग छ: बजे अहमद साहब ने अन्दर बुलाया। उन्होंने आँखों पर काली ऐनक लगा रखी थी, जो मेरे ख़्याल में सिर के गंजेपन से पैदा होने वाली कमज़ोरी को छिपाने का प्रयास था। वैसे नक्श उनके सुन्दर थे।

वे सुबह के वक्त लिए गए मेरे फोटो सामने रखे हुए बैठे थे। मेरे कुर्सी पर बैठते ही उन्होंने सिगार का लम्बा कश लगाते हुए फोटो मेरे सामने रख दिए। उनमें से एक वास्तव में अत्यन्त सुन्दर था, उसे उन्होंने मेरे हाथों से लेकर फिर कुछ मिनट के लिए निहारा। 'बहुत अच्छा है,' उन्होंने कहा।

मैंने जवाब में फिर उनके मेकअप-मैन की प्रशंसा के पुल बाँध दिए। तब उनके होंठों पर भी वैसी ही व्यंग्यात्मक हँसी दिखाई दी, जो मैंने मेकअप-मैन के चेहरे पर देखी थी। फिर वे एक टाइप किया हुआ कागज़ मेरी तरफ बढ़ाते हुए कहने लगे, 'देखिए, चेतन साहब की पिक्चर बनाने का फिलहाल मेरा इरादा नहीं है। पहले मैं *महाभारत* बनाना चाहता हूँ। उसमें कृष्ण का रोल मैं चेतन साहब को देना चाहता हूँ, और अर्जुन का आपको। चेतन साहब को डेढ़ हज़ार रुपया माहवार देने का मेरा इरादा है, और आपको एक हज़ार। अगर मंज़ूर हो तो कांट्रेक्ट पर दस्तखत कर दीजिए।' तनख्वाह बहुत थी कि थोड़ी, इस तरफ मेरा ध्यान नहीं गया। इससे तिगुनी तनख्वाह वाली नौकरी मैं विलायत में छोड़कर आया था। मैंने गुस्से की भाप छोड़ते हुए जवाब दिया, 'नौकरी और तनख्वाह का ज़िक्र करने से पहले मुझे उम्मीद थी कि आप मुझसे चार घण्टे इन्तज़ार कराने की माफी माँगेंगे। बहरहाल, मैं आपसे अर्ज़ करना चाहता हूँ कि मैं यहाँ सिर्फ चेतन की पिक्चर में काम के ख़्याल से आया हूँ, मेरा अर्जुन-वर्जुन बनने का कोई इरादा नहीं है।'

अहमद साहब ख़ामोश हो गए। तभी नीना अन्दर आकर एक सोफे पर बैठ गईं। गुलाबी रंग और सफेद साड़ी में उनकी सुन्दरता से कमरा महकने लगा। अहमद साहब भी अचानक सहृदय और बेतकल्लुफ़ हो गए। 'साहनी साहब, मैं चाहता था कि मुलाकात से पहले तस्वीरें मेरे पास आ जाएँ। कैमरा डिपार्टमेंट वालों से डिवेल्पिंग में कुछ देर हो गई और आपको ज़हमत उठानी पड़ी। नीना, साहनी साहब अर्जुन के रोल के लिए यकीनन मौजू हैं, मगर धार्मिक पिक्चर में काम करना उन्हें पसन्द नहीं आ रहा है। कोई जल्दी नहीं है, साहनी साहब! आप सोच लीजिए। हमारी *महाभारत* महज़ धार्मिक पिक्चर नहीं होगी, उसके कुछ तरक्क़ीपसन्द पहलू भी होंगे, जिन्हें आप ज़रूर पसन्द करेंगे।'

'मैंने अपना इरादा आपको बता दिया है, इससे ज़्यादा न मुझे कहना है न सोचना है।' मैं उठ खड़ा हुआ और सलाम करके बाहर चला आया।

बाहर आकर देखा कि चेतन वहाँ नहीं थे। शायद उन्हें अहमद साहब ने किसी दूसरी तरफ से अन्दर बुला लिया था।

बगीचे में हमीद बट, मोहसिन अब्दुल्ला, तिवारी, डेविड और मैं देर तक टहलते रहे। अन्त में, चेतन उसी दरवाज़े से प्रकट हुए, जहाँ से मैं निकलकर

आया था। मेरी प्रश्नसूचक दृष्टि के जवाब में चेतन ने हारे हुए अन्दाज़ में कहा, 'भई मैं तो कांट्रेक्ट पर साइन कर आया हूँ।'

मैं चकित रह गया। 'मैंने तुम्हारी ख़ातिर इंकार कर दिया था, और तुम साइन कर आए हो!'

अहमद साहब ने मेरे कांट्रेक्ट की बात चेतन से छिपाकर रखी थी। चेतन भी कोई कम स्वाभिमान वाले व्यक्ति नहीं थे। वे फौरन पलटकर कोठी के अन्दर गए और अहमद साहब से माँग की कि कांट्रेक्ट फाड़ डाला जाए।

अहमद साहब कांट्रेक्ट फाड़ने के लिए तो तैयार नहीं हुए, लेकिन उन्होंने वायदा किया कि वे उन्हें काम करने के लिए मजबूर नहीं करेंगे।

इस प्रकार दूसरे दिन हम दोनों और हमीद बट्ट, जो पहले ही अहमद साहब को इस्तीफा दे बैठे थे, दक्कन क्वीन में बैठकर ठन-ठन गोपाल की हालत में बम्बई की ओर चल पड़े।

अहमद और नीना अब पाकिस्तान में हैं। पिछले दिनों जब मैं लाहौर गया था, तो इमतियाज़ अली ताज के घर उन दोनों के दर्शन हुए थे। बहुत प्यार-मुहब्बत से मिले थे। सच पूछा जाए तो अहमद साहब ने मुझ पर बहुत बड़ी मेहरबानी करनी चाही थी, वरना कौन ऐसा निर्माता है, जो किसी नए कलाकार को स्टूडियो में पैर रखते ही हज़ार रुपए की नौकरी पेश कर दे!

7

चेतन ने उस समय जितने बड़े दिल का सबूत दिया, उसकी जितनी तारीफ की जाए कम है। दोस्त की बात रखने के लिए उन्होंने एक अच्छा कॉन्ट्रैक्ट हाथ से छोड़ दिया। उनकी जगह कोई और होता, तो उल्टा मुझे अपने होश की दवा करने के लिए कहता। आज तक फिल्मों में कौन ऐसा नया कलाकार आया था, जिसे स्टूडियो में पाँव रखते ही हज़ार रुपए महीने की नौकरी पेश की गई हो! इतना ही नहीं, उन्होंने मुझे और मेरे परिवार को भी अपने कन्धों पर उठाने की बेमियाद ज़िम्मेदारी अपने ऊपर ले ली।

बाद में पता नहीं बात कैसे बाहर निकल गई कि दम्मो भी फिल्मों में काम करेगी। मेरे माता-पिता को सख़्त सदमा पहुँचा। घर का वातावरण इतना तलख हो गया कि बेचारी के पास दोनों बच्चों को साथ लेकर बम्बई आने के सिवा कोई चारा न रहा। परीक्षित तब चार बरस का था, शबनम होगी कोई दस महीने की। अब हम चेतन के उसी पहाड़ी बंगले जैसे घर में थे। एक कमरे में चेतन और उनकी पत्नी उमा, दूसरे में चेतन के छोटे भाई, देव (देव आनन्द) और गोल्डी (विजय आनन्द), तीसरे में दम्मो, मैं और बच्चे, और ड्राइंगरूम में हमीद बट्ट और उनकी पत्नी, अज़रा मुमताज़ ने डेरा डाल रखा था।

उमा के ऊपर इतना बड़ा बोझ बनने का दम्मो को हर वक्त मलाल रहता था। लेकिन उम्र ऐसी थी कि हम संघर्ष में मज़ा ढूंढ़ते थे। उमा भी हर समय हँसती-खेलती नज़र आती, जैसे सब मिलकर पिकनिक पर आए हों।

आज मेरे पास अपना मकान है, घर के पाँच व्यक्तियों के लिए दस कमरे और पाँच मोटरें हैं। चेतन, देव, विजय मुझसे भी कहीं बढ़कर अमीरी भोग रहे हैं। पर शायद वे भी इस बात को मानते होंगे कि अब ज़िन्दगी में वह मज़ा नहीं, जो तब था।

सुबह नाश्ता करके चेतन और मैं घर से निकल पड़ते और फ्लोरा फाउण्टेन के निकट 'इण्डिया कॉफी हाउस' में जाकर बैठते। बहुत रोमांटिक जगह थी वह उन दिनों। किसी टेबल पर कांग्रेसी, किसी पर कम्युनिस्ट, किसी पर सोशलिस्ट बहसें चल रही होती। इसके अतिरिक्त पत्रकारों, चित्रकारों, नर्तकों और तरह-तरह के अन्य भूखे और नीम-भूखे बेकारों का जमघट रहता। उनके जीनियस पर मरने वाली तितलियाँ भी फड़फड़ातीं। बड़ी हरकत थी उस वातावरण में। यह विचारों और आदर्शों की हरकत थी, या उनके पीछे अपने काम संवारने की, कहा नहीं जा सकता। लेकिन हरकत बहुत थी। वक्त ही ऐसा था। युद्ध अपनी आख़िरी साँसों पर था। यूएनओ के विधान बन रहे थे, गांधी-जिन्ना-मुलाकातें नज़दीक आ रही थीं।

चेतन का टेबल धीरे-धीरे केन्द्रीय टेबल बन जाता। अनेक दिलचस्प हस्तियाँ कुरसियाँ घसीट-घसीटकर इर्द-गिर्द आ बैठतीं। शहर के सुसंस्कृत हलकों में चेतन का ख़ासा प्रभाव दिखाई देता था। भारती साराभाई चाहतीं कि

वे उनका लिखा नाटक निर्देशित करें। राजा राव अपने नए उपन्यास के बारे में उनसे सुझाव लेते। रामगोपाल उन्हें अपने साथ लन्दन चलने की दावतें देते। फिर, अचानक फोन की घण्टी बजती। मैनेजर कहलवा भेजता, 'मिस्टर पासता ने आपको दफ्तर बुलाया है' या 'मिस्टर हितेन चौधरी आपको याद कर रहे हैं।'

हम कॉफी के प्याले छोड़कर फौरन बाहर भाग उठते। उम्मीदें आसमान पर जा पहुँचतीं। अब ज़रूर *नीचा नगर* के लिए फाइनेन्स का इन्तज़ाम हो गया होगा। मिस्टर पासता और हितेन चौधरी दोनों का विचारशील धनवानों में अच्छा रसूख था। *नीचा नगर* जैसी फिल्म के लिए, जिसमें बॉक्स-आफिस मनोरंजन का कोई मसाला और कोई फिल्म स्टार नहीं था, किसी ऐसे व्यक्ति से ही आर्थिक सहायता की आशा की जा सकती थी।

दिन में हम फोर्ट इलाके के आलीशान दफ्तरों की सीढ़ियाँ चढ़ते, और शाम को कालबादेवी और ग्रांट रोड के सेठों की, जो फिल्मों को केवल मुनाफे के दृष्टिकोण से देखते थे। मुझे पता नहीं था कि यह लगातार सीढ़ियाँ चढ़ते रहना किस मर्ज़ की दवा साबित होगा। बस, इतना याद है कि वे सीढ़ियाँ हर जगह हद से ज़्यादा अंधेरी और गन्दी होती थीं।

लड़ाई का ज़माना होने से कच्ची फिल्म का राशन था। फिल्म सिर्फ उसी निर्माता को मिलती थी, जिसके पास लाइसेंस हो। लाइसेंस लेने के लिए लोग कई तरह की तिकड़में करते थे, क्योंकि लाइसेंस मिलते ही वह बाजार में डेढ़-दो लाख रुपए में बिक सकती थी। मतलब यह कि जिसको सरकार से लाइसेंस मिला हो, उसके लिए स्टार-रहित फिल्म बनाने में भी कोई नुकसान नहीं था, बल्कि अगर फिल्म कामयाब हो जाए, तो मुनाफा दुगुना-चौगुना। कम-से-कम चेतन इसी उम्मीद पर चल रहे थे। अगर चेतन मेरा और दम्मो का ख़्याल छोड़कर एक-माघ स्टार को घेर लेते तो सारी मुश्किलें चुटकियों में हल हो सकती थीं। पर चेतन दोस्त के साथ किए हुए वादे को निभाने पर तुले हुए थे।

दिन-प्रतिदिन मेरी आर्थिक दशा कमजोर होती जा रही थी। विलायत से लाई हुई थोड़ी-बहुत पूंजी पानी की तरह ख़र्च होती जा रही थी। घर से पैसे मंगवाने का सवाल ही नहीं उठता था। पर सबसे ज़्यादा परेशान करने वाली चीज़ थी, बेकार बैठना। वक्त को धक्का देना बहुत बड़ी समस्या हो गई थी।

फिल्म-निर्देशक फणी मजूमदार का घर पाली हिल में चेतन के घर के पास था। न्यू थियेटर्स में उन्होंने *कपाल कंडला* और *डॉक्टर* फिल्में बनाकर शोहरत कमाई थी, और अब बम्बई आ गए थे। उच्च कोटि के निर्देशकों में गिने जाते थे। चेतन चुपचाप उनके पास मेरी सिफारिश कर आए। उन्होंने मुझे दादर अपने दफ्तर में बुला भेजा।

दादर मेन रोड उस समय बम्बई का हॉलीवुड था। बड़े-बड़े स्टूडियो 'श्री साऊंड', 'रणजीत', 'अमर', 'मिनर्वा', 'कारदार', 'राजकमल' उसी के पड़ोस में थे। इसलिए वहाँ फिल्म-निर्माताओं के दफ़्तरों की भी भरमार थी।

अब वह बात नहीं रही। स्टूडियो और दफ़्तर दूर-दूर बिखर गए हैं। उनके नक्शे भी बदल गए, और फिल्मी लोगों के रंग-ढंग भी। उस समय लम्बे बाल, तिरछी मूंछे और कलमें, आँखों में जांनिसारी, चाल में मस्ती आदि फिल्म-अभिनेता के जाने-पहचाने लक्षण होते थे। दादर में पैर रखते ही इनका जलवा साफ नज़र आ जाता था।

स्टेशन की ओर से दाखिल होते ही दादर का पहला मुकाम दादर बार था। यह एक बहुत बड़ा शराबखाना था, जो अब दारूबन्दी के कारण केवल एक भोजनालय बनकर रह गया है। पर पुराने वक्त के दिलफ़रेब बोर्ड अब भी बाहर लगे हुए हैं, और अन्दर जगह-जगह आदमकद आईने भी हैं। फिल्म-निर्माताओं, निर्देशकों और अभिनेताओं की मानी हुई जगह थी। सहगल, चन्द्र मोहन, मोतीलाल, ईश्वरलाल भी कभी-न-कभी वहाँ ज़रूर आकर बैठते होंगे, इसमें मुझे ज़रा भी सन्देह नहीं है। उस समय आमदनियों में इतना आकाश-पाताल का फर्क नहीं आया था। शख़्सियतों पर पैसे के इतने स्पष्ट मापदण्ड नहीं लगे थे। मेल-मिलाप चाहे दिन-प्रतिदिन कम होता जा रहा था, पर आज की तरह बिल्कुल ख़त्म नहीं हुआ था। दारूबन्दी ख़त्म होने से पहले एकाध बार मैंने भी दादर-बार में शराब पी थी और अनगिनत आईनों में अपना चेहरा निहारा था–शायद जिया सरहदी की सोहबत में। वह बिल्कुल ऐसी जगह थी, जिसके ख़िलाफ धर्म-स्थानों में भाषण दिए जाते हैं, या नाटकों में नक्शा बाँधा जाता है। आज कोई ऊँचे दर्जे का निर्माता या अभिनेता ऐसी घटिया जगह पैर रखना पसन्द नहीं करेगा।

दादर बार में से गुज़रता हुआ मैं कारोनेशन मैंशन में आया, जहाँ फणी-दा का दफ्तर था। वे अपनी बड़ी मेज़ पर बैठे थे। उन्होंने मुझे सामने सोफे पर बैठने का आदेश दिया। उम्र में वे मेरे ही बराबर दिखाई देते थे। शायद साल दो साल छोटे थे। चेहरे पर कोमलता और मिठास थी, जो बंगालियों की विशेषता है। कुछ और लोग भी बैठे हुए थे। वे उनके साथ बातें करते हुए मुझे घूरते जा रहे थे, जो मेरे लिए बड़ा अजीब-सा अनुभव था। कह नहीं सकता, वे मेरे हुलिए को पसन्द कर रहे थे, जाँच रहे थे, सराह रहे थे, या उस पर मोहित हो रहे थे। मैं उनकी प्रतिक्रिया स्पष्ट रूप से समझ नहीं पा रहा था। यह तो नहीं कह सकता कि पहले कभी किसी ने मेरी तरफ इस तरह घूरा नहीं था। पर फिर भी यह भयभीत करने वाला अनुभव था।

हो सकता है कि वे मेरे अन्दर सोई हुई कला को देख रहे हों। यह सोचकर मैं भी यथाशक्ति उनके साथ अपने दिल के तार मिलाने की कोशिश करता रहा।

थोड़ी देर के बाद बाकी लोग उठकर चले गए। शायद उनको अनुमान हो गया था कि फणी-दा ने मेरे साथ कोई व्यक्तिगत बात करनी है। यानी उन्हें उठने के लिए कोई सूक्ष्म-सा संकेत किया गया था। यह भी फिल्मी दुनिया में चलने वाला एक दस्तूर है। कामयाब निर्माताओं, निर्देशकों और अभिनेताओं के दरबार सदा सजे रहते हैं। दरबारियों को आमतौर पर चमचों के नाम से संबोधित किया जाता है। तखलिये के लिए बस चुटकी बजाने की ज़रूरत है।

'जब हम अकेले रह गए, तो फणी-दा (फिल्मों में वे इसी नाम से प्रसिद्ध हैं) कहने लगे कि अपनी वर्तमान फिल्म, *जस्टिस* (इन्साफ) में वे मुझे एक छोटा-सा रोल देंगे–हीरो के दोस्त का। अगली फिल्म में मुझसे हीरो का तो नहीं, पर एक मुख्य रोल कराएँगे, और फिर उस से अगली फिल्म में हीरो का। मैंने उनका धन्यवाद किया और ख़ुशी-ख़ुशी घर चला आया। अब मुझे कॉन्ट्रैक्ट मिल गया था और मैं दावे के साथ अपने-आपको फिल्म अभिनेता कह सकता था।

चेतन ने पूछा, 'पैसे-वैसे की कोई बात हुई कि नहीं?'

'नहीं।'

'करनी थी न!'

'उन्होंने तीन फिल्मों का नक्शा बना दिया मेरे सामने, उनमें से किसकी बात करता?'

चेतन चुप रहे। वे समझ गए होंगे कि मेरी अकड़ पहले से काफी गिर चुकी है।

आज कॉन्ट्रैक्ट हुआ है, कल काम शुरू हो जाएगा–ऐसा मेरा अनुमान था। पर दिन-पर-दिन, हफ्ते-पर-हफ्ते बीतने लगे। न काम के, न ही पैसे के आसार नज़र आए। पर शूटिंग का ख़्याल मेरे मन पर पूरी तरह छा गया था। नाई से बाल कटवाने की भी मैं पहले फणी-दा के दफ्तर जाकर ही इजाज़त माँगता, क्योंकि किसी से सुन लिया था कि थोड़ा-बहुत फर्क पड़ जाने से 'कंटिन्यूटी' में जम्प आ जाता है। कंटिन्यूटी क्या बला थी, और जम्प क्या, मुझे पता नहीं था। पर मैं ऐसा कोई कदम नहीं उठाना चाहता था, जिससे कला को नुकसान पहुँचे। क्या पता, किस दिन अचानक शूटिंग निकल आए।

ऐसी हास्यास्पद हरकतें फिल्मों के नए रंगरूट आमतौर पर करते हैं। वे साबुन मल-मलकर मुँह धोते हैं, क्रीमें थोपते हैं, आईने के सामने तरह-तरह के पोज़ बनाते हैं। उन्हें यह पता नहीं होता कि अभिनय-कला का ज़्यादा सम्बन्ध चिन्तन के साथ है, बाहरी चीज़ें इतना महत्व नहीं रखती। एक दिन अख़बार में पढ़ा, कहीं पीपुल्स थियेटर का नाटक होने वाला है। चीन के पीपुल्स थियेटर के बारे में तो जानता था, हिन्दुस्तान में पीपुल्स थियेटर कहाँ से आ गया? चेतन से पूछा। उन्हें भी कुछ पता नहीं था। शाम को जब सीढ़ियाँ चढ़ने-उतरने की कवायद करते हुए हम बीपी सामन्त एण्ड कम्पनी के दफ्तर पहुँचे, तो मैं मशहूर फिल्म पत्रकार वीपी साठे से पूछ बैठा, 'मिस्टर साठे, बम्बई में कोई पीपुल्स थियेटर भी है?'

'क्यों नहीं, मैं स्वयं उसका मेम्बर हूँ,' उन्होंने हँसकर जवाब दिया। 'उसी की एक मीटिंग में जा रहा हूँ। चलना हो, तो आप भी चलें। ख़्वाजा अहमद अब्बास अपना नया नाटक पढ़ेंगे।'

मेरे आग्रह करने पर चेतन भी साथ चल पड़े।

आपेरा हाउस के नजदीक एक गली में प्रोफेसर देवधर की संगीतशाला थी। छोटा-सा हाल भी था उसका, जिसमें सौ के लगभग व्यक्ति बैठ सकते

थे। एक तरफ छोटी-सी स्टेज थी। वह हाल हर शाम इंडियन पीपुल्स थियेटर एसोसिएशन (*इप्टा*) की सरगर्मियों का केन्द्र बन जाता था।

हाल में कोई बीस-एक लड़के-लड़कियाँ पंखे के नीचे बैठे हुए थे। अब्बास अपना नाटक पढ़ना शुरू करने वाले थे। मैं और अब्बास सरसरीतौर पर एक-दूसरे को जानते थे। लन्दन में मैंने उनकी कुछ कहानियाँ भी पढ़ी थीं। पर हम मिले कभी नहीं थे। अब्बास ने बैठे-बैठे ही हमारे साथ हाथ मिलाए, और फिर पढ़ना शुरू किया। नाटक किस स्तर का है, इसका अनुमान केवल एक बार सुनकर नहीं हो सकता था। उसमें जज़्बाती गहराई या नाटकीय उठान मुझे ज़्यादा नहीं लगी। अभी मैं ये बातें सोच ही रहा था कि अब्बास ने एक विचित्र घोषणा कर दी:

'साथियो, बड़ी ख़ुशी की बात है कि आज हमारे बीच बलराज साहनी मौजूद हैं। अब मैं यह ड्रामा उनके हवाले करता हूँ और दरख्वास्त करता हूँ कि वही इसे डायरेक्ट करें।'

मैं बुत-सा बनकर देखता रह गया, पर इंकार करने की मूर्खता मैंने नहीं की। ख़ाली बैठ-बैठकर तंग आ गया था, कुछ करने को तो मिलेगा।

इस तरह अचानक ही ज़िन्दगी का एक ऐसा दौर शुरू हुआ, जिसकी छाप मेरे जीवन पर अमिट है। आज भी मैं अपने आपको *इप्टा* का कलाकार कहने में गौरव महसूस करता हूँ।

उसी रात मैं *इप्टा* के साथियों के साथ वह नाटक देखने भी गया, जिसका इश्तिहार सुबह अख़बार में पढ़ा था। नाटक का नाम था, *माँ*। निर्माता थे, मामा वरेरकर। मूल मराठी से हिन्दी अनुवाद किया गया था।

नाटक बुरा नहीं था, पर उसके प्रस्तुतीकरण ने मुझे हद से ज़्यादा निराश किया। नाटक के कलाकार ज़्यादातर ऐसे थे, जिन्हें हिन्दी ठीक बोलनी नहीं आती थी। उनका गुज़राती, मराठी, मद्रासी उच्चारण कानों को खटकता था। मैंने रेडियो के काम के लिए अपने उच्चारण से पंजाबियत निकालने की अथक मेहनत की थी। मेरा दृढ़ विश्वास था कि कलाकार को उस ज़बान का माहिर होना चाहिए, जिसमें उसे काम करना है। उस समय स्टेज पर मैं जिन्हें काम करते हुए देख रहा था, उनमें कोई थोड़ा-बहुत ही मेरी कसौटी पर पूरा उतरता

था। क्या इनसे ही मुझे *ज़ुबैदा* के पार्ट करवाने पड़ेंगे? सोच-सोचकर मेरा दिल बैठने लगा।

सारी रात मैंने सोचते हुए गुज़ारी। अगर इन कलाकारों से काम करवाया, तो बेड़ा ग़र्क होने में ज़रा भी सन्देह नहीं है। अगर इंकार किया, तो फिर सीढ़ियाँ चढ़ने-उतरने के सिवा कोई काम नहीं रहेगा। आख़िर करूँ तो क्या करूँ!

आख़िर इस नतीजे पर पहुँचा कि दिल की बात साफ-साफ कह देनी चाहिए। शाम को मैंने शर्त पेश की कि पात्रों के चुनाव अथवा अन्य सब बातों के बारे में मेरे फैसलों में किसी का दखल नहीं होगा। अब्बास के जज़्बाती स्वभाव को यह रूखी बात बुरी लगी। पर एक लम्बे बालों वाला दुबला-पतला नौजवान आगे बढ़कर बोला, 'हमें सब शर्तें मंज़ूर हैं।'

उस नौजवान का नाम था, जसवंत ठक्कर, जिनकी पिछले बीस बरसों की सेवा गुजराती नाटक के इतिहास में स्वर्ण अक्षरों में लिखी जाएगी। उनकी मेहनत की बदौलत आज सौराष्ट्र के सब विश्वविद्यालयों में नाटक-विभाग खुल चुके हैं, जिनमें छात्रों को बीए की डिग्री दी जाती है। उस समय जसवंत शायद *इप्टा* के सेक्रेटरी थे।

अगले दिन से मैंने *ज़ुबैदा* के पात्रों की तलाश जारी कर दी। हीरो के लिए चेतन को राज़ी करने में मुझे दिक्कत नहीं हुई। हीरो के छोटे भाई का रोल देव आनन्द ने ख़ुशी से संभाल लिया। *ज़ुबैदा* के पात्र के लिए अज़रा ने हाँ कर दी। पर पात्रों की सूची बहुत लम्बी थी, जो तीस-पैंतीस तक जा पहुँचती थी। इसलिए छोटे पात्रों के लिए मैंने ज़िद छोड़ दी, पर बड़े पात्रों के बारे में अपने फैसले पर अटल रहा।

पता नहीं, किस भरोसे पर अब्बास ने निर्देशन का काम मेरे हवाले कर दिया था। स्टेज का मेरा अनुभव केवल एक-दो कॉलेज में और एक-दो शान्ति-निकेतन में खेले गए नाटकों तक सीमित था। पात्रों का निर्देशन थोड़ा-बहुत कर सकता था, पर निर्देशन के तकनीकी पहलुओं से मैं बिल्कुल अनजान था, और अब तक हूँ। यह मेरे कलात्मक जीवन का अन्धकारमय पहलू है।

मैं अपनी इस कमज़ोरी से खूब वाकिफ़ था। इससे उत्पन्न आत्मविश्वास की कमी और चिन्ता के कारण कई बार रिहर्सलों के दौरान मेरे चेहरे और आँखों

में पथराव-सा आ जाता था। अज़रा कहतीं, 'आँखें झपकाओ, बलराज, आँखें झपकाओ, मुझे डर लगता है।'

आत्मविश्वास, चुस्ती, दिलेरी आदि गुण ईश्वरीय देन नहीं होते।

उदाहरण के तौर पर कोई गाँव का होशियार और फुर्तीला नौजवान जब किसी बड़े शहर में आए, तो सुस्त-सा पड़ जाता है। इसका कारण यह नहीं कि बदली हुई जलवायु का उस पर एकाएक असर हो गया है। दरअसल उसे शहरी जीवन के उलझाव और बारीकियों का ज्ञान नहीं होता, और न उसकी इतनी शिक्षा होती है कि उन्हें जल्दी से समझ सके। इसलिए वह सहम-सा जाता है। उसकी आँखों में पथराव और अंगों में सुस्ती आ जाती है।

ज्ञान की सम्पूर्णता आत्मविश्वास पैदा करती है। अज्ञान का ज़रा-सा अंश भी किसी-न-किसी समय मनुष्य के आत्मविश्वास, उसकी फैसला करने की शक्ति, और उसकी बहादुरी को दगा दे सकता है।

अपनी तकनीकी अज्ञानता को छिपाने के लिए मैंने अपना सारा ज़ोर पात्रों के चुनाव पर लगा दिया। मैं चाहता था कि हर पात्र के लिए मुझे बाहर-भीतर से ऐसे कुशल कलाकार मिल जाएँ, जो स्टेज पर पहुँचते ही ठाठ बाँध दें। फिर, बाकी सब कसूर माफ हो जाएँगे।

मीर साहब, मिर्जा, मुंशी बेदिल, सेठ साहब–इस नाटक के विशेष और दिलचस्प पात्र थे। मीर के लिए मैंने अब्बास की बाँह पकड़ ली। वे बहुत छटपटाए, क्योंकि स्टेज पर काम करने का उन्होंने कभी सपना भी नहीं देखा था। पर मेरी ज़िद के आगे उन्हें झुकना ही पड़ा। पर सबसे दिलचस्प तलाश मुंशी बेदिल के पात्र की रही। एक दिन मैंने चेतन को कॉफी-हाउस में एक ठिगने, कमज़ोर-से आदमी के साथ बातें करते देखा। मुंशी बेदिल की जीती-जागती तस्वीर थी वह। उस व्यक्ति का नाम रशीद खान था (जिनको पाठक *अनुराधा*, *गर्म कोट* और अन्य कई फिल्मों में देख चुके होंगे)। वे आल इण्डिया रेडियो में स्टाफ-आर्टिस्ट थे। मैं हाथ धोकर उनके पीछे पड़ गया।

रशीद खान ने जैसे मेरी आँखों में पढ़ लिया कि मैं जल्दी हार माने वाला आदमी नहीं हूँ। वे भयभीत-से हो गए। कुर्सी खींचकर मेरे नज़दीक बैठते हुए उन्होंने संजीदगी से मुझे समझाना शुरू किया:

'देखिए साहब, नाटकों और फिल्मों में मैं अपने-आपको किस क़दर तबाह कर चुका हूँ, यह एक लम्बी दास्तान है। इस वक्त मैं इतना कह देना काफी समझता हूँ कि मुझे उनके नाम से भी नफ़रत हो चुकी है। रेडियो की नौकरी से मुझे मुश्किल से दो वक्त की रोटी का सहारा मिला है। इसे मैं किसी सूरत में ख़तरे में नहीं डाल सकता।'

'लेकिन नाटक में काम करने से आपकी नौकरी कैसे ख़तरे में पड़ सकती है? दूसरे लोग भी तो काम कर रहे हैं,' मैंने कहा।

'यह मैं बेहतर समझता हूँ।'

'लेकिन आपको देखने के बाद अब मुझे इस रोल के लिए दूसरा आदमी जंच ही नहीं सकता। बताइए, मैं भी क्या करूँ?'

'आप भाड़ में जाएँ।' वे उठकर बाहर चले गए।

पूरे दो महीने नाटक की रिहर्सलें चलती रहीं, पूरे दो महीने मैं रशीद खान का इन्तज़ार करता रहा। कितनी-कितनी देर मैं रेडियो-स्टेशन के बरामदों में खड़ा रहता। जब भी वे आते-जाते, मैं हाथ बाँधकर खड़ा हो जाता। वे पुलिस बुलाने की धमकियाँ देते। कई बार उन्होंने चपरासी से कहकर मुझे अपने कमरे से बाहर निकलवाया। पर मैंने भी सब्र का साथ नहीं छोड़ा। रेडियो-स्टेशन में मेरा बहुत रसूख था, *बीबीसी* का एनाउंसर जो रहकर आया था। अगर चाहा, तो किसी ऊँचे अफसर की मदद से मैं रशीद को हासिल कर सकता था, पर ऐसा करना मुझे मुनासिब नहीं लगा।

इधर अब्बास और दूसरे साथी अधकचरी रिहर्सलों से तंग आ रहे थे। अनाड़ी निर्देशक पर लोगों को वैसे भी भरोसा नहीं होता। किश्ती को भंवर में फँसा देखकर किसी-न-किसी बहाने साथ छोड़ जाते हैं। जसवंत ठक्कर मुझे सैटों, लाइटिंग और तकनीकी बातों के बारे में पूछते। मैं गोल-मोल-सा जवाब देता। साठे और अब्बास किसी-न-किसी बहाने रिहर्सलें देखने के लिए पृथ्वीराज कपूर, जयराज, या केएन सिंह को बुला लाते और अप्रकट रूप से मुझे उनकी सहायता लेने के लिए कहते। पर मैं जानता था कि ज़रा भी आत्मविश्वास की कमी प्रदर्शित की, तो भट्ठा ही बैठ जाएगा। एक दिन मैंने सख़्ती के साथ

हस्तक्षेप न करने को शर्त फिर दुहरा दी। साथियों के चेहरों पर मायूसी के आसार साफ दिखाई दे रहे थे।

सिर्फ एक जसवन्त ठक्कर थे, जिन्होंने मुझे कभी छोटा महसूस नहीं कराया, हालाँकि मेरी ख़ामियों को सबसे ज़्यादा वही पढ़ सकते थे। रिहर्सलों में वे हमेशा मुझसे पहले पहुँचते थे और छोटी-छोटी ज़रूरतों का ख़्याल रखते। मेरी एक-एक हरकत को वे कद्रदानी से देखते। उनकी मौजूदगी में मैं खुला-खुला महसूस करता, जैसे कोई बहुत ही प्यारा दोस्त मिल गया हो। धीरे-धीरे मुझे यकीन हो गया कि स्टेज की तकनीकी ज़रूरतों के बारे में मुझे उनके होते हुए चिन्ता करने की ज़रूरत नहीं है, और वे कोई बहुत पेचीदा भी नहीं हैं।

एक दिन एक ईरानी होटल में इकट्ठे चाय पीते हुए मैंने अपनी कल्पना को बेलगाम छोड़ते हुए कहा, 'मेरा दिल चाहता है कि शादी वाले सीन में दूल्हे को घोड़े पर चढ़ाकर बाजे-गाजे के साथ दर्शकों के बीच से स्टेज पर लाऊँ। बारात थियेटर के एक दरवाज़े में से दाखिल हो, और दूसरे में से बाहर निकल जाए। ठीक उसी वक्त पर्दा उठे और कहार डोली लाते हुए नज़र आएँ। साथ में शहनाई बज रही हो।'

मेरा ख़्याल था कि इस बार जसवन्त ज़रूर मेरा मज़ाक उड़ाएँगे, पर वे इस तरह कुर्सी से उछल पड़े, जैसे मैं आसमान के तारे तोड़ लाया होऊँ। मेरे मना करते-करते उन्होंने मेरी इस सनक को वास्तविक जामा पहनाने के प्रयत्न शुरू कर दिए। कावसजी जहाँगीर हाल म्युनिसिपलिटी के अधीन था, जिसने हाल में से जानवर लाने की इजाज़त देने से बिलकुल इंकार कर दिया। पर जसवन्त कहाँ हार मानने वाले थे! उन्होंने एक वकील की मदद से अधिकारियों के आगे सबूत पेश किया कि सन् 1922 में इसी हाल की स्टेज पर बन्दर लाया गया था। अगर बन्दर आ सकता है, तो घोड़ा क्यों नहीं? इजाज़त मिल गई।

जसवन्त अपनी धुन के मस्त मौला आदमी थे। *इप्टा* के साथी उन्हें 'मैड कैप' के नाम से पुकारते थे। एक मैड कैप की और वृद्धि होने से भला जसवन्त को क्या एतराज़ हो सकता था!

'खूब गुज़रेगी जो मिल बैठेंगे दीवाने दो!'

हम आपस में खूब घी-खिचड़ी होने लगे। उनके साथ मैंने बम्बई के गली-कूचों की खूब सैर की। अच्छे-अच्छे नाटक देखे, अच्छे-अच्छे लोगों से मिला। अब्बास और बाकी साथियों ने कहना शुरू कर दिया, 'चलो, अब यह भी कम्युनिस्ट बन ही गया।'

मैं इन बातों पर कान न देता। जसवन्त कम्युनिस्ट थे या नहीं, न तो मैंने कभी उनसे पूछा और न ही उन्होंने मेरे साथ कभी राजनीति की बात की। मुझे एक अच्छा दोस्त मिल गया था। मुझे और कुछ नहीं चाहिए था। मैंने इस बात की परवाह न की कि वह दोस्त कम्युनिस्ट है या नहीं। *इप्टा* के बारे में कभी-कभी मैं सुनता था कि अन्दर-ही-अन्दर अलग-अलग गुटों की खींचतान रहती है और कम्युनिस्ट मेम्बर संस्था पर हावी हैं। पर क्यों और कैसे, यह जानने की न मुझे फुर्सत थी, और न ही दिलचस्पी। मेरा ध्यान नाटक में लगा हुआ था। वैसे भी मेरे संस्कार आर्य समाजी थे।

पात्र-निर्देशन के विषय में अंग्रेज़ी साहित्य से, कॉलेज के जमाने में अहमदशाह बुखारी जैसे उच्चकोटि के नाटक-विशेषज्ञों, और लन्दन में देखे नाटकों में हासिल की कदरें-कीमतें मेरे बहुत काम आई। *ज़ुबैदा* नाटक चाहे अच्छा था या बुरा, मैं अब उसे एक पवित्र धार्मिक पुस्तक की तरह देखता था। मेरा विश्वास है कि नाटक की अच्छाई-बुराई के बारे में निर्देशक को नाटक हाथ में लेने से पहले सोचना चाहिए, और एक बार हाथ में ले लेने के बाद फिर उसे कभी तकनीकी नज़र से नहीं देखना चाहिए। निदेशक का काम अपनी कला का प्रदर्शन करना नहीं, बल्कि लेखक के आशय की पूर्ति करना है, उसे रंग-रूप का वेश पहनाकर दर्शकों के सम्मुख निखारना है। जो निर्देशक रिहर्सलों के दौरान मूल नाटक में मनमाने परिवर्तन करते जाते हैं, वे अच्छा काम नहीं करते। लेखक की सलाह के बिना परिवर्तन करना ऐयारी है।

अब्बास के नाटक में बहुत कमजोरियाँ थीं। मेरे साथी कई बार उनकी तरफ मेरा ध्यान खींचते। पर अब्बास से ज़िक्र करने से पहले मैं नाटक को फिर ग़ौर से पढ़ता, और हर सवाल का जवाब नाटक के अन्दर ही मुझे मिल जाता। मैं अब्बास की योग्यता पर प्रश्न चिह्न किए बिना न रहता। चाहे कुछ भी कहिए, अब्बास के नाटकों में एक मनका होता है, एक अनोखापन, एक मनोरंजक

लोच, जो मैंने हिन्दी-उर्दू के किसी और नाटककार में कम ही देखी है। काश, अब्बास ने अपनी इस उपलब्धि की ओर विशेष ध्यान दिया होता! ख़ैर, निर्देशक की कल्पना को प्रेरणा देने के लिए अब्बास के नाटकों में भरपूर मसाले होते हैं।

रिहर्सलों पर आने से पहले मैं पात्रों की पूरी गतिविधियों का नक्शा मन में बिठा लेता, जिसके कारण कई बार वह बहुत मज़ेदार हो जाती थीं।

पर अनुभव न होने के कारण कई बार मुझसे सख़्त गलतियाँ हो जाती थीं। देव आनन्द को मैं शायद गुस्से में आकर कभी कह बैठा था, 'यार, तू कभी ऐक्टर नहीं बन सकता।' मुझे नहीं याद। पर यह पक्की तरह याद है कि जब उन्हें प्रभात फिल्म कम्पनी से इंटरव्यू के लिए बुलावा आया था, तो मैंने चेतन से चोरी-छिपे उन्हें पूना भगा दिया था और ताकीद की थी कि अगर वे उन्हें कॉन्ट्रैक्ट पेश करें तो वे किसी सूरत में इंकार न करें, चाहे शर्तें कितनी भी कठिन क्यों न हों। इस तरह देव को फिल्मों में धकेलने के लिए एक तरह से मैं ही ज़िम्मेदार हूँ। फिर भी, नासमझी में कही हुई बात देव को काफी चुभी थी, और फिल्मी पत्रकारों ने उसे दिल खोलकर उछाला था।

इससे साफ जाहिर है कि निर्देशक को कभी भी संयम नहीं खोना चाहिए, कभी भी ऐसी बात मुँह से नहीं निकालनी चाहिए, जिससे कलाकार का दिल दुखे या उसका हौसला पस्त हो। मैं एक बार नहीं कई बार ऐसी गलतियाँ कर चुका हूँ, जिनका मुझे बहुत गहरा दुःख है। वे मेरी अज्ञानता का नतीजा थीं।

शो में केवल चार दिन बाकी रह गए थे। मुंशी बेदिल वाला मामला अभी भी हवा में लटका हुआ था। न रशीद खान अपनी ज़िद छोड़ने को तैयार थे, न मैं। पर कलाकार आख़िर कलाकार होता है। मेरी दयनीय हालत देखकर आख़िर उन्हें ही हार माननी पड़ी। पर अब संवाद याद करने का समय नहीं रहा था। मुंशी बेदिल स्टेज पर एक अख़बार पढ़ते हुए दाखिल होते थे। सो, रशीद खान ने अपने संवाद अख़बार में छिपाकर रखे होते थे। हर दृश्य में वे अपने संवाद पढ़कर ही बोलते रहे। दर्शकों को इस बात का आभास तक नहीं हुआ। बल्कि *ज़ुबैदा* नाटक की कामयाबी ज़्यादातर मुंशी बेदिल के पात्र से ही जुड़ गई। उसकी इतनी चर्चा हुई कि बेचारे रशीद खान को फिर रेडियो छोड़कर फिल्मों और नाटकों में आना पड़ा।

शो वाले दिन तक नाटक की किश्ती डाँवाडोल रही थी। ठीक पर्दा उठने से पहले चेतन को दमे का दौरा शुरू हो गया। सो, जल्दी-जल्दी मेकअप करके हीरो का रोल मुझे ख़ुद करना पड़ा। मैंने उसकी रिहर्सलें तो नहीं की थीं, पर नाटक शुरू से आख़िर तक मुझे याद हो चुका था, इसलिए बचाव हो गया। किस्मत से मैंने इस मुश्किल वक्त में सहायक होने के लिए अपने छोटे भाई, भीष्म साहनी को रावलपिंडी से बुला लिया था। पहले शो में उन्होंने एक नहीं, बल्कि तीन छोटे-छोटे पात्रों का रोल, मेकअप बदल-बदलकर, बहुत अच्छी तरह निभाया। एक दृश्य में वे म्युनिसिपैलिटी के कर्मचारी के रूप में गली की लालटेन जलाने आए, जिसके नीचे मूढ़ों पर बैठकर मीर साहब, मिर्ज़ा, सेठ साहब और मुंशी बेदिल की गप-गोष्ठी होती थी। संवाद न उसको याद थे, न मुंशी बेदिल को। पता नहीं किस बात पर दोनों एक-दूसरे से उलझ पड़े। वह झपट इतनी स्वाभाविक, दिलचस्प और मज़ेदार सिद्ध हुई कि हमेशा के लिए नाटक का भाग बन गई।

तमाम मुश्किलों के बावजूद नाटक को आशा से अधिक सफलता मिली। दर्शकों के ठीक बीच से जब बैंड और घोड़े समेत दूल्हे की बारात निकली, तो थियेटर की दीवारें तालियों की आवाज़ से कांप उठीं।

8

अचानक एक दिन शूटिंग का बुलावा आ गया–जीवन में मेरी पहली शूटिंग। शाम के सात बजे कारदार स्टूडियो में पहुँचना था। *इप्टा* की एक मीटिंग बीच ही में छोड़कर मैंने ठीक समय पर चर्नी रोड स्टेशन से गाड़ी पकड़ी। शूटिंग शब्द सुनकर दोस्तों-साथियों पर ऐसी प्रतिक्रिया हुई, जैसे बिजली के तार को हाथ लग जाए। मैं एक क्षण में उनके लिए प्यार के बजाय ईर्ष्या का पात्र बन गया था।

और उस दिन से लेकर आज तक मैंने अपने इर्द-गिर्द घर में भी, और घर के बाहर भी हमेशा यही प्रतिक्रिया देखी है। हर किसी की नज़र में शूटिंग एक बड़ी अलौकिक चीज़ है। वह आदमी को दूसरे लोगों से अलग और ऊँचा बना देती है। शूटिंग कर रहे कलाकार का सिंहासन अटल लगता है, और जो न कर रहा हो,

उसका डगमगाता हुआ। अगर कोई यूँही पूछ बैठे, 'आज आपकी शूटिंग नहीं है?' तो बड़े से बड़ा अभिनेता भी घबरा जाता है, जैसे उससे कोई कसूर हो गया हो। इसका कारण यह है कि इस सवाल की कहीं दूर, एक ख़तरे की घंटी बंधी हुई है, जिसकी आवाज़ फिल्म-स्टार के कानों को अच्छी नहीं लगती।

मुझे सात बजे का समय दिया गया था, पर स्टूडियो जाकर पता लगा कि शिफ्ट नौ बजे शुरू होगी। इतना पहले क्यों बुला लिया मुझे? आठ बजे तक तो फणी-दा के सहायक ने भी दर्शन नहीं दिए। पर मैंने इस बात की ज़्यादा परवाह नहीं की। पहली शूटिंग का चाव जो था। वास्तव में ऐसे अपमान छोटे कलाकारों का दिमाग ठीक जगह रखने के लिए किए जाते हैं। बड़े कलाकार, अर्थात् स्टार, अपनी मर्ज़ी के मालिक होते हैं, और शिफ्ट शुरू होने से दो-दो, चार-चार घंटे देर से आते हैं। पर उनकी हर बात का मुस्कुराहट से स्वागत करना निर्माता, निर्देशक और यूनिट के प्रत्येक कर्मचारी का कर्तव्य होता है। ऐसा करने से स्वाभिमान में पड़ी हुई दरारों को थूक से जोड़ने की ख़ातिर छोटे कलाकारों को अकारण ही डाँटा-फटकारा और ज़लील किया जाता है। उनकी लाचारी उन्हें मुँह बंद रखने पर मजबूर करती है, क्योंकि किसी समय भी उन्हें काम से हटाया जा सकता है। हाँ, अगर किसी छोटे कलाकार की किस्मत चमक उठे, और उसे ऊपर ले जाए, तो वह गिन-गिनकर बदले लेता है, और तब छोटे कलाकारों की मदद करने का, जिनमें से वह ऊपर उठा होता है, उसे भी कोई ख़्याल नहीं रहता।

सैट स्टूडियो के अहाते में लगाया गया था। वह किसी अमीर आदमी के आँगन और बगीचे का सैट था। लगभग साढ़े नौ बजे फणी-दा तशरीफ लाए, और कैमरामैन, घोष ने धीरे-धीरे लाइटिंग शुरू की। लगभग ग्यारह बजे फिल्म की कुछ एक मशहूर हस्तियों की मोटरें स्टूडियो के फाटक में दाखिल हुईं—चार्ली (अपने अलसेशियन कुत्ते के साथ), आगा, डेविड, कुसुम देशपांडे, सुनालिनी देवी। ये लोग ताजमहल होटल में हुई किसी डिनर पार्टी से आ रहे थे। मर्दों ने पकड़ी हुई तितली-कालर कमीजें और काले डिनर-सूट पहने हुए थे, जिनकी लड़ाई के ज़माने में मैंने इंग्लैंड में मनाही-सी देखी थी। उनके आते ही मेज़ पर सफेद कपड़ा बिछाया गया, चमकते हुए चीनी के सैट में सैंडविच

और कॉफी आदि सामान लाया गया। मैंने कभी *बीबीसी* में भी इतने नवाबी ठाठ से काम होता नहीं देखा था। मुझे अजीब-सा लगा। क्या यह वही देश था, जहाँ साल-भर पहले, लाखों लोग भूख से मर गए थे, और जहाँ सन् 1942 के आंदोलन में पकड़े गए हज़ारों देशभक्त अभी तक जेलों में सड़ रहे थे? हिन्दुस्तान विरोधाभासों का देश है। अभी मैं उनका आदी नहीं हुआ था। मैं विदेश से नया-नया यहाँ आया था।

कॉफी आदि पीकर स्टार चले गए। उनका काम करने का मूड नहीं बन रहा था। सैट का पहला दिन था; शायद सजावट और लाइटिंग में अभी काफी समय लग जाए। फणी-दा ने बिना किसी शिकायत के काम अगले दिन पर डालकर उन्हें विदा किया। अब बाकी रह गया था मैं, और फिल्म के हीरो, नवीन यागनिक, जो स्टारपन की दहलीज़ तक पहुँच गए थे, पर अभी उन्होंने उसे पार नहीं किया था। जब हम कॉफी पी रहे थे, तो वे अन्दर मेकअप कर रहे थे, और अब चुपचाप एक कुर्सी पर आकर बैठ गए थे। उन्होंने नीले रंग का कुर्ता-पाज़ामा पहना हुआ था, जो चेहरे के लाल मेकअप के साथ मिलकर हनुमानी किस्म का प्रभाव पैदा कर रहा था। जब बातचीत शुरू हुई, तो नवीन ने बताया, 'पर्दे पर इन कपड़ों का रंग सफेद दिखाई देगा। एकदम सफेद कपड़े, रंगीन फिल्म में तो पहने जा सकते हैं, पर काली-सफेद फिल्म में नहीं पहने जा सकते। उनकी चमक कैमरामैन के काम में उलझन पैदा करती है।'

'पर ऐसे कपड़े पहनकर और चेहरे पर इतना गाढ़ा मेकअप करके क्या कलाकार के मन की स्वाभाविकता नष्ट नहीं हो जाती?' मैंने पूछा।

'आदत हो जाती है,' नवीन संक्षिप्त-सा उत्तर देकर चुप हो गए। मुझे बड़ी हैरानी हुई। अभिनय-कला के बारे में जो कुछ मैंने पढ़ा-सुना था, उसके आधार पर स्वाभाविकता सबसे ज़रूरी चीज़ थी। मेरे महत्त्वपूर्ण सवाल का हीरो ने शायद मतलब नहीं समझा था, मैंने सोचा।

नवीन का चौड़ा सपाट-सा चेहरा पहली नज़र में मुझे सुन्दर नहीं लगा था। सो, मुझे घटिया किस्म की तसल्ली हुई थी कि पर्दे पर मैं उनसे ज़्यादा सुन्दर दिखाई दूँगा। पर मैंने देखा, कि हँसते समय उनके कपोलों में क्लार्क गेबल के

से गड्ढे पड़ते थे, जो उनके चेहरे को बहुत आकर्षक बना देते थे। उनके गम्भीर स्वभाव ने भी मुझ पर बहुत गहरा असर डाला।

नवीन की किस्मत में लम्बी ज़िन्दगी नहीं लिखी थी। उस फिल्म के पूरे होने के लगभग एक साल बाद ही वे मियादी बुख़ार का शिकार होकर स्वर्गवासी हो गए। फिल्मी ज़िन्दगी के थोड़े-से समय में उन्होंने बहुत अच्छे काम किए थे। उन्होंने फिल्म कलाकारों और स्टूडियो-मजदूरों की यूनियनें बनाई थी और उनके हकों के लिए संघर्ष किया था। उनके एक साथी, कृष्ण कुमार को अपनी इन सेवाओं के बदले में गुंडों के हाथों कत्ल होना पड़ा था। मैं उन दोनों नेक और निडर व्यक्तियों को प्रणाम करता हूँ।

नवीन के पास से उठकर मैं भी मेकअप करने के लिए चला गया। मेकअप-मैन का नाम स्वामी था। आज भी स्टूडियो में कभी-कभी उसके दर्शन हो जाते हैं। पिछले बीस वर्षों से उसकी आर्थिक दशा बिल्कुल नहीं बदली है। यह भी नहीं कहा जा सकता कि वह अपने स्तर पर कायम रही होगी। इस आदमखोर फिल्मी धंधे में सौ में से निन्नानवे व्यक्तियों की यही कहानी है।

मैंने अपना मेकअप किया। इस बार चेहरा इतना पसन्द नहीं आया, जितना कि पूना में पसन्द आया था। लम्बूतरा-सा और कुछ खुरचा-खुरचा-सा लग रहा था। क्या मेकअप ठीक नहीं हुआ था, या आईने पर बत्तियाँ बहुत ऊँची लगी होने के कारण ऐसा लग रहा था? या मेरी सेहत गिर गई थी?

कुछ दिन पहले लेमिंगटन रोड पर मिस्टर भवनानी मिले थे। एक बार वे मुझे और चेतन को अपने घर डिनर पर बुला चुके थे। तब आशा हुई थी कि पुरानी जान-पहचान के कारण वे ज़रूर मेरी कुछ मदद करेंगे। उन्होंने बहुत बढ़िया खाना खिलाया था। पर मेरे दिल की बात का उन्होंने ज़िक्र तक नहीं होने दिया, और लेमिंगटन रोड वाली मुलाकात में तो वे और भी निराश कर गए। उन्होंने कहा, 'मेरी बात का बुरा न मानना, मिस्टर साहनी! अब आपके चेहरे पर वह भरपूर ख़ूबसूरती नहीं रही, जो मैंने कश्मीर में देखी थी। आप कुछ-कुछ गैरी कपूर की तरह दिखाई देने लगे हैं।

गैरी कपूर! संसार का सबसे लोकप्रिय फिल्मी हीरो। और उससे मेरी समानता भवनानी को गुण नहीं, दोष प्रतीत हो रहा था!

मुझे बहुत दुःख हुआ। कभी मैंने भवनानी को अपने घर में ठहराया था। भाग-दौड़कर उनके काम किए थे। उस समय बजाय इसके कि वे मेरी मदद करते, उलटा मेरी हिम्मत तोड़ रहे थे। किसी ने सच ही कहा है, कि गरीबी में साया भी जुदा इन्सान होता है।

उन दिनों मेरा सिफारिशी ख़तों का तज़ुर्बा भी बहुत कड़वा रहा था। श्री जेएन साहनी, मेरे मौसेरे भाई, *हिन्दुस्तान टाइम्स* और *नेशनल कॉल* जैसे प्रसिद्ध दैनिक पत्रों के सम्पादक रह चुके थे। जब उन्हें पता लगा कि मैं फिल्मों में प्रवेश कर रहा हूँ तो उन्होंने मेरे बारे में अपने मित्र, रायबहादुर दूलीचन्द को पत्र लिखा, जो फिल्मिस्तान स्टूडियो के मालिक थे। और एक ख़त बॉम्बे टाकीज़ स्टूडियो के पब्लिसिटी ऑफिसर, श्री इन्द्रराज आनन्द को लिखा, जो आज पटकथा-लेखक की हैसियत से प्रसिद्धि के शिखर पर पहुँचे हुए हैं। उन दिनों दोनों स्टूडियो फिल्म-इंडस्ट्री के केन्द्र माने जाते थे। पर दोनों जगह ही मेरे साथ अच्छा सलूक नहीं हुआ।

इसी तरह अब्बास और साठे ने ज़िद करके मुझे वी. शान्ताराम के पास भेजा। मैं उन्हें बता चुका था कि प्रभात स्टूडियो, पूना में वे मेरे साथ कितनी अच्छी तरह पेश आए थे। उन दिनों अब्बास और साठे *डॉक्टर कोटनीस की अमर कहानी* की पटकथा और संवाद लिख रहे थे। शान्ताराम के साथ उनका रोज़ का उठना-बैठना था।

पर इस दूसरी मुलाकात और पहली मुलाकात में ज़मीन-आसमान का फर्क था। एक तो शान्ताराम ख़ुद बहुत बदल चुके थे। न उनके कमरे में वह सादगी थी, न उनका लिबास हिन्दुस्तानी था। साहबों वाला ठाठ-बाट था उनका। उनका शरीर भी पहले से स्वस्थ और सुडौल हो गया था। सफेद कमीज़-पतलून में वे इतने हृष्ट-पुष्ट और ऊँचे कद-काठी के लग रहे थे कि उन्हें पहचानना मुश्किल हो रहा था। हाथ की एक अंगुली में हीरे की अंगूठी पड़ी हुई थी, जिसे बातचीत के दौरान वे दूसरे हाथ से मलते रहते थे।

मैं भी तो कितना बदल चुका था! शान्ति-निकेतन या सेवाग्राम से आया हुआ आश्रमवासी निस्सन्देह सम्मानपूर्ण व्यवहार का हकदार था। पर लंदन से अंग्रेज़ों का प्रॉपेगेंडा करके लौटे हुए अनाउन्सर को वही सम्मान कैसे मिल

सकता था? पाँच-दस मिनट की मुलाकात हम दोनों को एक-दूसरे से दूर करने के लिए काफी थी। उसके बाद आज तक हम कभी एक-दूसरे से नहीं मिले हैं, बस दूर से ही राम-राम हुई है।

जब मैं नए अभिनेताओं को फिल्मों में काम पाने के लिए सिफारिशी ख़त लेकर निर्माताओं, निर्देशकों और फिल्म-स्टारों के यहाँ चक्कर लगाते हुए देखता हूँ, तो दिल चाहता है कि किसी तरह उन्हें समझा सकूँ कि इन सिफारिशी ख़तों की कीमत उस कागज़ जितनी भी नहीं है, जिस पर वे लिखे हुए हैं। नौकरी पाना और चीज़ है, कलाकार बनना और चीज़। नौकरी पाने के लिए सिफारिशी ख़त भले ही काम आ सकें, पर शायद ही कोई प्रोड्यूसर ऐसा होगा जो दूसरों के कहने पर किसी नए अभिनेता को कैमरे के सामने लाने का ख़तरा मोल ले। फिल्मी चस्का और तरह चलता है, और उसे समझना बहुत ज़रूरी है। अधिकतर सफलता आदमी के अपने संघर्ष और भाग्य पर निर्भर होती है।

आमतौर पर सिफारिशी ख़त देने वाले, लेने वालों की अपेक्षा कहीं ज़्यादा नासमझी का सबूत देते हैं। उन्हें दूर बैठे हुए अपनी जान-पहचान वाला कोई फिल्मी व्यक्ति ईश्वर जैसा सर्वव्यापक और सर्वशक्तिमान प्रतीत होने लगता है। पर असलियत कई बार उसके अनुमान के विपरीत होती है। जिससे सहायता की आशा की जाती है, वह सहायता देने की हालत में ही नहीं होता।

उदाहरणार्थ, आज मैं कह सकता हूँ कि भवनानी पर नाराज़ होना सरासर मेरी मूर्खता थी। मौन फिल्मों के ज़माने में वे बहुत सफल निर्माता रहे थे, पर फिर जब बोलने वाली फिल्मों का दौर शुरू हुआ, तो वे हर कदम पर असफल होते गए। जब मैं उनसे मिला था, तो वे परेशानियों में से गुज़र रहे थे। और मुझे अपनी सेहत का ख़्याल रखने की बात कहकर उन्होंने अपनी सज्जनता का सबूत दिया था। गैरी कपूर को हॉलीवुड में भले ही सुन्दर माना जाए, पर हिन्दी फिल्मों में तो गोल-मटोल चेहरों को ही पसन्द किया जाता है।

पर बेचारे नए कलाकार की एक बदकिस्मती यह भी होती है कि उसे फिल्मों के अन्दरूनी वातावरण का कुछ पता नहीं होता। ठोकरें खा-ख़ाकर उसे हर किसी पर शक होने लग जाता है। वह सोचता है कि हर कोई उसकी राह रोक रहा है, उससे दुश्मनी कर रहा है।

एक बार दादर मेन रोड पर जगदीश सेठी ने भी मुझे सेहत के बारे में सचेत होने के लिए कहा था। उन दिनों चरित्र-नायक (कैरेक्टर-ऐक्टर) के तौर पर उनकी मशहूरी आसमान को छू रही थीं। उनके कहे शब्द मुझे अभी तक याद हैं: 'स्क्रीन पर पतला आदमी और भी पतला दिखाई देने लगता है। सो तुम्हें अपना वज़न बढ़ाना चाहिए।'

बहुत महत्त्वपूर्ण बात कही थी उन्होंने। पर उस समय वह मुझे कड़वी लगी थी। अफसोस की बात ये है कि जिसे कोई चीज़ मिलती है, उसकी नज़र में उसकी कीमत नहीं होती। और जिसकी नज़र में कीमत होती है, उसे वह चीज़ मिलती नहीं है।

इसमें कोई शक नहीं कि मेरी सेहत काफी गिर चुकी थी। बम्बई की जलवायु मुझे रास नहीं आ रही थी। एक दिन टैक्सी में बैठे हुए, पसीने से तरबतर बने हुए मैंने अब्बास से पूछा, 'यार, बम्बई में रहते हुए तुम्हें कितने साल हो गए हैं?'

'सात,' उन्होंने कहा।

'सात साल!' मैंने हैरानी से कहा। 'मैं तो सोच भी नहीं सकता कि इस मरदूद शहर में कैसे कोई सात साल काट सकता है।

'तुम्हें सात साल बाद पूछूँगा,' अब्बास ने अख़बार पर से नज़र उठाए बिना ही कहा।

उनकी भविष्यवाणी कितनी सच निकली! बम्बई में रहते हुए आज मुझे सात के बजाय तेईस साल हो गए हैं।

सेहत गिरने का असली कारण आर्थिक परेशानी और अनियमित किस्म की ज़िन्दगी भी थी। पैसे का मुँह देखने के लिए उन दिनों मैंने क्या-क्या नहीं किया! ट्रेडर्स बैंक की एक शाखा का मैनेजर मेरा कॉलेज का सहपाठी निकल आया। वह कभी-कभी बैंक की ओर से मुझे थोड़ा-बहुत कर्ज़ देता रहा। मेरे एकाउंट में दो हज़ार रुपए का ओवरड्राफ्ट हो गया। एक दिन अचानक उसे तब्दीली का नोटिस आ गया। उसे एक महीने का समय मिला था, और मेरा नैतिक कर्तव्य था कि उसके जाने से पहले कर्ज की रकम चुका दूँ।

इस कर्तव्य को पूरा करने के लिए मैंने जो कोशिशें कीं, वह नाख़ूनों से कुआँ खोदने वाली बात थी। रेडियो के प्रोग्राम देने और पुस्तकों के अनुवाद करने तक ही मेरी दौड़ सीमित थी। भला इन कामों से कितनी कमाई हो सकती थी! एक दिन किसी ने बताया कि फिल्म्ज़-डिवीज़न (सरकारी सूचना-फिल्म विभाग) में छोटी फिल्म की वार्ता लिखने के लिए, और बोलने के लिए भी, पूरा डेढ़ सौ रुपया मिल जाता है। मैं उसी समय डायरेक्टर से मिलने चला गया। अपने नाम का कार्ड अन्दर भेजा। डायरेक्टर ने झट अन्दर बुला लिया। उसे देखते ही मेरी जैसे साँस रुक गई। मेरे सामने वह नौजवान खड़ा था, जो ख़ुद दो साल पहले लंदन में मेरे सामने इंटरव्यू के लिए पेश हुआ था। ऑक्सफोर्ड की उच्च शिक्षा समाप्त करके उसने *बीबीसी* के हिन्दुस्तानी विभाग में नौकरी के लिए अर्ज़ी दी थी। हमारे डायरेक्टर जुल्फकार अली बुखारी उन दिनों हिन्दुस्तान आए हुए थे, सो उसे मेरे पास भेजा गया था। मुझे उसका उर्दू-उच्चारण पसन्द नहीं आया था, इसलिए उसे नौकरी नहीं मिल सकी थी। और अब मैं उसके सामने एक मामूली-से काम के लिए सवाली बनकर खड़ा था। मुझे अपनी सारी उम्मीदों पर पानी फिरता हुआ नज़र आया। पर वह बढ़िया किस्म का आदमी साबित हुआ। उसने उसी समय मेरी अर्ज़ी मंज़ूर कर ली और कोई ऐसी बात मुँह से नहीं निकाली जो मुझे चुभने वाली हो। पर इस काम में से भी मैं मुश्किल से पाँच-छ: सौ रुपए ही कमा सका, क्योंकि रिकार्डिस्टों को मेरे बोलने का अन्दाज़ पसंद नहीं था।

अपना मेकअप वाला चेहरा देखते हुए मुझे वे पुराने दिन याद आने लगे थे। पर मैंने निराश न होने का निश्चय किया। शूटिंग का पहला दिन था। एक तरह से मेरी किस्मत का इम्तहान था उस दिन। मैं हर हालत में फणी-दा पर अच्छा प्रभाव डालना चाहता था, पर फिर भी, मेरे न चाहने पर भी, वह मेकअप मेरे चेहरे पर बोझ-सा बनता जा रहा था। ऐसे लगता था, जैसे चेहरे पर लगाते समय बहुत सारा पाउडर मेरी आँखों में भी चला गया हो। रह-रहकर एक ख़्याल मुझे तंग कर रहा था कि फिल्म अभिनेता को सफेद की जगह नीले कपड़े पहनाकर और उसके मुँह पर सिन्दूरी रंग का प्लस्तर-सा लगाकर उससे कैसे स्वाभाविक अभिनय की आशा की जा सकती है। मुझे इस बात का पता नहीं था कि स्वाभाविक अभिनय की मंजिल पर पहुँचने के लिए कलाकार को कई किस्म

के अस्वाभाविक बन्धनों और कठिनाइयों को स्वीकार ही नहीं, बल्कि अपनाना पड़ता है। इसके लिए सुलझे हुए अध्ययन और लम्बे अभ्यास की ज़रूरत है। मेरी नज़र में स्वाभाविकता का अर्थ था, बन्धनों के प्रति लापरवाह बनकर वैसे ही करना, जैसे जीवन में होता है। नए कलाकारों से आमतौर पर यह गलती हो जाती है, और इसकी उन्हें बड़ी कीमत चुकानी पड़ती है।

मैं सैट पर गया। सौभाग्य से कैमरा लांग-शॉट पर रखा हुआ था। मैं उसे भुला सकता था, सैट पर स्वतन्त्रता से इधर-उधर चल-फिर सकता था, बिना किसी रुकावट के हाथ-पैर हिला सकता था।

सीन इस प्रकार था: हीरो बरामदे में एक टेबल-लैम्प के प्रकाश में पुस्तक पढ़ रहा है। मैं, उसका फैशनपरस्त दोस्त, मस्तानी अदा में, दरवाज़े में दाखिल होता हूँ सिर से हैट उतारकर खूंटी पर टाँगता हूँ, और एक आरामकुर्सी पर बैठकर सिगरेट के कश खींचता हुआ हीरो के पुराणपंथी विचारों और आदर्शों पर व्यंग्य करने लगता हूँ। संवाद का केवल एक वाक्य बोलने के बाद शॉट कट हो जाना था।

कहते हैं कि नए जुआरी का पहला दाँव हमेशा सीधा पड़ता है। इस शॉट में मैंने ऐसी स्वाभाविकता दिखाई कि हर तरफ से वाह-वाह होने लगी। आरामकुर्सी पर बैठते ही मैं मुँह में से धुएँ के गोल-गोल छल्ले निकालने लगा था, जो बड़े करतब वाली बात थी। इसके बाद एक-दो और शॉट हुए, जिनमें कैमरा थोड़ा नज़दीक आ गया। इस बार भी मैंने बहुत बढ़िया अभिनय किया, जैसे दिखा रहा होऊँ कि यह सब मेरे जैसे, *बीबीसी* से आए हुए कलाकार के बाएँ हाथ का खेल है। मैं ख़ुशी में झूमता हुआ प्रात:काल के समय घर पहुँचा।

तीन दिन बाद फिर उसी सैट पर दिन की शिफ्टें शुरू हुई, तो मुझे फिर बुलाया गया। तब स्टूडियो में बड़ी चहल-पहल देखी। एक बड़े-से कमरे में बहुत-से मर्दों का बारी-बारी मेकअप किया जा रहा था। बरामदे के उस ओर एक उतने ही बड़े कमरे में स्त्रियों का मेकअप किया जा रहा था। वे इस प्रकार चहक रही थीं, जैसे किसी ब्याह में एक साथ बैठी हुई हों। मुझे भी मर्दों वाले कमरे में दाखिल कर दिया गया। मैं नहीं जानता था कि वे कौन लोग थे। अगर कोई बता देता कि वे 'एक्स्ट्रा' थे, तो भी कोई फर्क न पड़ता, क्योंकि मैं नहीं जानता था कि एक्स्ट्रा

क्या होते हैं। उनका मेकअप होता देखकर मैंने यही सोचा कि वे भी मेरे या नवीन जैसे कलाकार होंगे। जैसे स्टेज की दुनिया में सब बराबर होते हैं, चाहे कोई बड़ा कलाकार हो, चाहे छोटा, उसी प्रकार फिल्मों में भी होगा। चाय-पार्टी के दृश्य के लिए मेरी तरह वे लोग भी अपने घरों से बढ़िया सूट, शेरवानियाँ आदि पहनकर आए थे, और बहुत अच्छे लग रहे थे। सभी अच्छे व्यवहार वाले लोग थे। उनके साथ गप्पे हाँकने के लिए खुला समय मिला था। कुछ ही देर में उनके साथ मेरी दोस्ती हो गई। इंग्लैंड से आया हुआ होने के कारण मैं भी उनकी आँखों में आदर का पात्र बना हुआ था। इतना प्यारा और सुखद वातावरण मैंने कभी पीपुल्स थियेटर में भी नहीं देखा था। हर कोई मेरे साथ बड़ी नम्रता और अपनत्व से पेश आ रहा था, जैसे हर सम्भव तरीके से मेरे पराएपन के अहसास को दूर करना चाह रहा था। उनकी बातों से पता चला कि वे ख़ुद भी कोई मामूली आदमी नहीं थे। एक ने बताया कि शहर में उसकी चार फर्नीचर की दुकानें हैं। शूटिंग के लिए वह सिर्फ शौक पूरा करने के लिए कभी-कभी आ जाता है। और अब ख़ुद एक फिल्म बनाने का इरादा कर रहा है। उसमें विलेन (खलनायक) का रोल वह ज़रूर मुझे देगा, क्योंकि मैं शक्ल से बिल्कुल 'इंगलिश विलेन' जैसा लगता हूँ।

हैरानी की बात यह थी कि सिर्फ वही नहीं, हर आदमी फिल्म बनाने का प्रोग्राम लिए बैठा था। हर किसी के पास कहानी थी, जो उसने ख़ुद लिखी थी। वह बड़े-बड़े फिल्म-स्टारों के नाम लेता, जिनके साथ कि उसकी दोस्ती थी, और जो उसकी फिल्म में काम करने के लिए हाँ कर चुके थे।

एक ऊँचा-लम्बा पठान, जिसका नाम असलम था, बड़ी नम्रता से बोल रहा था। फिर उसने फणी-दा की बुराई करनी शुरू की। कहने लगा कि पहली फिल्म में उन्होंने उसे एक छोटा रोल दिया था, और वायदा किया था कि अगली फिल्म में मुख्य पात्र का, और फिर उससे अगली फिल्म में हीरो का रोल देंगे। इस हिसाब से उस फिल्म में, जिसकी कि शूटिंग हो रही थी, उसे हीरो होना चाहिए था। आख़िर दम तक उसे लटकाए रखा गया, और अब 'भाई लोगों' में खड़ा कर दिया गया है। 'भाई लोग' शब्द मुझे अजीब-सा लगा और उस पर हँसी आई। पर मैंने देखा, असलम की आँखों से आँसू फूट पड़े थे, और उसने जेब से

रुमाल निकाल लिया था। मैं एकाएक गम्भीर हो गया। मेरे साथ भी तो फणी-दा ने हू-ब-हू इसी किस्म का वादा किया था।

विश्वास करना कठिन था कि फणी-दा इस किस्म का अन्याय कर सकते हैं। मेरे मन में उनके लिए बहुत गहरी श्रद्धा थी। पर मज़े की बात यह कि आगे जाकर मेरे साथ भी वही कुछ हुआ, जो असलम के साथ हुआ था। मैं भी अपने साथ वैसा ही अन्याय देखकर बहुत दुःखी हुआ था, और हर जगह फणी-दा को कोसने लगा था। पर आज मैं फणी-दा को दोष नहीं देता। बीस साल इस 'तमाशे की दुनिया' में गुजारकर मैं इस नतीजे पर पहुँचा हूँ कि इस दुनिया की अपनी अलग नैतिकता और अपने अलग कायदे-कानून हैं, जो पाठकों को ये धीरे-धीरे समझ में आएँगे।

पहले दिन, उस पार्टी-सीन में, मेरा कोई शॉट नहीं हुआ, और सारा दिन धूप में, कुर्सियों पर इधर-उधर बैठकर, और बेकार की बातें करके मैं तंग आ गया। पर दूसरे दिन अचानक फणी-दा का कैमरामैन, घोष और दो अन्य कर्मचारी जो मेरे अस्तित्व को बिल्कुल भूल चुके लगते थे मेरे पास आए। कैमरा मेरी मेज़ पर मुझसे तीन फुट के फासले पर टिका दिया गया। जितनी देर तक मुझ पर लाइटें और रिफलेक्टर डालने का प्रबन्ध होता रहा, मेरी ओर किसी ने ध्यान नहीं दिया। न ही किसी ने बताया कि क्या शॉट है, या किस सीन में आना है, या कहानी के साथ उनका क्या सम्बन्ध है। इतना नज़दीक होने पर कैमरे ने मेरे अंगों की सारी आज़ादी छीन ली थी। मैंने उसकी ओर से लापरवाह बनने की बहुत कोशिश की, पर हर क्षण वह मेरे अंगों को जकड़ता रहा, जैसे कोई अजगर मुझे अपनी लपेट में लेकर भींचता जा रहा हो। मुझे अपनी सभी हरकतें नकली महसूस होने लगीं। लोग अजीब नज़रों से मुझे देख रहे थे। कोई मेरी हरकतों से प्रभावित नहीं हो रहा था। ऐसा लग रहा था, जैसे हर किसी को मेरे दिल की घबराहट का पता लग गया था।

फिर मेरे सामने, मेज़ पर, भुना हुआ एक पूरा मुर्गा लाकर रखा गया। फणी-दा ने समझाया कि क्लैप बजने के बाद, कैमरे के पास खड़ा असिस्टैंट ऊँची आवाज़ में कहेगा, 'लेनिन!' और मैं उसकी ओर हँसकर देखता हुआ, मुर्गे को दोनों हाथों में उठा लूँगा, और मुर्गे की ओर देखकर कहूँगा, 'जानवर!'

लेनिन जैसे महान व्यक्ति के नाम के साथ जानवर शब्द जोड़ना मुझे बहुत भद्दा लगा। पर इस बारे में सवाल-जवाब कैसे कर सकता था, जबकि शॉट लिया जाने वाला था? शायद 'लेनिन' शब्द हीरो की ओर से बोला जा रहा था, जिसे कम्युनिस्ट विचारों का दिखाया गया होगा। उन दिनों कम्युनिस्ट लड़ाई को 'लोक-युद्ध' कहते थे, और रूस-अमरीका-इंग्लैंड पक्ष का समर्थन करते थे। इसके उलट सुभाषचन्द्र बोस के अनुयायी जर्मनी-जापान के पक्ष का समर्थन करते थे और कम्युनिस्टों को गद्दार कहते थे। कांग्रेस दोनों ओर कदम रखती थी। वह लड़ाई को 'लोक-युद्ध' कहती थी, पर कम्युनिस्टों को गद्दार घोषित करती थी। क्या पता, फणी-दा सुभाषवादी हों, और *इप्टा* के एक मेम्बर से, जिसे कि आमतौर पर कम्युनिस्ट समझा जाता था, लेनिन के बारे में अपमान-भरा शब्द कहलवा कर ख़ुश होना चाहते हों। या फिल्म के शुरू में हीरो के कम्युनिस्ट विचारों का मज़ाक उड़ाकर, अन्त में उसे ठीक साबित करना चाहते हों, क्योंकि हीरो आख़िर हीरो होता है।

ज़्यादा सोचने का समय नहीं था। एक रास्ता था, शॉट देने से साफ इंकार कर देना। दूसरा रास्ता था, इन बातों की ओर से ध्यान हटाकर काम में लग जाना। दूसरा रास्ता आसान था। मैं उसी रास्ते पर चला। पर इस बात का मुझे आज तक अफसोस है। मुझे किसी हालत में भी ऐसा शब्द बोलने के लिए मानना नहीं चाहिए था, जिससे कि एक महापुरुष का अपमान होने की सम्भावना हो। यह मेरी नैतिक कमज़ोरी थी।

इस घटना से किसी हद तक उस ज़माने के और आज के फिल्मी वातावरण पर प्रकाश पड़ता है। उस ज़माने की फिल्मों में राजनैतिक और सामाजिक विचारधाराओं का काफी समावेश होता था। आज इस बात पर विश्वास करना कठिन है, क्योंकि अब फिल्मसाज़ सिर्फ भांग घोटते हैं।

फणी-दा अपनी उस मीठी, प्यार-भरी नज़र से मुझे देख रहे थे। पहली रिहर्सल हुई। पहले मुझे 'लेनिन' कहने वाले की ओर देखकर हँसना था। पर उसी समय मेरे जबड़े सूखे हुए चमड़े की तरह अकड़ गए, और उन्होंने खुलने से इंकार कर दिया। फिर, मैंने मुर्गे की ओर देखकर 'जानवर' कहा तो सही, पर साउंड रिकॉर्डिस्ट को सुनाई नहीं दिया। उसने ऊँची आवाज़ में बोलने के

लिए कहा। मैं उस अजीब-सी परिस्थिति पर हैरान हो रहा था। मैं हँस भी रहा था और ऊँची आवाज़ में बोल भी रहा था। पर न हँसी बाहर निकल रही थी, न आवाज़।

दूसरी रिहर्सल हुई। इस बार मैंने और ज़ोर लगाया। ऐसा लगा, जैसे इस बार मैंने ज़रूरत से ज़्यादा जबड़े खोल दिए थे। बोला भी ज़रूरत से ज़्यादा ऊँचा था। फिर भी, रिहर्सल के बाद फणी-दा ने 'ज़रा मुस्कुराकर', और रिकार्डिस्ट ने 'ज़रा ऊँचा' बोलने के लिए कहा।

मैंने झुंझलाकर फणी-दा से कहा, 'अब टेक कीजिए, बिल्कुल ठीक आएगा।'

'हाँ, हाँ, टेक,' फणी-दा ने फट सहमत होते हुए कहा। 'स्वामी, मेकअप ठीक करो साहब का।'

स्वामी ने फिर पाउडर का पैड मेरे चेहरे पर फिराना शुरू किया। कायदे के अनुसार उसने सब ठीक किया था–कठपुतली की तरह। पर उसमें मेरा अपना कुछ भी नहीं था। मेरी उस दिन वाली मस्तानी अदा पता नहीं कहाँ गायब हो गई थी। मेरा ख़्याल था कि फणी-दा मेरी आलोचना करेंगे, मुझे डाँटेंगे। पर उन्होंने हमेशा की तरह बड़ी तसल्ली से नसवार की चुटकी नाक में चढ़ाते हुए कहा, 'वैरी गुड शॉट! ओके।' उनके ओके कहने पर स्टूडियो की ओर से दो बार सीटियाँ बजाई गईं। अब लोग मेरे साथ हाथ मिलाते हुए मुझे बधाई देने लगे, क्योंकि फिल्मों में यह मेरा सबसे पहला क्लोज़-अप था। फणी-दा ने मेरे एकाउंट से रसगुल्ले मंगवाकर सबको बाँटे। सभी प्रशंसा कर रहे थे। मैं बहुत हैरान हो रहा था। मुझे पता था कि वे झूठी प्रशंसा कर रहे हैं। पर क्यों? आख़िर क्यों? मुझे बड़ी उलझन हो रही थी।

यह भी 'तमाशे की दुनिया' का एक राज़ है, जो पाठकों को धीरे-धीरे समझ आएगा।

हाँ, वे झूठी प्रशंसा कर रहे थे। स्टूडियो की दुनिया में कोई किसी के आगे सच नहीं बोलता। सब एक-दूसरे के मुँह पर उसकी प्रशंसा और पीठ के पीछे निन्दा करते हैं। बाहर के लोगों को यह बात बहुत बुरी लगती है। पर अन्दर वालों को इसका बहुत सहारा है। फिल्म लाइन में किसी को मानसिक तौर

पर सुरक्षा नसीब नहीं है। सभी छलावों के सहारे जीते हैं। सभी अपने-अपने सपनों के बुलबुलों में रहते हैं। वे एक-दूसरे का बुलबुला तोड़ना नहीं चाहते। यह एक तरह से पारस्परिक सहानुभूति का दिखावा है। मान लीजिए कि उस क्लोज़-अप के बाद किसी एक आदमी ने भी सही बात मेरे मुँह पर कह दी होती, तो मेरा हौसला शायद हमेशा के लिए टूट जाता, और अगले दिन मुझसे काम ही न होता।

उस दिन मैं सिर में दर्द, कमर में पीड़ा, और टाँगों में टीसें लेकर घर लौटा। कैमरे ने मुझे बहुत सख़्ती से अपना अस्तित्व अनुभव करा दिया था। मैं जान गया था कि उससे बेख़बर नहीं हुआ जा सकता।

उस क्लोज़-अप, और उसके बाद बाँटे गए रसगुल्लों ने 'भाई लोगों' (एक्स्ट्राओं) को अहसास करा दिया कि मैं उनमें से नहीं था। मेरा 'रनिंग रोल' (लम्बा पार्ट) था। एकाएक मुझसे उनकी बातचीत बंद हो गई। वे मेरे लिए अजनबी हो गए। अपनी दुनिया से उन्होंने मुझे निकाल दिया।

वे दिन और आज का दिन, मुझे फिर कभी एक्स्ट्राओं की दुनिया में झाँकने की आज़ादी नहीं मिली। मैंने सोचा था कि फिल्मी दुनिया में ऊँच-नीच की दीवारें नहीं हैं। कितनी बड़ी भूल थी मेरी! फिल्म इंडस्ट्री में तो चप्पे-चप्पे पर दीवारें खड़ी हैं। समाज के अन्य क्षेत्रों में ये दीवारें शायद ईंट-पत्थर की बनी हुई होंगी, पर हिन्दी फिल्मों की दुनिया में ये फौलाद की बनी हुई हैं।

अगला शॉट हीरोइन, स्वर्णलता के साथ था। उन्होंने मेरे साथ रिहर्सल करने से ही इंकार कर दिया। शॉट में वे बोलती मेरे साथ थीं, पर देखती कैमरे की ओर थीं। जितनी देर वे सैट पर रहीं, उन्होंने मुझे ऐसे महसूस कराया, जैसे मैं किसी गंदी और भयानक बीमारी का मरीज़ हूँ, जिसे कोई छूना न चाहता हो।

कितनी मीठी और सुखद थी वह एक्स्ट्राओं की दुनिया, जिसमें से मैं निकाला गया था! वह दुनिया, जिसमें हर कंगाल निर्माता बनने के सपने देखता था, कहानियाँ लिखता था, अपनी लम्बी निराशाओं को रंग-बिरंगी गेंद बनाकर उछाल सकता था। और कितना अपनत्व था उस दुनिया में! उस अनुभव को मैं भूल नहीं सकता। उसे मैं हमेशा बड़े प्यार से याद करता हूँ।

9

देवघर हाल, जहाँ *इप्टा* की रिहर्सलें हुआ करती थीं, 'प्रगतिशील लेखक संघ' की गोष्ठियों का केन्द्र भी था। प्रगतिशील लेखक संघ ने प्रगतिवादी विचारों को कहाँ तक फायदा पहुँचाया है और कहाँ तक नुकसान, इसका मैं आज तक हिसाब नहीं लगा सका हूँ। उनकी बैठकों में कुछ एक सयाने और अच्छे दिल के जिन व्यक्तियों से मेरा परिचय हुआ, उनमें एक थे अयूब खां–फिल्मी अभिनेता दिलीप कुमार के बड़े भाई–जो अब इस संसार में नहीं हैं।

अयूब पश्चिमी ढंग के लिबास के बजाय दूधिया सफेद सलवार कमीज़ पहनने के शौकीन थे। देखने में बड़े सुशील और कमज़ोर-से लगते थे। बचपन से ही सेहत कमज़ोर रही थी। मोटे काँच की ऐनक लगाते थे, जिसमें से हर चीज़ को बड़े ध्यान और हैरानी से देखते थे, जैसे डर हो कि संसार को देखने के लिए उनके पास अधिक समय नहीं है। उनके मोटे-मोटे होंठों में से हँसी इस तरह फूटती थी, जैसे वे किसी एक बात पर नहीं, पूरे संसार पर हँस रहे हों। उनके स्याह-काले बाल सघन और घुंघराले थे जिन्हें वे बहुत सँवार कर रखते थे। साहित्यिक बैठकों के उस वातावरण में उनकी स्वच्छता और नियम परायणता अनायास ही हर किसी का ध्यान अपनी ओर खींच लेती थी। शायद यही बात हमारी दोस्ती का बुनियादी कारण बनी।

अयूब का घर भी पाली हिल पर था–चेतन के घर के बिल्कुल नज़दीक। उनके पिता क्रॉफोर्ड मार्केट में फलों का व्यापार करते थे। एक अरसे से पेशावर से आकर बम्बई में बसे हुए थे। बहुत गौरववान, उदार और मिलनसार बुज़ुर्ग थे। उनका परिवार पूरी तरह पंजाबी रहन-सहन का पाबंद था। वे अयूब को बहुत प्यार करते थे। अयूब यद्यपि अपने भाइयों में दूसरे नम्बर पर थे, फिर भी पिता उन्हें अपना सलाहकार और मददगार मानते थे। परदेस में, जहाँ का दाना-पानी मुझे पूरी तरह रास नहीं आया था, और परायापन-सा महसूस होता था, अयूब का घर मेरे लिए एक ऐसा स्थान था, जहाँ मुझे अपनत्व का अहसास होता था।

उन दिनों यूसफ (दिलीप कुमार) ने फिल्मों में अभी कदम रखा ही था। बॉम्बे टाकीज़ की फिल्म, *ज्वार-भाटा* में वे हीरो का रोल कर रहे थे। अयूब

दिलीप से चार साल बड़े थे। दिलो से छोटे थे, नासिर खां, जिनकी देव आनन्द से बहुत अच्छी दोस्ती थी।

एक दिन, शायद अब्बास के कहने पर, फिल्मिस्तान वालों ने *ज़ुबैदा* नाटक के कलाकारों को लंच पर बुलाया। वहाँ नितिन बोस *मज़दूर* नामक फिल्म शुरू करने वाले थे। जिन लोगों ने यह फिल्म देखी है, वे मेरे साथ सहमत होंगे कि आज तक हिन्दुस्तान में जितनी भी यथार्थवादी फिल्में बनी हैं, *मज़दूर* उनमें पहले नम्बर पर आती है। किसी और फिल्म में मैंने वर्ग-संघर्ष को इतनी तीक्ष्णता से पेश किया गया नहीं देखा। किस प्रकार पूंजीपति हर सम्भव तरीके से मज़दूरों में फूट डालते हैं, मध्य वर्ग के ढुल-मुल यकीन को मिट्टी में से उठाकर शीशमहल में बैठा देते हैं, ताकि वह अपनी आत्मा बेचकर, मज़दूरों का ख़ून चूसने में, मालिकों की मदद करें; फिर किस प्रकार धर्म आदि के नाम पर मज़दूरों को गलत रास्ते पर डाला जाता है, और मज़दूरों के सच्चे नेताओं को मार डालने तक से संकोच नहीं किया जाता–ये सारी बातें इतनी स्पष्टता से इस फिल्म में दिखाई गई थीं कि उसके निर्माता ख़ुद उससे बेज़ार हो उठे थे। कई शहरों में यह फिल्म बहुत लोकप्रिय होने पर भी सिनेमाघरों में से हटा ली गई थी। मुझे एक दोस्त ने बताया कि कानपुर में अंग्रेज़ डिप्टी कमिश्नर ने अपने करोड़पति हिन्दुस्तानी दरबारियों के ज़ोर देने पर इसे तीसरे-चौथे दिन सिनेमा से हटा दिया था, जिसकी बदौलत सिनेमा के मालिक को काफी नुकसान उठाना पड़ा था। उस जमाने में बंगाल में बिमल राय *हमराही* बना रहे थे, जिसमें पूँजीवादी व्यवस्था के उलट कूट-कूटकर व्यंग्य भरा हुआ था। पर विमल राय अन्त तक यथार्थवाद को निभा सकने में सफल नहीं हो पाए थे। *हमराही* के हीरो-हीरोइन भी, जैसा कि न्यू थियेटर्स की फिल्मों में प्रायः हुआ करता था, अन्तिम दृश्य में दूर क्षितिज की ओर जाते हुए दिखाई देते हैं, मानो संसार की समस्याओं का हल किस्मत पर छोड़ दिया गया हो। पर *मज़दूर* फिल्म में ऐसे छायावाद का सहारा नहीं लिया गया था। न ही पूँजीपति की बेटी के साथ हीरो की शादी कराकर शेर और बकरी को एक ही घाट पर पानी पिलाया गया था, और न ही पीड़ितों-शोषितों को ख़ुद अपनी उस हालत का ज़िम्मेदार ठहराया गया था। इसके उलट, बहुत साफतौर पर कहा गया था कि मज़दूरों की भलाई

का रास्ता केवल उनकी एकता में है, जिसकी मदद से वे पूँजीवादी व्यवस्था को तोड़कर लोगों को समाजवाद के रास्ते पर ला सकते हैं।

नितिन बोस शायद चाहते थे कि इस प्रगतिशील विचारों वाली फिल्म में काम करने वाले कलाकार भी प्रगतिशील विचारों वाले व्यक्ति हों। और शायद इसीलिए उन्होंने *ज़ुबैदा* नाटक वालों को खाने पर बुलाया था।

जब गोरेगाँव जाने वाली गाड़ी पकड़ने के लिए हम बांद्रा स्टेशन पर पहुँचे, तो पता नहीं कहाँ से घूमते-फिरते हुए नासिर खां देव आनन्द से आ मिले। हमारी टोली में सभी व्यक्ति देव से बड़े थे और चेतन के दोस्त थे। देव सभी से शर्मा रहे थे। उन्होंने नासिर को ज़बरदस्ती अपने साथ ले लिया।

उस खाने का नतीजा बहुत अजीब निकला। नितिन बोस को हममें से तो कोई भी पसन्द नहीं आया, पर नासिर खां को, जो यूँ ही हमारे साथ चल पड़े थे, उन्होंने अगले दिन स्टूडियो में बुलाकर हीरो का रोल दे दिया। जिन्होंने वह फिल्म देखी है, वे जानते हैं कि नासिर खां ने मिल-मैनेजर का रोल किस ख़ूबी से अदा किया है, हालाँकि अभिनय-कला का उन्हें कोई ज्ञान नहीं या। इससे न सिर्फ नितिन बोस के बढ़िया निर्देशक होने का सबूत मिलता है, बल्कि यह भी प्रकट होता है कि सही कलाकार का चुनाव किसी भी फिल्म या नाटक के सफल बनने के लिए पहली शर्त है।

ख़ैर, उस समय तो हमारे अन्दर ईर्ष्या और निराशा जागने से न रह सकी। ख़ासकर देव को तो हर समय उठते-बैठते, खाते-पीते हुए, फिल्मों के सपने दिखाई देने लगे। वे अपने दोस्त से पीछे नहीं रहना चाहते थे।

नासिर खां के इस प्रकार हीरो बन जाने को किस्मत जागनेवाली बात ही कहा जा सकता है, क्योंकि हमारे देश में लोगों का किस्मत में बहुत गहरा विश्वास है। पर इस सिलसिले में एक बात मैं ज़रूर कहूँगा। अपने बीस साल के फिल्मी जीवन में मैंने सिर्फ मध्यवर्ग के लोगों की ही किस्मत को जागते हुए देखा है, मज़दूर वर्ग की किस्मत को जागते हुए कभी नहीं देखा। मज़दूर तो जैसे मेहनत करने और भूखों मरने के लिए ही फिल्म लाइन में आए हैं। हाँ, मध्यवर्ग का व्यक्ति ज़रूर यह आशा करता है कि कभी-न-कभी कोई सरपरस्त उस पर मेहरबान होगा, और उसकी सोई हुई किस्मत जाग उठेगी।

कुछ अरसे के बाद हमारे लिए भी ऐसे ही शुभ अवसर आए। पृथ्वीराज कपूर ने अपना 'पृथ्वी थियेटर' खोला, जिसमें अज़रा मुमताज़ और दमयन्ती दोनों को काम मिला। दमयन्ती को अब पाँच सौ रुपए माहवार मिलने लगे थे, जो कि उस ज़माने में बहुत अच्छी आमदनी कही जा सकती थी। हमने झट जुहू की थियोसोफिकल कॉलोनी में एक छोटा-सा बंगला किराए पर ले लिया, यद्यपि उसका किराया हमारी हैसियत से कुछ ज़्यादा था।

आज के और उस ज़माने के जुहू में ज़मीन-आसमान का फर्क है। उन दिनों वहाँ ज़्यादा आबादी नहीं थी। कुछ एक अमीर लोगों के बंगलों के अतिरिक्त अधिकांश घर नारियल के पत्तों के बने हुए थे, जिन्हें 'शंक' कहा जाता था। बीईएसटी की बसें अभी वहाँ चलनी शुरू नहीं हुई थीं। उनकी जगह नीले रंग की छोटी-छोटी बसें चला करती थीं। वे कोयले की गैस से चलती थीं। बहुत फटीचर किस्म की सर्विस थी उनकी। वर्षा के दिनों में उनका रास्ते में ही रुक जाना आम-सी बात थी।

हमारी *इप्टा* की सरगर्मियाँ दिन-प्रतिदिन बढ़ती जा रही थीं। रोज़ शाम को देवघर हाल में रिहर्सलें होती। हम भाग-दौड़ करते हुए कभी चर्नी रोड और कभी ग्रांट रोड स्टेशन से नौ बजे की लोकल-गाड़ी पकड़ते, जो दस बजे सान्ताक्रूज़ पहुँचती थी। अगर वह एक मिनट भी लेट हो जाती, तो आख़िरी बस निकल जाती। बस वाले ऐन मौके पर मुसाफिरों को अंगूठा दिख़ाकर बस ले जाते। ऐसा करने में उन्हें जैसे मज़ा आता था। हफ्ते में कम-से-कम दो बार तो ज़रूर हमें सान्ताक्रूज़ से पैदल चलकर जुहू जाना पड़ता था। लगभग दो मील का फासला था वह। रास्ते में हमें भूख सता रही होती। उस भूख को किसी हद तक शान्त करने के लिए हम भुने हुए चनों या मूँगफली की आने-दो आने वाली पुड़िया ख़रीद लेते। स्टेशनों पर ये चीज़ें आम बिकती थीं। ये चीज़ें एक तो सस्ती होती थी, दूसरे इन्हें चबाते हुए उकताहट दूर होती थी। एक बार कृश्न चन्दर को चने चबाने की ऐसी बुरी आदत पड़ी कि उनके मुँह में छाले पड़े रहते थे।

चेतन, उमा और दूसरे कई दोस्त कहते कि हमारा इतनी दूर रहना मूर्खता है। इसमें कोई शक नहीं कि जहाँ बान्द्रा से चर्चगेट पहुँचने में आधा घंटा लगता था, वहाँ जुहू से चर्चगेट पहुँचने में लगभग एक घंटा लग जाता था। अगर मैं हिसाब

लगाऊँ कि घर से जुहू जाने-आने में मैंने अपनी ज़िंदगी का कितना समय बम्बई में बर्बाद किया है, तो दिल दहल उठे। पर जुहू में समुद्र का अपना आनन्द था। पहले दिन से ही हमारा समुद्र के साथ ऐसा मोह हो गया था कि यहाँ छोड़कर बम्बई में किसी और जगह रहना हमें स्वीकार नहीं था। सुबह हमारे दोनों बच्चे अपने हाथों में छोटी-छोटी बाल्टियाँ पकड़कर माही गिरों से अपना टैक्स वसूल करने के लिए भाग उठते थे। केकड़ों को बिलों में से निकालकर अपनी अँगुलियों में उठाए फिरना उनका ख़ास शौक था। शबनम तो जीवित मछलियों को खा जाती थी। हमें भी समुद्र की लहरों में तैरने में मज़ा आता था। मैं समझता हूँ कि जितने साल हमने शहर से दूर होने के कारण, आने-जाने में बर्बाद किए हैं, उतने साल ऐसी सेहतमन्द जगह पर रहकर अपनी ज़िंदगियों में जोड़ भी लिए हैं। मनुष्य की आत्मा, सीमित होने के कारण, असीम की याचक है। और समुद्र में से असीम की यह भावना प्राप्त हो सकती है। हमारा घर बिल्कुल समुद्र के तट पर था। सुबह होते ही लहरों की आवाज़ हमें बुलाने लगती और हम नंगे पाँव समुद्र की ओर दौड़ पड़ते।

गांधीजी को भी समुद्र से बहुत प्यार था। जेल से रिहा होने पर वे कुछ समय जुहू पर आकर रहे थे। सुबह-शाम, मंद-मंद बहती हुई लहरों में उनके लिए कुर्सी रख दी जाती, और वे उस पर बैठकर लहरों में पाँव डुबो देते, और देर तक अपने विचारों में खोए रहते। वहाँ रेत पर टहलते हुए हम प्यारेलाल, डॉक्टर सुशीला नायर, मीरा बेन और अन्य कई प्रमुख व्यक्तियों को देखते। हम दूर से ही उन्हें हसरत-भरी नज़रों से निहारते। तब हमें वे दिन याद आते, जब हमें भी आश्रमवासी होने का सौभाग्य प्राप्त था। हम उनके पास जाकर उन्हें मिलना चाहते थे। पर स्वाभिमान इजाज़त न देता, क्या पता अब वे हमारे साथ कैसा सलूक करें। पर एक दिन मुझसे रहा न गया और मैंने बापू से मिलने की आकांक्षा प्रकट करते हुए उन्हें एक पत्र लिख डाला। मुझे पता था कि वह पत्र उन तक पहुँचने के पहले कई और व्यक्तियों की नज़रों के नीचे से भी गुज़रेगा। मुझे उत्तर की बहुत कम आशा थी। एक दिन मीरा बेन हमारी कालोनी के बिल्कुल नज़दीक आकर खड़ी हुईं। हमारी नज़रें मिलीं। उन्होंने हमें पहचान लिया। पहले तो वे बहुत स्निग्धता में बोलीं, फिर एकाएक उनका रवैया बदल गया–इतना ज़्यादा कि मुझे अपने पत्र का ज़िक्र करने का भी साहस न हुआ।

मुझे विश्वास था कि गांधीजी मेरे और दम्मो (दमयन्ती) का सेवा आश्रम छोड़कर *बीबीसी* में काम करने के लिए इंग्लैंड जाना माफ कर सकते थे। यह भी तो सच था कि हम उनकी सलाह से ही लन्दन के लिए रवाना हुए थे, यद्यपि वह सलाह उन्होंने पूरे दिल से नहीं दी थी। पर उनके अन्य साथियों का हमें माफ करना असंभव था, क्योंकि हमारे जाने के बाद उन्हें कई मुसीबतों का सामना करना पड़ा था। हम ज़रा-सी भी शिकायत करने के लायक नहीं थे।

पर हम इतनी ज़्यादा आत्मग्लानि के शिकार भी नहीं थे। गांधीजी के प्रति हमारी श्रद्धा इतनी गहरी थी कि उसका उल्लेख नहीं किया जा सकता। ख़ासकर दम्मो को तो बापू, कस्तूरबा, आशा-दी और आर्यम-दा से बेहिसाब प्यार मिला था। पर गांधीवाद पर से हमारा विश्वास काफी हद तक उठ गया था। यह ठीक है कि हम अपने देश की आज़ादी के लिए लड़े नहीं थे, जेलों में नहीं गए थे; पर अनगिनत रातें हमने बमों की बारिश के नीचे गुज़ारी थीं। हमने मौत के भयानक वातावरण में दिन बिताए थे। हमने चार साल उस यूरोप में गुज़ारे थे, जहाँ लाखों-करोड़ों लोग युद्ध के शिकार हुए थे, और जहाँ नाज़ियों ने निर्दोष यहूदियों की चमड़ियों से लम्पों के शेड बनाकर पैशाचिकता का नया रिकार्ड कायम किया था। हमें विश्वास हो गया था कि वर्तमान युग की क्रांतिकारी विचारधारा गांधीवाद के बजाय मार्क्सवाद है। लेकिन स्वतंत्रता के लिए जो रास्ता नेताजी सुभाषचंद्र बोस ने अपनाया था, वह भी प्रशंसायोग्य था। स्वतंत्रता आंदोलन में आर्य समाज के लोग बिखरे पड़े थे, कुछ गांधीजी के साथ थे, तो कुछ नेताजी सुभाषचंद्र बोस के प्रशंसक। लाहौर आर्य समाज के नेताओं महाशय कृष्ण, क्रांतिकारी वीरेंद्र इत्यादि ने नेताजी सुभाष को दस हज़ार रुपए की थैली इसलिए भेंट की थी कि वे विदेश में जाकर सेना तैयार करें। और जब नेताजी सुभाष ने आज़ाद हिन्द फौज की कमान संभाली और 'तुम मुझे ख़ून दो मैं तुम्हें आज़ादी दूँगा' का नारा दिया तो उनकी सेना में आधे सैनिक स्वामी दयानंद की विचारधारा से प्रभावित या आर्य समाजी ही थे। आज़ाद हिन्द फौज की रानी झांसी रेजिमेंट की आधी रानियाँ आर्य समाजी ही थीं। नीरा आर्य, मानवती आर्य जैसी वीरांगनाओं का ऋण भला कैसे चुकाया जा सकता है! मेरी आँखों के सामने ही हिन्दुस्तान की आज़ादी का इतिहास बन रहा था।

कला और साहित्य में यथार्थवाद की शिक्षा मुझे कॉलेज में अंग्रेज़ी साहित्य के अध्ययन से मिली थी। मैंने उसके इतिहास का अध्ययन करते हुए यह बात जानी थी कि यूरोप में यथार्थवाद से पहले के युग की कला में लम्बाई-चौड़ाई तो होती थी, पर गहराई नहीं होती थी, जो कला का तीसरा आयाम है। 'रेनेसान्स' कला में तीसरा आयाम लाया था।

यथार्थवाद की विशेषता है कि वह कला में तीसरा आयाम लाता है।

मैंने अपने स्टेज और फिल्म के अभिनय में यही तीसरा आयाम लाने का प्रयास किया है। कलाकार के लिए यह सबसे मुश्किल रास्ता है और इसी में भजन का असली आनन्द अनुभव किया जा सकता है। कलाकार किसी पात्र का रोल करते हुए उसे कुछ इस तरह सजीव ढंग से दर्शकों के सामने पेश करना चाहता है कि वह पात्र सपाट लगने के बजाय हर कदम पर गहरा और नया बनता हुआ प्रतीत हो।

ऐसा यथार्थवाद पैदा करने के लिए यूरोप में पन्द्रहवीं सदी से विकसित होती आ रही तकनीक को ही सीखने और समझने की ज़रूरत नहीं है, यद्यपि यह भी एक ज़रूरी चीज़ है। इसके साथ यह जानने और समझने की भी ज़रूरत है कि पिछली सदियों में मानव-समाज किस ओर जा रहा था, और अब किस ओर जा रहा है। मनुष्य के सामने सबसे महत्त्वपूर्ण सवाल क्या हैं, और उनका हल कहाँ और कैसे खोजा जा सकता है? समाज में कौन-सी प्रवृत्तियाँ उभर रही हैं और कौन-सी मर रही हैं? व्यक्ति को समझने के लिए समूह को समझना ज़रूरी है।

मैं ज्यों-ज्यों मार्क्सवाद का अध्ययन करता गया, मुझे कुछ-न-कुछ नया मिलता गया।

एक दिन मार्क्स की महान पुस्तक, *दास कैपिटल* (पूँजी) के पहले अध्याय में ही पढ़ा कि 'जीन्स हमसे बाहर की चीज़ होती है। वह अपने गुणों से किसी-न-किसी प्रकार की इन्सानी ज़रूरतों को पूरा करती है। इस बात का कोई फर्क नहीं पड़ता कि वे ज़रूरतें शारीरिक हैं या मानसिक।'

इस बात का मुझपर बहुत गहरा असर पड़ा। मुझे जैसे किसी महत्त्वपूर्ण समस्या का हल मिल गया था। अभिनय-कला भी अन्य दुनियावी कामों की

तरह ही एक काम है। बढ़ई मेज़-कुर्सी बनाकर या इंजीनियर मशीन बनाकर आदमी की कोई-न-कोई शारीरिक आवश्यकता पूरी करता है। इसी प्रकार लेखक नाटक की रचना करके या अभिनेता पात्र का रोल करके आदमी की मानसिक आवश्यकता पूरी करता है। दोनों तरह के काम एक-से ही पवित्र और प्रशंसा के हकदार हैं।

हमारे देश में आमतौर पर यह धारणा बनी हुई है कि कला एक ईश्वरीय देन है। कलाकार बनता नहीं, बल्कि वह जन्मजात होता है। उसे ईश्वर की ओर से प्रेरणा मिलती है। वह अलौकिक व्यक्ति होता है। जैसा कि एक प्राचीन यूनानी दार्शनिक ने कहा है, 'लिखते समय कवि किसी देवीय अवस्था में पहुँच जाता है।'

अब इस धारणा में मेरा विश्वास बिल्कुल ख़त्म हो गया था। मैं समझता हूँ कि यह ठीक ही हुआ था। कला में अध्यात्मवाद को लाने से नुकसान-ही-नुकसान है, फायदा बिल्कुल नहीं है।

हम हर साल कितनी ही अमरीकी फिल्में देखते हैं। उनमें केवल मुख्य पात्र ही नहीं, बल्कि हर छोटे-से-छोटे पात्र को भी इतनी सुन्दरता से पेश किया गया होता है कि कहीं कोई त्रुटि दिखाई नहीं देती। पर हमारी हिन्दुस्तानी फिल्मों में दो-चार मुख्य पात्रों को छोड़कर बाकी किसी पात्र के काम में अच्छे अभिनय का आभास नहीं मिलता। कई बार तो नामी कलाकार भी पैसे के लालच में एक साथ बीस-बीस फिल्मों में काम करते हुए अपनी कला का स्तर बहुत नीचे ले आते हैं।

अगर अभिनय ईश्वरीय देन है तो क्या यह हैरानी की बात नहीं कि पश्चिमी देशों में, जहाँ धर्म का कोई विशेष महत्त्व नहीं है, यह देन हर किसी को इतनी आसानी से मिल जाती है, पर हमारे देश में किसी-किसी को ही नसीब होती है, जहाँ कि दिन-रात धर्म के नाम पर घंटे-घड़ियाल बजते रहते हैं।

अभिनय सिर्फ कला ही नहीं, विज्ञान भी है। वैज्ञानिक ढंग से अध्ययन और अभ्यास करने पर कोई भी व्यक्ति अच्छा अभिनेता बन सकता है।

वैसे यह कहना भी गलत है कि किसी व्यक्ति को जन्म से कुछ मिलता ही नहीं है। हर किसी के संस्कार एक-से नहीं होते। कोई व्यक्ति अच्छा वैज्ञानिक

बनने की प्रतिभा लेकर जन्म लेता है, कोई गणितज्ञ, कोई खिलाड़ी, कोई चित्रकार, संगीतकार, या अभिनेता बनने की प्रतिभा लेकर जन्म लेता है। उसी व्यक्ति का पूरी तरह विकास हो सकता है, जिसकी प्रतिभा को छोटी उम्र से ही फलने-फूलने का वातावरण मिले। पर ऐसे संसाधन हमारे देश में कितने लोगों को मिलते हैं? गरीबी, अज्ञान और कई किस्म के प्रभावों के कारण बहुत-से व्यक्तियों की आकांक्षाएँ बचपन में ही कुचली जाती हैं।

अभिनेता बनने के लिए तीक्ष्ण और ऊँची उड़ान वाली कल्पना का होना ज़रूरी है। कई बच्चों की कल्पना बहुत तीव्र होती है, जिसे सूक्ष्म दृष्टि वाले माता-पिता और शिक्षक झट पहचान जाते हैं। ऐसे बच्चों में, बड़े होने पर, कला का शिखर छूने की योग्यता होती है। अच्छा कलाकार तो हर कोई बन सकता है, पर महान कलाकार कोई-कोई ही बन सकता है।

पर यह बात शुरू में कौन कह सकता है कि अमुक कलाकार महान कलाकार बनेगा या साधारण कलाकार रह जाएगा! बेहतर यही है कि आदमी ख़ुद को असाधारण समझने के बजाय साधारण समझे, और ईश्वरीय प्रेरणा और प्रतिभा पर भरोसा करने के बजाय अपनी लगन और मेहनत पर भरोसा करे।

मैं जब अपने बचपन के दिनों पर नज़र दौड़ाता हूँ तो याद आता है कि मेरी कल्पना बहुत तीव्र थी। आमतौर पर बच्चों के खेल बड़े व्यक्तियों के कामों की नकल होते हैं। पर मैं इस नकल को इतना असली बना देता था कि बड़ी उम्र के व्यक्ति भी मेरे खेलों में शौक से शामिल हो जाया करते थे।

शिक्षा के दौरान में मेरा ज़्यादा झुकाव भाषाओं की ओर था। संस्कृत मुझे अच्छी लगती थी। आठ-दस साल की उम्र में ही मैं *वाल्मीकि रामायण*, *सत्यार्थ प्रकाश*, *ऋग्वेदादिभाष्यभूमिका* इत्यादि पढ़ गया था। एक बार *वाल्मीकि रामायण* की शैली में मैंने श्लोक भी लिखे थे और आर्यसमाज के एक वार्षिकोत्सव में सुनाए थे। स्कूल में सबसे ज़्यादा मज़ा मुझे उस समय आता था, जब शिक्षक छोटे-छोटे सांकेतिक वाक्य लिखकर उनके आधार पर हमें कहानी लिखने के लिए कहते थे। साहित्य की पाठ्य-पुस्तकें मुझे अनायास ही ज़बानी याद हो जाया करती थीं।

मेरी साहित्यिक रुचि को माता-पिता और शिक्षकों की ओर से भी अच्छी प्रेरणा मिलती रही थी। मैंने अंग्रेज़ी साहित्य से एमए किया था और कॉलेज से निकलते ही कहानियाँ और कविताएँ लिखनी शुरू कर दी थीं। मुझे हमेशा ही साहित्यकार बनने का शौक रहा है। जैसा कि मैं पहले कह चुका हूँ, फिल्मी अभिनेता तो मैं संयोगवश ही बन गया हूँ। यदि फिल्मी अभिनेता नहीं होता तो साहित्यकार या फिर आर्य प्रचारक होता।

आज अगर कोई व्यक्ति मेरी प्रारम्भिक फिल्मों को देखे, तो उनमें मेरा काम उसे इतना घटिया लगेगा कि उसके आधार पर उसे यह विश्वास करने में कठिनाई होगी कि मैं कभी अच्छा अभिनेता बन सकूँगा। मेरे कई मित्र, जो मेरे साथ ही फिल्मों में दाखिल हुए थे, बहुत अच्छा अभिनय करते थे। किसी को इस बात में संदेह नहीं था कि वे बहुत जल्द मशहूरी के सातवें आसमान को छू लेंगे। पर दुर्भाग्यवश वे ख़ुद को असाधारण व्यक्ति समझने का शिकार हो गए। अभिनय-कला का वैज्ञानिक ढंग से अध्ययन करने के बजाय वे ईश्वरीय प्रेरणा की प्रतीक्षा करने लगे। वे समझते थे कि जिस पात्र का रोल उन्हें करना है, वह किसी अलौकिक ढंग से ख़ुद उनके अन्दर प्रवेश कर जाएगा। कभी वे शॉट से पहले समाधि लगाकर उसके आगमन की प्रतीक्षा करते, और कभी शराब या किसी नशीली चीज़ का सहारा लेते। सो, वे उन्नति नहीं कर सके। पर मैं अपनी साधारण प्रतिभा के बावजूद उनसे अधिक सफल रहा।

जिन लोगों को मार्क्सवाद का ज्ञान नहीं है, वे उसे केवल एक राजनैतिक सिद्धान्त समझे हुए हैं। यह उनकी बहुत बड़ी भूल है। मार्क्सवाद वास्तव में एक दर्शन है, जो प्राकृतिक और साँसारिक जीवन के हर पक्ष को वैज्ञानिक दृष्टिकोण से देखता है। हर कलाकार को यह जानने की आकांक्षा होती है कि उसकी कला का समाज में क्या महत्त्व है। उस महत्त्व के अनुसार क्या उसे वह स्थान प्राप्त है जो उसे मिलना चाहिए? इस सिलसिले में मार्क्सवाद कई किस्म की गलतियों पर से पर्दा उठाकर सही रास्ता बताता है।

मार्क्सवाद ने भाषा की समस्या को भी वैज्ञानिक ढंग से देखने का मुझे रास्ता दिखाया। स्वामी दयानंद, टैगोर और गांधी जैसे महापुरुषों के विचारों से प्रभावित होकर मैं पहले से ही इस दृष्टिकोण की ओर आ रहा था कि हर

कलाकार और साहित्यकार के लिए उसकी अपनी मातृभाषा और संस्कृति अभिव्यक्ति के लिए सबसे उत्तम साधन होते हैं। मार्क्सवाद के अध्ययन ने मेरा यह विश्वास और भी दृढ़ बना दिया।

ज़ुबैदा की सफलता के बाद *इप्टा* के साथी मेरी हर बात मानने के लिए तैयार थे। मैंने इस बात पर ज़ोर दिया कि विभिन्न भाषाओं की विभिन्न मंडलियाँ बनाई जाएँ। *इप्टा* सैद्धांतिक तौर पर इस बात को पहले से स्वीकार कर चुका था, पर अब उसपर अमल भी किया जाने लगा। देखते-देखते गुजराती, मराठी, अंग्रेज़ी आदि भाषाओं की भी उत्तम श्रेणी की मंडलियाँ तैयार हो गईं। यहाँ तक कि तेलुगू-भाषी कलाकारों की भी एक नाटक-मंडली बन गई। इन नाटक-मंडलियों के अतिरिक्त *इप्टा* की एक अखिल भारतीय नृत्य-मंडली भी थी, जिसकी अपनी अनोखी शान थी। उदयशंकर की मंडली टूटने के बाद उसके लगभग सभी प्रमुख कलाकार इस सेंट्रल स्क्वॉड में शामिल हो चुके थे, जिसकी श्रेष्ठता का सबूत इस बात से मिल सकता है कि उसे रविशंकर, सचिन शंकर, शांति बर्धन, निदास गुप्ता, प्रेम धवन, दीना गांधी, गुल बर्धन, बिनाय राय, अली अकबर खां आदि महान कलाकारों का सहयोग प्राप्त था।

इसी प्रकार, विभिन्न नाटकीय विभागों को भी मामा वरेरकर, चन्द्रवदन मेहता, गुणवन्तराय आचार्य, पृथ्वीराज कपूर, दुर्गा खोटे आदि चोटी के कलाकारों और साहित्यकारों का सहयोग प्राप्त था। ये लोग केवल दूर बैठकर सरपरस्ती नहीं करते थे, बल्कि बाकायदा तौर पर *इप्टा* में आया करते थे। वे *इप्टा* के लिए नाटक लिखते थे, और उनमें रोल अदा करते थे। दुर्गा खोटे ने सबसे पहले *इप्टा* के नाटकों द्वारा ही रंगमंच पर काम करना शुरू किया था।

इप्टा का आंदोलन बम्बई में ही नहीं, पूरे हिन्दुस्तान में तेज़ी से फैल रहा था, और हर प्रान्त के प्रसिद्ध लेखक और कलाकार उसके घेरे में आ रहे थे। विभिन्न प्रान्तों के कलाकार अनोखे प्रेम-सूत्र में एक-दूसरे से जुड़ते जा रहे थे। आज नई पीढ़ी के कलाकारों के लिए यह विश्वास करना बहुत कठिन है कि कभी ऐसा भी होता था।

प्रश्न उठता है कि *इप्टा* की इतनी शीघ्र और ज़बरदस्त लोकप्रियता का कारण क्या था। इतना बड़ा आंदोलन अपने-आप ही खड़ा नहीं हो सकता।

इसका कारण, मैं समझता हूँ, उस समय की कम्युनिस्ट पार्टी की नीतियाँ थीं। उन नीतियों का लोगों के दिलों पर फौरन असर पड़ता था। मुझे याद है कि हम जहाँ भी प्रेम धवन का कोई गीत गाते थे, लोग खड़े होकर सुनने लग जाते थे, और उनके चेहरों पर किसी गंभीर विचार का भाव झलकने लगता था। पार्टी की इन नीतियों में सच्ची राष्ट्रीयता थी, और सही अन्तर्राष्ट्रीयता भी। पार्टी समस्याओं को बड़ी स्पष्टता से लोगों के सामने रखती थी, और उन्हें ब्रिटिश साम्राज्य के ख़िलाफ संगठित होकर लड़ने के लिए प्रेरित करती थी। वह राष्ट्रीय आंदोलन के साथ जुड़ी हुई भी थी और उसकी आलोचना भी करती थी। उसके मेम्बर *इप्टा* में ऐसी कुरबानी से काम करते थे कि हर कोई उन्हें आदर की दृष्टि से देखता था। वे बढ़-चढ़कर मेहनत करते थे, पर जब शोभा लेने का मौका आता तो दूसरों को आगे कर देते थे। और कम्युनिस्ट कर्मचारियों के अनुशासन की तारीफ तो उनके दुश्मनों के मुँह से भी सुनी जा सकती थी।

इसके अलावा, उस समय देश में मार्क्सवादी विचारों का एक सैलाब-सा आया हुआ था। धनवानों को संस्थानों में भी मार्क्सवाद का ज़िक्र करना एक तरह का फैशन बन गया था। शायद इसलिए भी कि कम्युनिस्ट लोग ब्रिटिश साम्राज्य के विरोधी होते हुए भी द्वितीय विश्वयुद्ध को 'लोक-युद्ध' कहते थे। और उस समय धनवानों के लिए वह नारा फायदेमंद था।

जसवन्त ठक्कर से मेरी गहरी दोस्ती थी। मैं धीरे-धीरे पार्टी और अन्य कर्मचारियों से भी परिचित हो गया। सैंडहर्स्ट रोड पर 'राज भवन' नाम की इमारत में पार्टी का केन्द्रीय दफ्तर था। बहुत ही प्यारा और पवित्र वातावरण था वहाँ का। पार्टी की भोजनशाला में खाना खाने का वही आनन्द आता था, जो सिखों को 'गुरु के लंगर' में खाने का आनन्द आता है। राज भवन में ही मेरा परिचय पीसी जोशी से हुआ, और उनके साथ गहरा प्यार हो गया, जो आज तक चला आ रहा है। एक सच्चे क्रांतिकारी की तरह 'पीसी' जीवन को हर पक्ष से प्यार करते थे। वे हर क्षण को जीते थे और हर क्षण अपने ज्ञान और कर्म का दायरा विस्तृत करने में विश्वास रखते थे। उनकी नज़र में कला केवल राजनैतिक नेताओं की शान को चार चाँद लगाने वाली चीज़ नहीं है। वे ख़ुद उसके शैदाई और जिज्ञासु थे। अनेक बार उनकी सलाह और तजवीज़ें

इप्टा के काम में हमारे लिए सहायक सिद्ध हुई थी। हर कोई सलाह लेने के लिए पीसी की ओर दौड़ता था। छोटे-से-छोटे कारकुन के साथ भी पीसी प्यार-भरा सलूक करते और उसके दिल में कोई उमंग भर देते। एक अजीब-सा चुम्बकीय आकर्षण था उनके व्यक्तित्व में। जो भी उनसे एक बार मिला, उन्हें सारी उम्र भूल नहीं पाया। और हैरानी की बात यह थी कि पीसी के दोस्त एक-दो प्रान्तों में नहीं, बल्कि सारे हिन्दुस्तान में फैले हुए थे। तामिल और मालाबारी भी उन्हें उतना ही अपना समझते थे, जितना उनके अपने यूपी के लोग।

पीसी की पत्नी का नाम कल्पना था, जिन्होंने सोलह वर्ष की उम्र में बंगाल के अंग्रेज गवर्नर पर गोली चलाई थी और उम्रकैद की सज़ा पाई थी। पीसी और कल्पना के साथ हमारे परिवार की मित्रता उन्हीं दिनों से चली आ रही है। पीसी के व्यक्तित्व से प्रभावित होकर ही दम्मो और मैं कम्युनिस्ट पार्टी के मेम्बर बन गए थे।

पर यह सोचना गलत होगा कि केवल यथार्थवादी और मार्क्सवादी दृष्टिकोण अपना लेने से ही कलाकार अपनी मंज़िल पर पहुँच जाता है। सबसे पहले किसी कलाकार के लिए अपने दृष्टिकोण के अनुसार संघर्ष करना ज़रूरी है। पुराने संस्कारों को अन्दर से निकालना और नए संस्कारों को अपनाना पड़ता है। यह आसान काम नहीं है। प्रौद्योगिक देशों के लोगों के लिए, चाहे वे पूंजीवादी देश ही क्यों न हों, यथार्थवादी दृष्टिकोण को अपनाना आसान है, क्योंकि विज्ञान और मशीनों का उनके जीवन के हर अंग में प्रवेश हो चुका होता है। पर मेरी पीढ़ी के भारतीय कलाकारों के संस्कार सनातनी और जागीरदारी युग के हैं। उन पर मार्क्सवादी विचारधारा का मुलम्मा उसी प्रकार बेढंगा-सा लगता है, जिस प्रकार कोई कुरूप स्त्री सुन्दर बनने के लिए अपने चेहरे पर ज़रूरत से ज़्यादा पाउडर-सुर्खी लगा ले। इस प्रकार उसकी कुरूपता और भी बढ़ जाती है।

औद्योगिक तौर पर उन्नतिशील देशों में, चाहे वे पूंजीवादी हों, चाहे समाजवादी, आपस में मिलकर और किसी क्रम से काम करने की प्रवृत्ति पाई जाती है। फिर, वहाँ के लोग कट्टरपंथी नहीं होते। दूसरे की बात को गंभीरता से सुनने और उसे अपने जीवन-अनुभव की कसौटी पर परखने का उनमें सामर्थ्य

होता है। वे 'वाद' में व्यक्तित्व को नहीं मिलाते। उनका ध्यान बोलने वाले व्यक्ति की बात की ओर होता है, उसके व्यक्तिगत जीवन की नहीं।

पर हमारे संस्कार कुछ और किस्म के हैं। हम मार्क्सवाद को अपनाकर उसके बारे में भी उतने ही कट्टर हो जाते हैं, जितने कि उससे पहले अध्यात्मवादी विचारधारा या धर्म के बारे में थे। हमारे अन्दर असहनशीलता पहले ही की तरह बनी रहती है। किसी से ज़रा-सा भी मतभेद हुआ नहीं कि वह 'बुर्जुआ', 'प्रतिक्रियावादी', 'चिकनहार्टेड' आदि बहुत कुछ बन जाता है। नेताओं को हम वैसे ही पूजने लग जाते हैं, जैसे पहले पीर-फकीरों को पूजते थे। सच्चाई के बजाय हमें अपना पक्ष ज़्यादा प्यारा हो जाता है। जो अपने पक्ष का है, वह दोस्त बन जाता है, जो नहीं है, वह दुश्मन बन जाता है। मार्क्सवाद हमें अहंकार से छुटकारा पाने की प्रेरणा देता है, पर अमली तौर पर हम दिन-प्रतिदिन अहंकारी बनते जाते हैं।

यही हाल मेरा था। पार्टी का मेम्बर बनते ही मेरे गुणों-अवगुणों में परिवर्तन आना शुरू हो गया। कला को मैंने बिल्कुल राजनैतिक दृष्टिकोण से परखना शुरू कर दिया। *इप्टा* को मैं ऐसे देखने लगा, जैसे पार्टी की ख़ातिर काम करना ही उसका एकमात्र उद्देश्य हो। मैं एक छोटा-सा डिक्टेटर बनने लगा। पार्टी के साथियों की मदद से मैं अपनी हर बात मनवा सकता था। ग़ैर पार्टी मेम्बर मुझे सलाह देते, पर उसे मानना या न मानना मेरी मर्ज़ी पर निर्भर था। *इप्टा* के देशभक्ति से पूर्ण समाजवादी आदर्शों से हर कोई सहमत था, पर उसके मेम्बर यह नहीं चाहते थे कि नाटक-कला केवल मात्र प्रचार का साधन बनकर रह जाए। वे नाटक के कलात्मक और रोचक पक्ष को भी संवारना चाहते थे। पर मैं था कि जो भी व्यक्ति तकनीक की बात उठाता, हाथ धोकर उसके पीछे पड़ जाता था।

फिर भी, वे दिन बहुत सुन्दर और प्रेरणादायक थे। हमें हर समय मज़दूरों की बस्तियों, चालों, गली-मोहल्लों में नाटक खेलने का चाव चढ़ा रहता था। इस प्रकार हमें बम्बई के लोगों के जीवन को बहुत नज़दीक से देखने के बढ़िया मौके मिले, जिनका मुझे आगे चलकर फिल्मों के काम में बहुत लाभ पहुँचा।

एक दिन फणी-दा ने *जस्टिस* फिल्म का एक प्राइवेट शो किया। मैंने अपना वह मुर्गे वाला क्लोज़-अप देखा, तो ऐसा लगा जैसे छत में से कोई बहुत

बड़ा पत्थर मेरे सिर पर आ गिरा हो। मुझे अपना चेहरा एक मुर्दे का चेहरा प्रतीत हुआ। मेकअप के कारण वह और भी भद्दा लगा। मुझे ख़ुद पर झुंझलाहट हुई कि क्या मेरी शक्ल इतनी ही भयानक है?

पर मैंने ज़्यादा चिन्ता नहीं की। फणी-दा ने अपने वादे के अनुसार अपनी फिल्म, *दूर चलो* में मुझे एक मुख्य पात्र का रोल दिया। इतना ही नहीं, उसमें दम्मो को भी ले लिया। फिल्म में भी वह मेरी पत्नी का रोल कर रही थी। कमल कपूर उस फिल्म के हीरो थे और नसीम (जूनियर) हीरोइन थीं। साथी कलाकार थे–आगा, साह, किशोर साह के छोटे भाई, घोष, (अजीब-से स्वभाव का नौजवान, जिसकी मौत भी अजीब ढंग से हुई), केसी डे आदि। केसी डे को निकट से देखने पर मुझे बेहद ख़ुशी हुई। वे दम्मो को बेटी की तरह प्यार करने लगे थे।

इस फिल्म की शूटिंग ज़्यादातर आउट डोर थी। घोड़बंदर रोड पर हम कई दिन साइकल चलाते रहे। शॉट से पहले, मैंने देखा, आगा हमारे साथ साधारण ढंग से बात कर रहे होते; पर कैमरा चालू होते ही उन्हें जैसे कुछ हो जाता। मानो उन पर कोई भूत सवार हो जाता। वे बहुत तेज़-तेज़ और अजीब-अजीब हरकतें करने लग जाते। मुझे लगता, जैसे वे ज़बरदस्ती मुझे अपने साथ खींचे लिए जा रहे हैं। जैसे उन्होंने मुझ पर कोई जादू कर दिया हो। जब भी उनके साथ मेरा शॉट होता, मुझे अपना अंग-अंग शिथिल हो गया प्रतीत होता। पर उनकी हरकतों को मैं मूर्खताभरा दिखावा कहकर टाल देता। मैं सोचता कि वे ओवर एक्टिंग करते हैं, जो हिन्दुस्तानी फिल्मों की बहुत बड़ी ख़राबी है। पर जब शॉट के बाद सभी उनकी हरकतों पर लोट-पोट होने लगते, तो मुझे झुंझलाहट होती। मैं सोचता कि तारीफ तो दरअसल मेरी होनी चाहिए, क्योंकि मैं इतना स्वाभाविक और संयत किस्म का अभिनय कर रहा हूँ। अनाड़ी अभिनेता के यही तो लक्षण होते हैं। वह सब कुछ गलत करता हुआ भी सोचता है कि ठीक कर रहा है। शॉट के समय आगा जैसे अपने पात्र में प्रवेश कर जाते थे। और शॉट ख़त्म होते ही वे उसमें से निकलकर फिर आगा बन जाते थे। इन बातों के बारे में मैं जानता ज़रूर था, पर अभी उनका अभ्यस्त नहीं हुआ था।

मैं जो कुछ कैमरे के आगे करता था, उसे अभिनय का नाम देना अभिनय शब्द से अन्याय करना है।

मैंने देखा है कि पुरुषों की अपेक्षा स्त्रियों में अभिनय की प्रतिभा कहीं अधिक होती है। बाहुबल की कमी स्त्री को चालाकी से काम लेने पर मजबूर करती है। इसीलिए स्त्रियों में बचपन से ही चंचलता और चपलता दिखाई देने लगती है। मर्द में संकोच अधिक होता है। मैं दम्मो को कैमरे के सामने लापरवाही से हँसते, गाते, नाचते हुए देखकर बहुत हैरान होता था। और इसमें कोई शक नहीं कि उसका स्वभाव अभिनय के बहुत अनुकूल था। और फिर एक दिन पृथ्वी थियेटर्स के नाटक, *दीवार* का पर्दा उठा। पहले शो में दम्मो पृथ्वीराज से ज़रा झिझकती हुई काम कर रही थी। मेकअप भी बहुत अच्छा नहीं हुआ था। सुर्खी ज़्यादा मल दी गई थी। शो ख़त्म होने पर मैंने मेकअप रूम में जाकर दम्मो को हौसला दिया और निडर होकर काम करने की प्रेरणा दी। आधे घंटे के बाद दूसरे शो के लिए पर्दा उठा, तो दम्मो बदलकर कुछ और ही बन गई थी। यह कहने में अतिशयोक्ति नहीं है कि बम्बई में उसके नाम का तहलका मच गया था। *दीवार* और दमयन्ती के अभिनय की चर्चा होने लगी। उसके पहले किसी नाटक को इतनी सफलता नहीं मिली थी। टिकटों के लिए इतनी लम्बी लाइनें सिनेमाघरों के आगे भी नहीं देखी गई थीं।

दम्मो स्टार बन चुकी थी। अगले दिन से ही फिल्म-निर्माताओं ने हमारे घर के चक्कर लगाने शुरू कर दिए, जोकि हमारे लिए एक अनोखी और अप्रत्याशित स्थिति थी।

10

लड़ाई के ज़माने में प्रसिद्ध कलाकारों और संस्थानों को भी अंग्रेज़ सरकार फिल्म बनाने के लिए लाइसेंस दे दिया करती थी। लड़ाई की हिमायत करने वालों को तो वह आर्थिक सहायता भी देती थी। पर निर्माता प्रॉपेगेंडा-फिल्में बनाने से डरते थे, क्योंकि जनता उन्हें पसन्द नहीं करती थी। सिर्फ न्यू थियेटर्स की इस

किस्म की एक फिल्म, *माई सिस्टर* सफल हुई थी। वह भी सहगल के अभिनय के कारण।

उदयशंकर और साधना बोस आदि ने भी लाइसेंस लेकर फिल्में बनाई थीं। एक लाइसेंस रफ़ीक अनवर को भी मिला था, जिन्होंने बुद्ध भगवान के जीवन पर एक साधारण-सा नृत्य-नाट्य लंदन में पेश किया था। उन दिनों वे मेरे साथ *बीबीसी* में काम किया करते थे। रफ़ीक के लाइसेंस पर आख़िर चेतन आनन्द को *नीचा नगर* फिल्म बनाने का मौका मिला, पर इस शर्त पर कि हीरो ख़ुद रफ़ीक होंगे। उस हालत में चेतन को मुझे हीरो बनाने का शौक छोड़ना पड़ा, और दम्मो मेरे बिना फिल्म में काम करने के लिए तैयार नहीं हुई। सो, चेतन हीरोइन के रोल के लिए लाहौर से एक नई लड़की लाए, जिसका नाम कामिनी कौशल था। उन्होंने ऐसा कमाल का अभिनय किया कि फिल्म रिलीज़ होने से पहले ही उनकी धूम मच गई।

उस दौर में कृश्न चन्दर ने भी एक फिल्म बनाई–अपने नाटक, *सराय के बाहर* के आधार पर। ख़ुद ही उसका निर्देशन भी किया। प्रसिद्ध प्रगतिशील कवि, हरेन्द्रनाथ चट्टोपाध्याय के एक उपासक ने, *आज़ादी* नामक एक आदर्शवादी फिल्म बनाने के लिए, अपनी सारी पूँजी उनके कदमों में लाकर रख दी।

उपर्युक्त उदाहरण से अच्छा सबूत और क्या हो सकता है कि फिल्मी इतिहास के उस मोड़ पर हमारे बुद्धिजीवी-वर्ग को उच्च स्तर की फिल्में बनाने के लिए सहूलतों की कमी नहीं थी, बल्कि सहूलतें ख़ुद उनके कदमों में आ रही थीं। अगर उनका फायदा उठाने की योग्यता उनमें होती, तो आज हिन्दी फिल्मों का स्तर कुछ और ही होता। पर उस वर्ग ने न फिल्म के माध्यम की विशेष आवश्यकताओं को समझने की कोशिश की, और न ही अपने व्यक्तिगत जीवन को किसी सीमा में रखा। उनकी बनाई हर फिल्म ने जनता की आशाओं पर पानी फेर दिया। सिर्फ यही नहीं, वे लोग अपनी गलत हरकतों के कारण उतने ही बदनाम हुए, जितना कि वे अपनी कहानियों में फिल्मी सेठों को करते थे। आज जब भी मैं अपने बुद्धिजीवी मित्रों को जनता के घटिया स्तर और निर्माताओं की जाहिलाना किस्म की माँगों को दोष देते हुए पाता हूँ, तो मेरा मन

रोष से भर जाता है, क्योंकि मैंने अच्छे-से-अच्छे अवसरों को बर्बाद होते अपनी आँखों से देखा है।

अब्बास और साठे की हिम्मत से *इप्टा* को भी एक फिल्म बनाने का लाइसेंस मिला, जिसके फलस्वरूप *धरती के लाल* बनी, जो मेरे फिल्मी जीवन का पहला महत्त्वपूर्ण अनुभव था।

धरती के लाल की सारी योजना ख़्वाजा अहमद अब्बास ने ख़ुद बनाई थी। वे ही उसके लेखक और निर्देशक थे। *इप्टा* रंगमंच के, तीन विभिन्न प्रान्तों के निर्देशकों को सहयोगी निर्देशक नियुक्त किया गया। बंगाल से शंभु मित्रा, महाराष्ट्र से वसन्त गुप्ते और बम्बई से मैं।

बंगाल के अकाल सम्बन्धी तीन पुस्तकें उन दिनों शाहकार मानी जाती थीं—विजन भट्टाचार्य के दो नाटक, *जबानबंदी* और *नवान्न* और कृश्न चन्दर का काव्यमय उपन्यास, *अन्नदाता*। इन तीनों पुस्तकों को फिल्म का आधार बनाया गया।

पर जब अब्बास ने पटकथा की पहली रूपरेखा तैयार की, तो उसे देखकर बहुत-से साथियों को, ख़ासकर मुझे और शंभु मित्रा को, बहुत निराशा हुई। अब्बास के नाटकों का मैं जितना प्रशंसक रहा हूँ, उनकी फिल्मों का उतना ही कड़ा आलोचक भी हूँ। फिल्म निर्माण की जो परिभाषा अब्बास ने अपने दिमाग में बैठाई है, वह शान्ताराम की तकनीक की तरह बिल्कुल ग़ैर-फिल्मी, फरसूदा और गलत है। अब्बास कथावस्तु के हर अंग को सहज-स्वाभाविक ढंग से उभारने के बजाय चटपटे संवादों, प्रतीकात्मक अलंकारों, और चौंकाने के मोह में पड़कर उसे बनावटी बना देते हैं। उनका आशय बहुत अच्छा और प्रगतिशील होता है, पर नतीजा बोरियत पैदा करने के सिवा और कुछ नहीं। दर्शक उनकी फिल्मों में अपने आपको खो नहीं पाता। वह ऐसे महसूस करता है, जैसे अब्बास उसकी गर्दन पकड़कर उसका मनोरंजन करवा रहे हैं। किसी-न-किसी हद तक हिन्दी फिल्मों के सभी निर्माता इस रोग के शिकार हैं। वे उस अनाड़ी किस्म की माँ की तरह हैं, जो रो रहे बच्चे को खिलौने देकर ही चुप कराना जानती है। मिर्च-मसाला लगाए बिना, केवल कहानी द्वारा जनता को पकड़कर रखने की ख़ूबी इन्होंने सीखी नहीं है। हॉलीवुड के फिल्मकारों की ख़ूबी यह है कि वे झूठ

को भी सच बनाकर पेश करते हैं। पर हमारे फिल्मकारों के हाथों में सच भी झूठ लगने लगता है। तकनीक का दिल भरकर दिखावा किए बिना उन्हें संतोष नहीं होता।

अब्बास ने जो पटकथा लिखी थी, उसमें पर्ल बक की *गुड अर्थ*, स्टाइनबेक की *ग्रेप्स ऑफ रॉथ* आदि फिल्मों और पता नहीं कहाँ-कहाँ का मसाला लेकर घुसेड़ दिया था, जैसे उन्हें विजन भट्टाचार्य और कृश्न चन्दर की रचनाओं पर पूरा भरोसा न हो। अजीब-सी खिचड़ी पकाई गई थी उस पटकथा में।

शंभु मित्रा और मैं यथार्थवादी तकनीक का अधिक ज्ञान रखते थे। बने-बनाए रास्तों पर चलने से हमें चिढ़ थी। पर एक बात हम भी भूले हुए थे। वह यह कि बंगाल का अकाल कोई मनोरंजक घटना नहीं थी। और फिल्म में मनोरंजन जनता की पहली माँग होती है। अब्बास यथार्थ के रास्ते पर कदम उठाने से डर रहे थे। पर हम थे कि एक की जगह दस कदम एक साथ उठाना चाहते थे। उस समय ज़रूरत थी एक-दूसरे के दृष्टिकोण को धीरज से समझने की, एक साझा दृष्टिकोण उभारने की, जो सबको पसंद हो। पर ऐसा धीरज उम्र के अनुभव से आता है। हम पढ़े-लिखे बेशक थे, पर अनुभव की हममें कमी थी। बहस करते हुए हम आपस में लड़ने लगते, दूसरे का दिल जीतने के बजाय अपनी जीत चाहते।

अब्बास का दावा था कि वे फिल्म-कला को हमसे ज़्यादा अच्छी तरह समझते थे। हमें इस बात का अभिमान था कि हम जनता के कलाकार थे, इंकलाबी थे, और अपने उसूलों से बेइंसाफ़ी होती हुई नहीं देख सकते थे। कम्युनिस्ट पार्टी हमारे पीछे थी, जिसके सहयोग के बिना फिल्म का बनना सम्भव नहीं था। फिर हम क्यों न उछल-उछलकर अब्बास की नाक में नकेल डालते!

धरती के लाल फिल्म का निर्माण *इप्टा* की योजना थी, और *इप्टा* में बंगाली कलाकारों का पक्ष सबसे भारी और मजबूत था। अकाल पीड़ितों के बारे में उनसे ज़्यादा अच्छी और कौन जानकारी दे सकता था? पर मुश्किल यह थी कि उनमें से किसी को भी हिन्दी अच्छी तरह नहीं आती थी। वे अपनी बात न समझा पाते थे। बहसें और रिहर्सलें भी इतनी लम्बी हो जातीं कि कई बार शूटिंग के दौरान में कैमरामैन और अन्य कर्मचारी प्रतीक्षा में हाथ-पर-हाथ धरे

बैठे रहते। कभी अब्बास झल्लाई हुई हालत में स्टूडियो से बाहर निकल जाते, और हम उन्हें मनाने के लिए उनके पीछे जाते। कभी हम नाराज़ हो जाते, और अब्बास को मिन्नतें करके हमें मनाना पड़ता। शूटिंग के दौरान में ऐसे तमाशे आर्थिक दृष्टिकोण से बहुत महँगे पड़ते हैं। पर इस बात की मेरे जैसे सहयोगी निर्देशकों को न जानकारी थी, न परवाह। पर इसके बावजूद अगर कश्ती मझदार ही में नहीं डूब गई तो इसका एकमात्र कारण था, *इप्टा* और कम्युनिस्ट पार्टी का अदृश्य अनुशासन, जो हर मेम्बर को सीमा में रखता था। आज जहाँ एक तरफ मैं अब्बास की फिल्मी गुमराहियों की और भी सख़्त आलोचना करना चाहता हूँ, वहाँ उनकी अद्वितीय सहनशीलता और दोस्ती निभाने की योग्यता की भी दाद दिए बिना नहीं रह सकता। बम्बई में, कलाकारों की पंक्ति में खड़े होने की जगह मुझे अब्बास ने ही दिलाई थी। और बदले में मैं उनकी दाढ़ी उखाड़ने लग गया था। पर अब्बास के मुँह से कभी हाय नहीं निकली।

हमारी शूटिंग श्री साउंड स्टूडियो में होती थी। उसके संचालक, रजनीकांत पांडे बहुत बढ़िया कैमरामैन थे और उनके छोटे भाई, चन्द्रकांत पांडे साउंड रिकार्डिंग में अद्वितीय माने जाते थे। जिस फिल्म के गानों की रिकार्डिंग चन्द्रकांत पांडे के हाथों, और शूटिंग साउंड स्टूडियो में न हुई हो, वह फिल्म डिस्ट्रीब्यूटरों की नज़रों में परवान नहीं चढ़ती थी। कहानीकारों, संगीतकारों, फिल्म-स्टारों, निर्माताओं और निर्देशकों का दिन-रात वहाँ जमघट लगा रहता था। इतने बड़े स्टूडियो का *इप्टा* जैसी एक गरीब संस्था को अपने यहाँ शूटिंग करने देना अब्बास के ही रसूख का करिश्मा था। हमें हमेशा यह डर लगा रहता था कि हमारी नित्यप्रति की बहसों, झगड़ों और अनाड़ीपन से तंग आकर स्टूडियो वाले कहीं वहाँ से हमारा बिस्तरा ही गोल न कर दें।

पर धीरे-धीरे पता चला कि हम उनकी नज़रों में नीचे नहीं, बल्कि ऊँचे उठ रहे थे, क्योंकि हमारे झगड़े व्यक्तिगत नहीं होते थे। उन बहसों और झगड़ों द्वारा हम सभी फिल्म को ज़्यादा-से-ज़्यादा अच्छा बनाने की कोशिश कर रहे थे। चाहे कितने भी झगड़े हों, अन्त में हम फिर एक होकर काम में लग जाते थे। बंगाल से आए हुए व्यक्ति अब्बास के दो कमरों के फ्लैट में रह रहे थे। कई बार हम भी वहाँ जाकर शरण लेते। ख़ासकर जब दिन के समय दूर चलें और रात

के समय *धरती के लाल* की शूटिंग होती। उन दिनों रात की शूटिंग का बोलबाला था। किसी कलाकार का दिन-रात शूटिंग करना उसकी बड़ाई की निशानी थी। एक बार हम भी लगातार चार दिन और चार रातें सो नहीं सके थे। अब्बास का परिवार मेहमानों की भीड़-भाड़ में किस परेशानी में समय काट रहा था, उसका अनुमान लगाना मुश्किल नहीं है।

फिल्म जब आधी से ज़्यादा बन गई तो स्टूडियो के छोटे-से प्रोजैक्शन-थियेटर में उसके 'रश-प्रिंट' दिखाए गए। प्रसिद्ध फिल्म निर्देशक, महेश कौल भी वहाँ चुपचाप आकर बैठ गए थे। जब बाहर निकले, तो उनके चेहरे पर एक अनोखा भाव था। कहने लगे, 'फिल्मों में से मेरा विश्वास उठता जा रहा था। पर आप नौजवानों ने उसे फिर से कायम कर दिया है।' राजकपूर भी उस समय उनके पास खड़े थे। तब वे भी फिल्म कलाकार के रूप में उभरे नहीं थे। केदार शर्मा के साथ सहायक के रूप में काम कर रहे थे। उन्होंने भी फिल्म की भरपूर प्रशंसा की।

शायद *धरती के लाल* से प्रभावित होकर ही महेश कौल ने ख़ुद एक यथार्थवादी फिल्म बनानी शुरू की। उसका नाम था, *काशीनाथ*। *धरती के लाल* की हीरोइन, तृप्ति भादुड़ी (अब तृप्ति मित्रा) को उन्होंने उस फिल्म में हीरोइन बनाया, और राजकपूर को हीरो। *काशीनाथ* भी अविस्मरणीय फिल्म बनी थी।

हममें से कोई भी इस हैसियत का मालिक नहीं था कि कार में बैठकर स्टूडियो जाता। फिर भी रजनीकांत पांडे से लेकर स्टूडियो के छोटे-से-छोटे कर्मचारी तक हमारा बहुत आदर करते थे। अपना काम छोड़कर भी हमारी फरमाइशें पूरी करते थे। उनकी नज़र में हम देश-सेवा का काम कर रहे थे, और इसलिए महान थे। व्यक्तिवाद के कीटाणुओं से भरे हुए फिल्मी वातावरण में हमारे समूहवाद ने स्वस्थ-सी सुन्दरता पैदा कर दी थी। बहुत-सी छोटी-छोटी घटनाओं से इसका सबूत मिलता है, जो मुझे कभी नहीं भूलेंगी।

उदाहरण के लिए एक रात हम कहानी के मुख्य पात्र, प्रधान मंडल के कलकत्ते की सड़कों पर भूख से सिसक-सिसककर प्राण देने की शूटिंग कर रहे थे। दृश्य इस प्रकार था: बूढ़े किसान का शरीर बुखार से तप रहा है। उसकी बूढ़ी पत्नी (ऊषा सेनगुप्ता), बड़ा लड़का (मैं), छोटा लड़का (अनवर), बड़ी पुत्र-वधू

(दमयन्ती साहनी), छोटी पुत्र-वधू (तृप्ति भादुड़ी) और गाँव के कुछ और बदनसीब लोग उसके इर्द-गिर्द बैठे हुए हैं। बेहोशी की हालत में बूढ़े किसान को अपनी फसलें याद आती हैं–धान की झूमती हुई फसलें। वह अपने बेटों को दरांतियाँ लेकर जाने के लिए कहता है। 'काटो, ज़ोर से काटो!' वह हँसता हुआ कह रहा है, जैसे मेड़ पर खड़ा कटाई का नज़ारा देख रहा हो। 'कितना धान! कितना ढेर-सा धान!' और वह मर जाता है।

फुटपाथ और सड़क का सैट स्टूडियो के अन्दर ही लगा हुआ था। पहले कैमरा दूर रखकर, 'लाँग-शॉट' में पूरे दृश्य की शूटिंग की गई। इसके लिए 'लाइटिंग' ठीक करने में तीन-चार घंटे लगे। पर शूटिंग करते समय सहायक निर्देशकों या कैमरा-विभाग की लापरवाही के कारण फुटपाथ पर लगे हुए बिजली के खंभों की रोशनियाँ जलाई न गईं। इस गलती का अहसास तब हुआ, जब 'क्लोज़-अप' के लिए कैमरा बूढ़े किसान के निकट लाया गया। अब क्या किया जाए? तब तक स्टूडियो की सभी बत्तियाँ बुझाई जा चुकी थीं। अंधेरी रात में, बूढ़े किसान के चेहरे पर रोशनी डालने का बहाना एकमात्र वह बिजली के खंभे की रोशनी ही थी, जोकि लाँग-शॉट में जलाई नहीं गई थी।

सब एक-दूसरे का मुँह देखने और एक-दूसरे को दोष देने लगे। पहला शॉट अगर दोबारा लिया जाता, तो लाइटिंग ठीक करने में फिर तीन-चार घंटे लग जाते और पूरी शिफ्ट बर्बाद हो जाती।

तभी लाइटिंग-विभाग के एक मज़दूर ने सुझाव पेश किया कि शुरू में किसान के क्लोज़-अप को अंधेरा रखा जाए, फिर जब कि वह बोल रहा हो, उसके चेहरे पर, दूर से आ रही किसी मोटर की बत्ती की रोशनी डाली जाए, और ज्यों-ज्यों वह बेहोशी के आवेश में आता जाए, रोशनी बढ़ती जाए। आख़िर, उसके मरते ही, शॉट कट करके किसी और कोण से दिखाया जाए कि इधर किसान का परिवार रोता-बिलखता हुआ उसकी लाश पर गिर पड़ता है, और उधर एक चमकती हुई मोटर, जैसे उनकी मुसीबत पर हँसती हुई, बिल्कुल पास से गुज़र जाती है।

यह सुझाव सुनकर हम आश्चर्यचकित रह गए। अब्बास, शंभु, गुप्ते, मैं, कैमरामैन कपाड़िया सब के चेहरे खिल उठे। बुद्धिजीवियों की गलती से पैदा हुई अड़चन को एक अनपढ़ मज़दूर ने कला में बदल दिया था।

धरती के लाल का संगीत रवि शंकर ने दिया था। उपर्युक्त दृश्य के पीछे उन्होंने केवल एक बांसुरी की आवाज़ भरी, जैसे मरने के बाद किसान की आत्मा सचमुच अपने खेत की ओर उड़कर चली गई हो। इस प्रकार, फिल्म का यह एक अत्यन्त मार्मिक दृश्य बन गया था।

और यह दृश्य एक साधारण मज़दूर की देन थी–उस वर्ग के व्यक्ति की, जो शूटिंग के समय किसी सफेदपोश से बात करने का साहस भी नहीं कर सकता, सलाह-मशवरा देना तो दूर की बात है।

हम भी मुँह में ज़बान रखते हैं,
काश, पूछो कि मुद्दआ क्या है।

हमारे यूनिट में झूठी शान और पैसे के अहंकार का प्रभाव देखकर ही उस मज़दूर को मुँह खोलने का साहस हुआ था। सच तो यह है कि समझ-बूझ रखने वाले मज़दूर हमारी फिल्म को अपना ही समझने लगे थे। कम्युनिस्ट पार्टी, ट्रेड यूनियनों, और किसान नेताओं के कहने पर सैकड़ों किसान-मज़दूर स्त्रियाँ, मर्द और बच्चे छोटे-छोटे रोल करने के लिए, बिना पैसे लिए ही, 'इनडोर' और 'आउटडोर' शूटिंग में शामिल हुआ करते थे। भूखे, पीड़ित लोगों के गाँव छोड़कर शहर जाने वाले दृश्य में हज़ारों किसानों ने भाग लिया था। सुबह चार बजे से *इप्टा* की बंगाली लड़कियों ने गाँव की मराठी बहनों को बंगाली ढंग से धोती पहनना सिखाना शुरू कर दिया था। चार दिन तक कापड़ने गाँव के किसानों ने हमें न केवल खेतों में ऊधम मचाने की आज़ादी दे रखी, बल्कि मेहमानों की तरह हमें खिलाया-पिलाया भी।

पर अफसोस, *इप्टा* के सदस्यों ने जो आशाएँ इस फिल्म पर लगाई हुई थीं, वे *इप्टा* के नेताओं के आपसी झगड़ों और नाअनुभवकारी के कारण माटी में मिल गई। हमारे आपसी भेदभाव अदंर-ही-अदंर बढ़ रहे थे। अवसरवादियों ने अपने स्वार्थों की ख़ातिर हमारे इर्द-गिर्द टोलियाँ बाँधनी शुरू कर दी थीं। छोटे-मोटे

फिल्मी कामों में भी रोज़ का हज़ारों रुपए का लेन-देन होता है। यह बात भी कमज़ोर चरित्र वाले कॉमरेडों की गिरावट का कारण बनी। जो काम इतने चाव से शुरू किया गया था, वह अंत में सबके लिए सिर-दर्द बनकर रह गया। अब्बास जल्दी-जल्दी एडिटिंग ख़त्म करके लाहौर चले गए, जहाँ उन्हें एक और फिल्म का कॉन्ट्रैक्ट मिल गया था। उनके जाने के बाद *धरती के लाल* फिल्म लावारिस बनी डिब्बों में पड़ी रही। कोई नहीं जानता था कि आगे क्या करना है।

आख़िर जिस दिन फिल्म रिलीज़ हुई, उसी दिन शहर में साम्प्रदायिक फसाद शुरू हो गए। कर्फ़्यू लग गया। फिल्म बनाना भी, फसल पैदा करने की तरह, किस्मत के साथ जुआ खेलने वाली बात होती है। किसी भी पड़ाव पर, और किसी भी कारण से तीन काने हो जाते हैं। फसाद तो ज़्यादा देर तक न रहे, पर लोगों के दिलों में डर बना रहा, और सिनेमा हॉल खाली रहे। उन दिनों जो फिल्में रिलीज़ हुई थीं, सब फेल हो गईं।

पर व्यापारिक असफलता के बावजूद, *धरती के लाल* कलात्मक दृष्टि से बढ़िया फिल्म थी। जिसने भी उसे देखा, प्रशंसा किए बिना न रह सका। अपने देश से कहीं ज़्यादा उसकी प्रशंसा विदेशों में हुई। इंग्लैंड की प्रसिद्ध ग्रंथमाला, *पेंग्विन* ने अपने एक अंक में उसे फिल्म-इतिहास में एक महत्त्वपूर्ण फिल्म कहा। पूरे सोवियत यूनियन में यह फिल्म दिखाई गई, और कई देशों ने अपनी फिल्म-लाइब्रेरियों में उसे स्थान दिया। बेशक, *धरती के लाल* में ख़ामियों की भरमार थी, पर कई ख़ूबियाँ भी ऐसी थीं, जो अन्य फिल्मों में बहुत कम देखने में आई थीं। जिस बड़े पैमाने पर किसान-मज़दूरों ने उसमें मुफ्त में भाग लिया था, वह किसी अमीर-से-अमीर निर्माता की भी शक्ति से बाहर की बात थी। फिल्म के एक-एक दृश्य में सच्चाई, दयानतदारी और मानवीय भावनाएँ झलकती थीं। एक निर्माता ने फिल्म देखकर मुझसे कहा था, 'आप लोगों ने तो यथार्थवाद में हस्तियों को भी मात कर दिया है।'

बिमल राय ने *दो बीघा ज़मीन* और सत्यजित राय ने *पाथेर पांचाली* में वही रास्ता अपनाया, जिसके काँटे *धरती के लाल* ने साफ किए थे। पर अफसोस, ख़ुद अब्बास ने वह रास्ता छोड़ दिया। उसके बाद अब्बास ने कितनी ही फिल्में बनाईं, पर उनमें शायद ही कोई *धरती के लाल* का मुकाबला कर सकती है।

और उतनी इज़्ज़त भी अब्बास को किसी और फिल्म द्वारा नहीं मिली, जितनी इस पहली फिल्म द्वारा मिली थी।

जिस हद तक हम मिलकर चले, *धरती के लाल* एक सफल प्रयोग रहा। अगर हमारे अंदर धीरज होता, नम्रता होती, एक-दूसरे के प्रति सम्मान होता, सच्चे सहयोग का ज्ञान होता, तो *धरती के लाल* न केवल एक शाहकार फिल्म बनती, बल्कि हम एक ऐसी संस्था भी कायम कर सकते, जो भविष्य में देश-कल्याण की फिल्में बनाती रहती। पर यह बात हमारी किस्मत में नहीं लिखी हुई थी।

11

धरती के लाल समाप्त होने तक हमारे पारिवारिक जीवन का नक्शा बिल्कुल बदल चुका था। कभी वे दिन थे कि हम दस-दस के नोटों को आँखें फाड़-फाड़कर देखा करते थे, और अब सौ-सौ के नोटों के बंडलों की मोटाई देखकर ही उनकी ओर से नज़र फिरा लेते थे। ज़्यादा कमाई दम्मो की थी, पर उसे न पैसे जमा करने का शौक था, न अपने सुख-आराम का ख़्याल। बेगम आरा, नूरजहाँ, बेबी नसीम उसकी उम्र की अभिनेत्रियाँ थीं, और उनके साथ उसकी अच्छी दोस्ती भी थी। वे सब बड़ी-बड़ी मोटरों में घूमतीं, पर दम्मो के लिए बस और रेलगाड़ी की सवारी ही काफी थी। खद्दर का सफेद सूट उसका लिबास था। घर के गुज़ारे लायक पैसे रखकर बाकी सारे पैसे वह देश-सेवा की भेंट चढ़ा देती।

उन दिनों देशसेवा का जोश भी तो बहुत था। चारों ओर तूफान-सा आया हुआ था। कम्युनिस्ट पार्टी की ओर से अधिकारिक बयान देकर नेताजी सुभाष को 'नाज़ियों का कुत्ता' कहा गया था, जिसकी आर्य समाज, ब्रह्म समाज समेत देश के अनेक धार्मिक एवं राजनैतिक संगठनों ने आलोचना की थी। देशभर में इसकी तीव्र प्रतिक्रिया हुई। वह रात मुझे नहीं भूलती, जब नेताजी के समर्थकों ने गुस्से में आकर हज़ारों की संख्या में कम्युनिस्ट पार्टी के केन्द्रीय दफ्तर पर हमला कर दिया था। इमारत के अंदर केवल सत्तर व्यक्ति थे, जिनमें काफी

संख्या स्त्रियों और बच्चों की थी। बहुत भयानक घटना थी वह। इमारत की सीढ़ियाँ कामरेडों के ख़ून से रंग गई थीं। मेरी अपनी पतलून और बुश-शर्ट ख़ून से तर-ब-तर थी, और मैं पागलों की-सी हालत में कह रहा था, 'घबराओ नहीं, कामरेड, यह मेरा ख़ून नहीं है!' काफी देर तक मुझे सचमुच यही यकीन रहा था कि वह ख़ून अन्य साथियों का था, जिन्हें कि मैं सहारा देकर ऊपरी मंज़िल पर ले जा रहा था। बाद में पता लगा कि उस ख़ून में कुछ हिस्सा मेरे अपने ख़ून का भी था। एक पत्थर मेरे सिर में पर लगा था, जिसका छोटा-सा ज़ख्म किसी कीमती सौग़ात की तरह आज भी मेरे सिर के ऐन बीच मौजद है।

फिर, याद आती है जहाज़ियों की बगावत। वह भी एक समय था। सारा बम्बई शहर क्या पौराणिक, क्या आर्यसमाजी और क्या पारसी, सारा जनसमुदाय एक होकर गोरों पर टूट पड़ा था। बहादुरी-भरे कारनामों की ज़्यादा ख़बरें आर्यसमाजी इलाकों में से आ रही थीं। हरेक घर पर चरखें वाले तिरंगे, ओम् पताकाएँ, और कम्युनिस्ट पार्टी के झंडे लहरा रहे थे, जैसे कि वे बागी जहाज़ों पर लहरा रहे थे। ट्रकों पर सवार गोरे, बिना किसी सूचना के, दहशत फैलाने के लिए राह चलते लोगों पर शरीर के अंदर जाकर फटने वाली डमडम की गोलियाँ चलाकर आगे बढ़ जाते थे। पर लोगों के उत्साह का क्या कहना! इधर गोली चलती, उधर सड़कों पर फिर से लोग दिखाई देने लगते, जैसे कुछ हुआ ही न हो। मेरे साथ चल रहा आन्ध्र प्रदेश का एक कामरेड उछल-उछलकर अंग्रेज़ी में सिर्फ एक ही बात दोहराए जा रहा था, 'भारत की जनता सड़कों पर है कामरेड़, यही क्रांति है।' तभी अचानक लोग बिजली की तेज़ी से भागने लगे। मेरा साथी और मैं एक दुकान के नीचे घुस गए थे। बम्बई के लोग भी अजीब हैं। बारिश के मौसम में, बूंदें पड़ने से कुछ क्षण पहले, वे इसी तरह भागकर सिर छिपाया करते हैं। शायद उसी अभ्यास की बदौलत उन्हें पता लग गया था कि गोली चलने वाली है। हमारे छिपने की देर थी कि तड़-तड़ गोली चलने लगी। फिर दूसरे ही क्षण रुक भी गई। बम्बई की बारिश भी ऐसे ही रुक जाया करती है। दो दुकानें आगे, एक दुकान के नीचे, हमारी तरह ही, कॉलेज की एक लड़की ने शरण ली थी। पर पता नहीं, एक साथ कितनी गोलियाँ उसे बेध गई थीं। वहीं उसने जान दे दी। हम उसकी लाश को उठाकर गिरनी कामगार

यूनियन के दफ्तर में ले गए। वहाँ रेलवे मजदूरों के नेताओं की गर्मागर्म बहस हो रही थी कि रेल की पटरियाँ उखाड़ डाली जाएँ या नहीं।

चाहे सही चाहे गलत, मैं बार-बार यही सोचता हूँ कि अगर उस समय कम्युनिस्ट नेताओं ने जनता का साथ न छोड़ा होता, अंग्रेज़ों से समझौता करने के बजाय बगावत की रहनुमाई की होती, तो अंग्रेज़ों का तम्बू उसी मोड़ पर उखड़ जाता। उन दिनों लोगों का इन्कलाबी जज़्बा अपनी चरम सीमा को पहुँचा हुआ था। जहाज़ियों की हिमायत में हवाई सेना के हिन्दुस्तानी दस्तों ने भी हड़ताल कर दी थी। बम्बई की पुलिस भी बिगड़ बैठी थी। नेताजी की आज़ाद हिन्द फौज के पदचिह्नों पर चलकर सरकारी फौज द्वारा बगावती झंडा उठा लेना भी हैरानी की बात नहीं थी। तब न देश का बँटवारा होता, न ही पुरानी रिश्वतखोर नौकरशाही का ढाँचा सलामत रहता, जिसने कि आज जनता की नाक में दम कर रखा है। पर कम्युनिस्ट नेताओं ने जनता का साथ छोड़ दिया, और अंग्रेज़ों के साथ समझौता कर लिया। इस बात के लिए गांधीजी को दोष देना उचित नहीं है, क्योंकि वे तो हमेशा से अहिंसा को अपना परम धर्म और जीवन-सिद्धांत मानते आए थे, जिसे कि वे किसी भी हालत में त्याग नहीं सकते थे। अहिंसा के सिद्धांत पर चलते हुए ही महाशय राजपाल एवं स्वामी श्रद्धानंद के हत्यारों को भी गांधीजी अपना भाई मानते थे, लेकिन वे यह भूल गए थे कि *अहिंसा परमो धर्मः धर्म हिंसा तथैव* च। यह पूरा श्लोक है। गांधीजी ने जहाँ आधे श्लोक का अनुसरण किया, वहीं नेताजी सुभाष ने पूरे श्लोक का अनुसरण करते हुए लातों के भूत बातों से नहीं मानते की कहावत सार्थक की, इस पर भी कम्युनिस्ट पार्टी के शीर्ष नेताओं ने नेताजी सुभाष को कितना बुरा कहा, सारी दुनिया जानती है।

गांधीजी एक बार नहीं, कई बार कांग्रेस को कह चुके थे कि उन्हें राजनैतिक मार्गदर्शन के काम से छुटकारा दे दिया जाए। पर नेहरू और अन्य कांग्रेसी नेताओं को गांधीजी के कंधों पर चढ़ने की आदत जो पड़ चुकी थी। वे अपने तौर पर कोई फैसला करना जानते ही नहीं थे। कहीं उस समय दूरदर्शी नेहरू ही देख लेते कि इंकलाब की बाढ़ को रोकने से कितने भयानक नतीजे निकलेंगे, जैसा कि बाद में उन्होंने कबूल किया था। वे निर्भीक व्यक्ति थे शायद मैदान में

कूद ही पड़ते। पर उस समय तो उनकी इंकलाबी चेतना ने भी आँखें मूंद ली थीं। आज नेताजी का ख़्याल आता है। काश वे जीवित होते! इसी अवसर की आशा में तो वे अपनी आत्मा तक को गिरवी रखकर जर्मन और जापानी फासिस्टों के साथ जाकर मिल गए थे। वे उस समय यहाँ होते, तो चुप न बैठते।

पर निश्चित रूप से कुछ भी कहा नहीं जा सकता। हमारे देश का सारा राजनैतिक नेतृत्व पूंजीपति-वर्ग की पैदावार रहा है। और इंकलाब को उसकी मंज़िल तक पहुँचाने की लालसा केवल मज़दूर वर्ग में होती है।

उस समय मज़दूरों-किसानों की सबसे महत्त्वपूर्ण संस्था कम्युनिस्ट पार्टी थी। पर वह भी कांग्रेस और लीग के पीछे-पीछे चलने लगी थी, हालाँकि वह ऐसा बढ़िया मौका था कि वह आगे बढ़कर उन दोनों पार्टियों से नेतृत्व छीन सकती थी। यह भी हो सकता है कि यह जुए की बाज़ी वाली बात होती। कम्युनिस्ट पार्टी की शक्ति सारे देश में एक-सी नहीं थी। भगत सिंह जैसे नायकों को नास्तिक एवं कम्युनिस्ट सिद्ध करने की नीति, जंग की हिमायत और नेताजी सुभाष का विरोध करने के कारण उस पर पहले ही देशद्रोही होने का इलज़ाम लग चुका था। हो सकता है कि जनता उसके पीछे चलने के बजाय उसके उलट हो जाती। वैसे, यह भी कहा जा सकता है कि अंग्रेज़ों से लोहा लेकर पार्टी देशद्रोही होने के इलज़ाम से हमेशा के लिए छुटकारा पा जाती। ईश्वर ही जाने, क्या होता। अब इतिहास ही इन बातों का निर्णय करेगा।

सरदार वल्लभ भाई पटेल और कायदे आज़म मुहम्मद अली जिन्नाह, दोनों मिलकर बागी जहाज़ियों के हाथों से हथियार छुड़वाने के लिए आगे आए। कठिन समय में काम आने के उपकार के बदले में आख़िर अंग्रेज़ सरकार ने उन्हें आपस में ही लड़ा दिया। जो इंकलाबी बाढ़ अंग्रेज़-साम्राज्य को बहा देना चाहती थी, वह अब अपने ही देशवासियों के पाँव उखाड़ने लगी। जिस बंदर को किसी समय भागने के लिए रास्ता दिखाई नहीं देता था, वही आपस में लड़ रही बिल्लियों का इंसाफ करने के लिए बैठ गया। देखते-देखते इंकलाबी लड़ाई साम्प्रदायिक फसादों में बदल गई।

जब बड़े-बड़े राजनैतिक नेता, यहाँ तक कि ख़ुद गांधीजी भी, उलझन में पड़े हुए थे, तो भला हम कल के लड़के किस खेत की मूली थे? हमें क्या पता

कि क्या हो रहा था और क्यों हो रहा था? जो भी हो रहा था, हम जवानी के जोश में उसमें कूद पड़ने के लिए बेकरार थे। तूफानों में घिरी हुई जीवन-कश्ती टूट भी सकती थी, डूब भी सकती थी–इस बात का हमें न पता था, न चिंता थी।

एक फिल्म-स्टार का जीवन भी अपनी जगह किसी छोटे-बड़े तूफान से कम नहीं होता। हमारा घर उन दिनों एक तरफ कॉमरेडों का कैम्प, और दूसरी तरफ फिल्मी अभिनेताओं, निर्माताओं, पत्रकारों फोटोग्राफरों और उनके इर्द-गिर्द घूमने वाले व्यक्तियों का आकर्षण-केन्द्र बना हुआ था। वहाँ ऐसा कोहराम मचा रहता कि पड़ोसी भी तंग आए हुए थे और मेरे छोटे-छोटे बच्चों पर बुरा असर पड़ रहा था। पर कोई अक्लमंद आदमी हमें रास्ता दिखाने वाला नहीं था। कोई हमें ख़तरों के प्रति सचेत करने वाला नहीं था। (अगर होता भी तो हम उसकी बात मानने वाले नहीं थे।) बम्बई शहर में प्रत्येक व्यक्ति अपनी दुनिया में खोया रहता है। पड़ोसी अपने पड़ोसो से परिचित नहीं होता। सभी बड़े शहरों में यही हालत होती है। यह बात हम अपने लंदन के अनुभव से जान गए थे। पर लंदन और बम्बई में बहुत फर्क था। लंदन में हमें हर प्रकार की गहरी सहूलतें प्राप्त थीं, और उनमें किसी किस्म की अड़चन नहीं पड़ती थी। यातायात के अच्छे-से-अच्छे साधन, बढ़िया ख़ुराक, साफ-सुथरा रहन-सहन, नम्रतापूर्ण व्यवहार, चप्पे-चप्पे पर अस्पताल, दिन-रात काम करने के लिए तैयार नागरिक-सेवा विभाग, शरीफ पुलिस, सड़कों पर जगह-जगह पब्लिक टेलीफोन, हर प्रकार का सुख था वहाँ। उसके उलट बम्बई में बड़े शहर की विषमताएँ तो सभी थीं, पर सहूलतें न होने के बराबर थीं। छोटी-सी दुर्घटना आँख फड़कते ही भयानक दुःखांत का रूप धारण कर जाती है। यही हमारे साथ भी होना लिखा हुआ था।

अमीर घरों के लोग भी हमारे साथ दोस्ती करने से लिए बेचैन रहते थे। फिल्म स्टार के साथ उठने-बैठने से उनकी इज़्ज़त बढ़ती थी। जब हम उनकी घटिया पार्टियों से उकताकर पीछा छुड़ाते, तो वे *इप्टा* या कम्युनिस्ट पार्टी को चंदा देकर हमें ललचाते। अभिनेता और ख़ासकर अभिनेत्री बुर्जुआ समाज के लिए एक खिलौना है। इस तथ्य का हमें बिल्कुल ज्ञान नहीं था। अभिनेत्री को दिए जाने वाले सम्मान में बहुत-सा तिरस्कार का भी अंश होता है, यह भी मुझे

नहीं पता था। एक बार जब अख़बार में पढ़ा कि रेस में दौड़ने वाली घोड़ियों के नाम बेगम आरा, नर्गिस, दमयंती आदि रखे गए हैं, तो मुझे बहुत गुस्सा आया।

मेरा कर्तव्य था कि उस समय अपनी पत्नी की ढाल बनता, उसके कलात्मक जीवन की कद्र करता, रक्षा करता, उसे फिज़ूल के झमेलों से बचाता, और पारिवारिक जीवन की ज़िम्मेदारियाँ अपने ऊपर लेता। पर मैं अपनी संकीर्णता के कारण मन-ही-मन में दम्मो की प्रसिद्धि और सफलता से ईर्ष्या करने लगा था। वह स्टूडियो से थकी-हारी हुई आती, तो मैं उससे ऐसा सलूक करता जैसे वह कोई गलती करके आई हो। मैं चाहता कि वह आते ही घर के काम-काज में लग जाए, जोकि मेरी नज़र में उसका असली काम था। अपने बड़प्पन का दिखावा करने के लिए मैं *इप्टा* और कम्युनिस्ट पार्टी के अनावश्यक काम भी करने लग जाता। मैं मर्द था। जिन संस्कारों में मैं पला था, उनके अनुसार मर्द हर हालत में ऊँचा था। और जिन संस्कारों में दम्मो पली थी, उनके अनुसार पति परायणता उसका पहला कर्तव्य था। बेचारी बिना किसी शिकायत के वह सारा भार उठाती गई, जिसे उठाने का उसमें सामर्थ्य नहीं था। इन बातों को याद करके मेरे दिल में टीस उठती है। दम्मो एक अमूल्य हीरा थी, जो उसके माता-पिता ने एक ऐसे व्यक्ति को सौंप दिया था, जिसके दिल में न उसकी कद्र थी, न ही कोई कृतज्ञता का भाव था। हमारे इर्द-गिर्द एक तूफान-सा मचा रहता था।

श्री साउंड स्टूडियो में, *धरती के लाल* के बाद, *गुड़िया* नामक एक फिल्म बनी। उसके निर्माता रजनीकांत पांडे स्वयं थे, और निर्देशक थे अच्यूत राव रानाडे, जिन्होंने बाद में फिल्मी जीवन का त्याग करके जेल से छुटे हुए कैदियों को फिर से बसाने के काम में अपना जीवन अर्पित कर दिया था। वे बहुत विद्वान और उच्च आचरण वाले व्यक्ति थे। *गुड़िया* का कथानक उन्होंने इब्सन के प्रसिद्ध नाटक, डॉल्स हाउस के आधार पर तैयार किया था। दम्मो और मैं उसमें मुख्य पात्रों की भूमिका कर रहे थे। एक दिन एक गीत फिल्माया जा रहा था, जिसमें दम्मो बगीचे में बैठकर गाती है: *आज मेरे मन में चाँदनी समा गई*। और मैं पास बैठकर सुनता हूँ।

शॉट की लाइटिंग हो रही थी। हम कुछ देर के लिए खुली हवा में खड़े होने के लिए बाहर निकल आए–रजनीकांत, दम्मो और मैं। उसी समय वहाँ एक

बहुत बड़ी मोटर आकर रुकी, जिसमें मे एक व्यक्ति ने केएल सहगल को सहारा देकर उतारा। क्या यह वही सहगल थे, जिन्हें छः साल पहले हमने कलकत्ता में *प्रेसीडेंट* फिल्म के सेट पर मज़ाक करते हुए देखा था? आँखों को यकीन नहीं हो सका। सहगल के सारे बाल सफेद हो चुके थे, आँखों पर काली ऐनक थी, पर ऐसे लगता था, जैसे नज़र जवाब दे चुकी हो। सफेद मलमल के कुर्ते और चूड़ीदार पाज़ामे में से उनका कंकाल बन चुका शरीर दिखाई दे रहा था। वे ऐसे लड़खड़ा रहे थे, जैसे कुछ ही दिनों के मेहमान हों। अभी तो उनकी जवानी की शिखर दोपहर थी। यह क्या हो गया था उन्हें? कौन-सा रोग खा गया था उन्हें अन्दर-ही-अन्दर? कौन-सा राक्षस निगल गया था उनकी ख़ुशियों-बहारों को?

वह व्यक्ति सहगल को बाँह से पकड़कर हमारे पास ले आया। हमने आगे बढ़कर उनका स्वागत किया।

'सहगल साहब, अब कैसी तबीयत है आपकी?' रजनीकांत ने अंग्रेज़ी में पूछा। पर सहगल को जैसे सुनाई नहीं दिया। रजनीकांत ने मौके को संभालते हुए ऊँची आवाज़ में कहा, 'आइए, आपका दमयंती साहनी से परिचय कराऊँ, जिन्होंने इंडस्ट्री में कदम रखते ही इतनी मशहूरी हासिल कर ली है। आज वे एक गीत फिल्मा रही हैं।'

'गीत?' सहगल ने चौंककर कहा। उनका मुँह ऊपर उठ गया, जैसे किसी ने उन्हें दूर से पुकारा हो, या यादों में किसी गीत के बोल फिर से लौट आए हों। वे काफी देर तक उसी हालत में खड़े रहे। फिर, उनके चेहरे पर मुस्कुराहट आई। उन्होंने दम्मो को अपने पास खींच लिया, और प्यार से उसके सिर पर हाथ फिराने लगे। 'ए सांग? गो एण्ड सिंग, माई डियर चाइल्ड! देयर इज़ नथिंग इन दिस वर्ल्ड लाइक ए सांग!' उन्होंने कहा। (गीत? जा, जाकर गा, मेरी बच्ची! इस दुनिया में गीत जैसी कोई चीज़ नहीं है)

दम्मो की आँखों में से आँसू फूट पड़े, और इसके पहले कि उसके हालात बेकाबू हो जाते, वह दौड़कर स्टूडियो में चली गई।

उस दिन काफी देर तक उससे काम न हो सका। अनगिनत लोगों की तरह उसकी भावनाओं में सहगल समाए हुए थे। वह रो रही थी और बार-बार कहती,

'बलराज, क्या सहगल मर जाएगा? क्या उसे बचाने का कोई तरीका नहीं है? क्या हम सोच भी सकते हैं कि एक दिन दुनिया में सहगल नहीं होगा?'

और फिर, जैसे पलक झपकते ही इस दुनिया में न सहगल रहे, न दम्मो रही। दोनों ही यहाँ से हमेशा के लिए विदा हो गए। और मैं उनसे ख़ाली हो चुकी दुनिया के बारे में सोच ही नहीं पा रहा था, उसमें साँस ले रहा था, उसकी तल्ख हकीकतों से टकरा रहा था।

27 अप्रैल, 1947 को दम्मो की मृत्यु हुई। 15 अगस्त, 1947 को पंजाब के दो टुकड़े हो गए। हमारा सारा परिवार रावलपिंडी से उजड़कर जगह-जगह बिखर गया। मेरा ताश का घर गिरकर टूट गया।

दूसरा दौर

1

दम्मो की मृत्यु के बाद मैं बच्चों को लेकर रावलपिंडी चला गया। पर वहाँ मौत की जैसे कोई कद्र-कीमत ही नहीं रह गई थी। इर्द-गिर्द के गाँवों में हिन्दुओं-सिक्खों का भयानक क़त्लेआम हो रहा था। भीष्म उन दिनों शहर की कांग्रेस कमेटी के सेक्रेटरी थे और गाँव-गाँव घूमकर वारदातों की रिपोर्ट तैयार कर रहे थे। उन्होंने बताया कि सैकड़ों औरतों ने अपनी इज़्ज़त बचाने की ख़ातिर एक कुएँ में कूदकर आत्महत्या कर ली थी। कई औरतें तो अपने बच्चों को साथ लेकर कूद पड़ी थीं।

रावलपिंडी शहर में कम्युनिस्ट पार्टी का शांति-आंदोलन ज़ोरों पर था। कामरेड कांग्रेस और लीग दोनों को आपस में समझौता करने और अंग्रेज़ों के साथ डटकर लड़ने के लिए चुनौती दे रहे थे। उनकी आवाज़ जनता के दिलों में उभरती थी, पर अब अंग्रेज़ स्थिति पर पूरी तरह हावी हो चुके थे और हिन्दुस्तानियों को मनमाने नाच नचा रहे थे।

मेरे साथी कॉमरेडों की कुर्बानी-भरी सेवा ने मेरा दिल जीत लिया था। तब मैं भी उनके साथ मिलकर काम करता हुआ अपने व्यक्तिगत दुःख को भुलाने की कोशिश करने लगा। *अरे अब भागो लंडन जाओ, अब न गाडी चालै, आए तीन मदारी,* आदि प्रेमधवन के लिखे कितने ही लोकप्रिय गीत मुझे ज़बानी याद थे। मैं वे गीत गाता, भीड़ इकट्ठी करता, और फिर कामरेड भाषण देते।

कॉमरेडों को सबसे ज़्यादा भरोसा मज़दूर-वर्ग पर था। वे चाहते थे कि मज़दूरों की बस्तियाँ फसादों से सुरक्षित रहें, न केवल यह बल्कि मज़दूर आगे बढ़कर सारे शहर की रक्षा करें।

शहीद भगतसिंह के साथी, श्री धन्वन्तरी भी इस काम के लिए वहाँ आए। उनकी मीटिंगों में गाना भी मेरे ज़िम्मे आ गया। मई महीने की गर्मी में उस महान व्यक्ति को अपना सुख-आराम तो क्या, खाना-पीना तक भूला हुआ था। हम साइकलों पर सवार होकर सारा-सारा दिन चक्कर लगाते रहते। उन दिनों मैं अच्छा-ख़ासा गवैया बन गया था।

एक दिन हम अटक आयल कम्पनी के मज़दूरों की मीटिंग करने के लिए शहर से लगभग बारह मील दूर जा निकले। एक बंद कमरे में पार्टी के मेम्बरों और हमदर्दों की मीटिंग हुई। कामरेड धन्वन्तरी को चेतावनी दी गई कि वे इतनी लापरवाही से अपनी और मेरी जान ख़तरे में डालना छोड़ दें। गाँवों में मुसलमानों का हिन्दुओं के ख़िलाफ़ जिहाद चला हुआ था। इस काम में हुकूमत के अधिकारियों का भी हाथ था। सो, वहाँ खुले आम मीटिंगें करने का ख़्याल ही पैदा न हुआ। कुछ एक मज़दूर (अटक आयल कम्पनी के सभी मज़दूर मुसलमान थे) साइकलों पर सवार होकर हमें शहर की हदों तक वापस छोड़ आए।

मैं हंगामी घटनाओं की आँधी में फँसा हुआ भी उनके महत्त्व को समझने में असमर्थ था। तब तक मैंने लेनिन की एक भी पुस्तक नहीं पढ़ी थी। मार्क्सवादी ज्ञान मनुष्य को अपने चौगिर्दे को समझने और बदलने की कला सिखाता है। पर मैंने वह कला तब तक नहीं सीखी थी। इसलिए, मैं घटनाओं पर अपनी ख़्वाहिश का ही मुलम्मा चढ़ाता रहता, जोकि मध्यवर्गीय युवकों की आम कमज़ोरी है। मेरे पिताजी ज़्यादा अनुभवी थे। उन्हें विश्वास हो गया था कि पाकिस्तान बनने के बाद हिन्दुओं का वहाँ रहना असंभव हो जाएगा। ज़मीन-जायदाद के तबादले-सम्बन्धी, उन्हें लुधियाना से एक मुसलमान दोस्त की बार-बार चिट्ठियाँ आती थीं, पर वे मेरी और भीष्म की सलाह लिए बिना कोई कदम नहीं उठाना चाहते थे। हम उनके सभी डर और शंकाओं को हँसी में उड़ा देते थे। हम कहते, 'भला लुधियाना जैसा बदसूरत नाम वाला शहर भी कभी रहने के लायक हो सकता है?' वे भी हँस देते। मैं हैरान हूँ कि हमारी हर दर्जे की मूर्खता को भी

पिताजी कैसे सहन किए हुए थे। आख़िर वे अपनी लाखों की ज़मीन-जायदाद से हाथ धो बैठे।

मेरी सेहत बहुत गिरी हुई थी। डॉक्टर ने मुझे काश्मीर जाने की सलाह दी। वहाँ भी हालात बहुत हंगामी थे, लेकिन साम्प्रदायिकता का कहीं नाम-निशान तक न था। महाराजा हरीसिंह का दमन-चक्र ज़ोरों से चल रहा था। शेख अब्दुल्ला, सादिक, डीपी धर और कई अन्य नेता जेल में थे, जिसके कारण जनता बहुत बेचैन थी। कई मुस्लिम राजनैतिक कर्मचारी रूपोश होकर बग़ावत फैला रहे थे, और इस नेक काम में पुलिस तक उनकी मददगार थी। एक ख़ुफ़िया अड्डे पर मेरी मुलाक़ात काश्मीर के महान मज़दूर कवि, पीरज़ादा गुलाम से हुई। रोज़ी कमाने के लिए वे एक आढ़ती की दूकान पर बोरियाँ ढोया करते थे। यह भी मेरी एक अमिट याद है।

मैं बम्बई से आया था, जहाँ कम्युनिस्ट पार्टी का केन्द्र था, इसीलिए श्रीनगर के कामरेड मुझे ज़रूरत से ज़्यादा महत्त्व दे रहे थे। मैं भी अपनी शान बनाने की कोशिश करता, हालाँकि मेरी राजनैतिक सूझ-बूझ उनके मुकाबले में कम थी। घर के वातावरण और गवर्नमेंट कॉलेज, लाहौर की शिक्षा, दोनों ने मुझे अन्तर्मुखी बना दिया था। बड़ी-से-बड़ी घटनाओं की ओर से भी आँखें मूंदे रखना मेरी आदत बनी हुई थी। अपने इस रोग का इलाज मैं मार्क्सवादी ज्ञान की सहायता से भी न कर सका। कठिनाइयों में मेरी सोचने की शक्ति डाँवाडोल हो जाती है। मेरी ज़हनियत उस बंदर जैसी है, जो आग से छेड़खानी करने से भी बाज़ नहीं आता, और हाथ जलने पर झट भाग भी उठता है।

काफी हद तक यही कमज़ोरी मेरे समकालीन साहित्यकारों और कलाकारों की भी कही जा सकती है। सन् 1947 की मौत की आँधी हमारे सिरों पर से होकर गुज़र गई, लेकिन उसके आधार पर हम न कोई बढ़िया फिल्म बना सके, और न ही, भावुकता से ऊपर उठकर, साहित्य में उसका अमिट चित्रण ही कर पाए। मैं कुछ समय तक श्रीनगर में रहकर गुलमर्ग चला गया, जहाँ मेरा ध्यान प्रकृति के सुन्दर दृश्यों में लीन हो गया।

एक दिन मुझे अपने प्रिय मित्र और हिन्दी के प्रसिद्ध उपन्यासकार, अमृतलाल नागर का पत्र पाया कि फिल्म निर्माता, बीरेन्द्र देसाई उनकी लिखी

कहानी पर फिल्म बनाने वाले हैं, जिसमें मुख्य पात्र के रोल के लिए मुझे लेने का फ़ैसला किया गया है। पारिश्रमिक दस हज़ार रुपए दिया जाएगा। अगर मुझे स्वीकार हो, तो जवाबी तार दूँ।

तीन साल पहले, इसी गुलमर्ग से मुझे चेतन आनन्द खींचकर फिल्मों में ले गए थे। अब फिर एक प्यारे दोस्त ने ललचा दिया। जवान दिलों में फिल्मों के लिए पता नहीं कैसा आकर्षण होता है। बम्बई की जलवायु मुझे रास नहीं आई थी। वहाँ के लोग मुझे पराए से लगते थे। ख़ासकर, दम्मो के मरने के बाद तो बम्बई जाने के लिए ज़रा भी दिल नहीं चाहता था। पंजाबी भाषा और पंजाबी साहित्य के लिए मेरे दिल में शोक जाग उठा था। मैं चाहता था कि पंजाब या काश्मीर में ही टिके रहने का कोई रास्ता मिल जाए। पर इन सभी इरादों पर पानी फेर देने के लिए फिल्मी दुनिया में से आया एक पत्र ही काफी था।

मुझे बिन माँगे हीरो का रोल मिल रहा था, और दस हज़ार रुपए का कॉन्ट्रैक्ट। यह तो मेरे "स्टार" बन जाने की निशानी थी। मेरा दिल ख़ुशी से उछलने लगा।

जुलाई 1947 के अन्त में मैं सारे परिवार को काश्मीर छोड़कर बम्बई के लिए रवाना हुआ। रावलपिंडी में इस कद्र सहम देखा कि सड़क पर चलना मुश्किल था। लाहौर से गुज़रते समय मैंने गाड़ी में से जगह-जगह आग की लपटें देखीं। पर फिर भी मैं निश्चित बना आगे बढ़ता गया, जैसे उस सब कुछ से मेरा कोई वास्ता ही नहीं था। मुझे कॉन्ट्रैक्ट जो मिल गया था।

उस फिल्म का नाम था, *गुंजन*। जवानी में पाँव रखने के बाद नलिनी जयवंत की वह पहली फिल्म थी। हीरो, बदकिस्मती से, एक के बजाय दो निकल आए। जिसके साथ लड़की का प्यार होता है, वह मैं था; पर जिसके साथ उसकी शादी होती है, वह थे त्रिलोक कपूर। वे काफी अरसे से फिल्मों में काम करते आ रहे थे और अपने व्यक्तित्व का प्रभाव डालना ख़ूब जानते थे। सैट पर दिन में एक-दो बार ज़रूर ऐलान कर देते कि असली हीरो वे ख़ुद हैं। मैं मन-ही-मन जल-भुनकर रह जाता, जैसे कोई ज़बरदस्ती मेरा हक छीन रहा हो। मुझे सारी-सारी रात नींद न आती। हीरो बना भी, पर पूरी तरह नहीं। आख़िर पूरी तरह हीरो मैं कब बनूँगा?

दूसरे शब्दों में, मेरा मन ऐसे विचारों में उलझा हुआ था, जिनका असली काम से कोई सम्बन्ध नहीं था। चरित्र-चित्रण का कोई मनोवैज्ञानिक पहलू भी होता है, यह न मैं जानता था, और न ही जानने की अभी ज़रूरत महसूस हुई थी। मार्क्सवादी जोश में हम उन दिनों स्तानिस्लावस्की को बुर्जुआ माना करते थे। कैमरे के सामने होशो-हवास खोने और जिस्म के अकड़ जाने का अनुभव मुझे बहुत हो चुका था, लेकिन रवैया अभी भी उन लोगों जैसा था, जो ठीक समय पर इलाज कराने के बजाय अपने रोग को छिपाए रखते हैं कि एक दिन वह अपने-आप ठीक हो जाएगा।

गुंजन की कहानी अब मुझे ज़्यादा याद नहीं है, पर एक अच्छे साहित्यकार द्वारा लिखी होने के कारण उसमें विभिन्न प्रकार के सूक्ष्म दाँव-पेच थे। मैंने उन्हें समझ तो ज़रूर लिया, पर अभिनय में उनकी किस प्रकार अभिव्यक्ति की जाए इस तकनीक से मैं कोरा था। नागरजी ख़ुद अभिनेता नहीं थे, इसलिए वे मेरी इस कमज़ोरी को पहचान न पाए। अगर मेरे वाला रोल दिलीप कुमार या राजकपूर से करवाया गया होता, तो *गुंजन* एक यादगारी फिल्म बनती। लेकिन सम्भव है कि उन दोनों ने एक नई और अज्ञात हीरोइन के साथ काम करने से इंकार कर दिया हो।

शूटिंग के शुरू के दिनों में न सिर्फ मेरी असलियत का भेद खुल गया, बल्कि निर्माता की नज़रों में नागरजी का भी महत्त्व जाता रहा। सैट पर नागरजी मुझे बड़े शौक और विस्तार से दृश्य का आगा-पीछा समझाने लगते। आजकल लेखक का ऐसा करना मेरे लिए बड़ा ही सुखद और प्रेरणादायक अनुभव होता है, पर उन दिनों मेरी कल्पना ने सहज ही अचेतन मन के दरवाज़े खोलकर पात्र के मनोभावों में दाखिल होना नहीं सीखा था। अगर सीखा होता, तो मैं नागरजी को अपने अभिनय द्वारा वे सूक्ष्म भाव उजागर करके दिखाता, जो वे चाहते थे। पर मेरी किस्मत में यह लिखा हुआ नहीं था। यह अरमान हमेशा का पछतावा बनकर रह गया है।

फिल्म की शूटिंग 'चट मंगनी, पट ब्याह' वाला मामला होता है। एक-एक क्षण की कीमत रुपए, आने, पाई में गिनी जाती है। नाटक तैयार करते समय कई-कई हफ्ते रिहर्सलें चलती रहती हैं, जिनमें नया कलाकार भी अभिनय की

दो-चार सीढ़ियाँ तो चढ़ ही जाता है। पर फिल्मों में यह सहूलियत नहीं होती। फिर, कहानी सिलसिलेवार नहीं होती। उसके अगले-पिछले हिस्से टुकड़ों में फिल्माए जाते हैं। कैमरा चेहरे के इतना नज़दीक आ जाता है कि दर्शक कलाकार के चेहरे को किताब की तरह पढ़ सकते हैं। इस क्षेत्र में अनाड़ी कलाकार की खैर नहीं है।

मेरा आत्मविश्वास एकदम जवाब दे गया, हाथ-पाँव ठंडे पड़ने लगे, गला ख़ुश्क होने लगा। नागरजी क्या कह रहे हैं या क्या नहीं कह रहे, मुझे कोई होश नहीं था। एक ओर लम्बे-लम्बे संवाद, दूसरी ओर उनकी बातें। मुझे बहुत बुरा लग रहा था। अगर उस समय मेरे हाथ में तलवार होती तो मैं उनका सिर कलम कर देता। इस बात की ज़रा भी परवाह न करता कि वे मेरे मित्र हैं या उन्होंने ही मुझे कॉन्ट्रैक्ट दिलाया है।

निर्माता-निर्देशक, वीरेन्द्र देसाई ने ठीक समय पर बिगड़ती हुई स्थिति को भाँप लिया और नागरजी को समझा-बुझाकर एक तरफ ले गए। मैंने राहत की साँस ली। मैं ख़ुद के बजाय नागरजी को दोष दे रहा था, इसलिए मेरा स्वाभिमान टूटा नहीं। वीरेन्द्र देसाई ने इस बात का फायदा उठाया। उन्होंने मेरा हौसला बढ़ाया और मेरे अन्दर की तल्खी शांत की। मैंने जैसे-तैसे करके संवाद याद किए और हॉलीवुड के अभिनेताओं के अन्दाज़ में नकल करके काम चला लिया।

इसके बाद नागरजी ने सैट पर आना बिल्कुल छोड़ दिया। पता नहीं, वे कला-सम्बन्धी क्या-क्या अरमान लेकर फिल्मों में आए थे और किन निराशाओं से उनका पहले से वास्ता पड़ चुका था। मैं जानता था कि उन्होंने भी मुंशी प्रेमचन्द की तरह पैसे की ख़ातिर अपनी आत्मा को धोखा देना स्वीकार नहीं किया था। *धरती के लाल* और *गुड़िया* के सैट पर मुझे देखकर उन्होंने पता नहीं क्या-क्या उम्मीदें लगाई होंगी। मुझे ध्यान में रखकर उन्होंने कितनी मेहनत से इतनी मार्मिक कहानी तैयार की थी और उसे फिल्माने की योजना में भी बढ़-बढ़कर हिस्सा लिया था। पता नहीं, कितनी तारीफों के पुल बाँधकर उन्होंने निर्माता-निर्देशक को मेरे हक में कायल किया था। मेरी गुमनामी के बावजूद उन्होंने उस समय के हिसाब से बहुत अच्छे पैसे दिलवाए थे, और ख़ासतौर पर काश्मीर से बुलवाया था। उन्होंने शायद, यह भी सोचा हो कि बेचारे को पत्नी के

मरने का ग़म है; काम में पड़कर सम्भल जाएगा, और शायद अपने व्यक्तिगत दुःख की झलक उस दुःखान्त चित्र-कथा में भी ला सके।

उनकी उपस्थिति में मैं जैसे बेलगाम बना हुआ था। वीरेन्द्र देसाई जल्दी-से-जल्दी फिल्म ख़त्म करना चाहते थे। उनकी नज़र "राजन" पर नहीं बल्कि अपनी पत्नी, नलिनी जयवंत पर थी। शूटिंग बॉम्बे टाकीज़ स्टूडियो में हो रही थी, जिसके सूर्यास्त की रोशनी देविका रानी और हिमांशु राय के बिना भी काफी तेज़ थी। नितिन बोस और अमिय चक्रवर्ती जैसे प्रसिद्ध निर्देशक अभी भी वहाँ विराजमान थे। बरामदों में सआदत हसन मंटो, भगवतीचरण वर्मा, उपेन्द्रनाथ अश्क आदि लेखक चलते-फिरते नज़र आते थे। हर दूसरे-चौथे दिन कोई-न-कोई नामवर हस्ती सैट पर आ जाती। *गुंजन* पूरी होने से पहले ही नलिनी जयवंत को शशिधर मर्ज़ी ने अपनी फिल्म, *साथी* में ले लिया, जिसके निर्देशक रमेश सहगल थे। नलिनी न सिर्फ कलाकार अच्छी थीं, उनकी सुन्दरता भी अनुपम थी। *गुंजन* के जर्मन कैमरामैन, विशिंग ने उनके रूप को और भी चार चाँद लगा दिए थे।

एक दिन डेविड के साथ मेरा दृश्य लिया जा रहा था। संवाद याद न होने के कारण मेरे रीटेक पर रीटेक हो रहे थे। आख़िर मैंने डेविड से पूछा, 'भला डायलाग याद करने का कोई तरीका भी है? आपके रीटेक नहीं होते।'

डेविड ने मुझे बड़े प्रेम से समझाया :

'वाक्य के हर शब्द के पीछे एक चित्र होता है। दूसरे शब्दों में, अगर उस वाक्य को अपनी कल्पना में देखो, तो वह चित्रों की एक श्रृंखला के रूप में दिखाई देगा। अगर बोलते समय उस चित्र-श्रृंखला की ओर ध्यान दो, तो शब्द भूलेंगे नहीं।'

मैंने आज़मा कर देखा तो यह बात सही निकली। मैंने इस शिक्षा को दिल में बैठा लिया। इस प्रकार फिल्म-अभिनय का मुझे पहला पाठ मिला, जिसके लिए मैं डेविड का आभारी हूँ।

गुंजन बुरी तरह फेल हुई। अमृतलाल नागर फिल्मों को तिलांजलि देकर लखनऊ चले गए और उन्होंने अपना जीवन पूर्ण रूप से साहित्य को अर्पित कर दिया।

फिल्म की रिलीज़ पर वे आए थे। मुझे आज की तरह याद है कि एक शाम नलिनी, वीरेन्द्र, नागर और मैं जुहू के समुद्र-तट पर बैठे हुए थे। काफी देर इधर-उधर की बातें होती रहीं। नागरजी को पता था कि मैं अपने अभिनय के बारे में उनकी राय की प्रतीक्षा में बैठा था। आख़िर उन्होंने अपनी ऐनक में से मेरी ओर घूरकर देखते हुए कहा, 'बहुत अच्छे, बलराज भाई, बहुत अच्छे! कड़क समालोचना हम फिर कभी करेंगे।'

उन्होंने कितना बड़ा पत्थर छाती पर रखकर यह कहा होगा! पर वे फिल्मों में जितना अरसा रहे, एक बात अच्छी तरह जान गए थे कि नए अभिनेता की आलोचना कभी नहीं करनी चाहिए, क्योंकि उसका हौसला बहुत जल्दी टूट जाता है।

मैंने कई मौकों पर ख़ुद से पूछा है कि अगर वे उस समय खरी-खरी सुना देते, तो क्या वह मेरे लिए अच्छा होता या बुरा। इस बात का मुझे जवाब नहीं मिला है। हाँ, नागरजी का वह वाक्य लगातार मेरे मन में खटकता रहा है। मैं ख़ुद को बहुत बार धोखा देता था, पर फिर भी इस बात से आँखें नहीं मूंद सकता था कि मेरे काम में नुक़्स थे। वे क्या थे? अच्छा होता कि संशय में रखने के बजाय मुझे उनके बारे में बता दिया जाता।

नागरजी ने जब भी कभी मेरे बारे में कुछ लिखा या कहा है, यह अफसोस ज़रूर प्रकट किया है कि फिल्मों ने एक साहित्यकार छीन लिया है। मैं ख़ुद इस बात को स्वीकार करता हूँ। मेरी लालसा यही रही है कि साहित्यकार बनूँ। फिर भी, मैं दावे के साथ नहीं कह सकता कि नागरजी का फिल्में छोड़ जाना पूरी तरह ठीक था, या मेरा न छोड़ना पूरी तरह गलत था। मैं नहीं कह सकता कि साहित्य के क्षेत्र में मैं क्या कर दिखाता। लेकिन फिल्मों के ज़रिए मैंने अभिनय-कला सीखी, और एक अभिनेता की बड़ी अजीब और बहुत सुखद मानसिक दशा का स्वाद चखा। यह भी एक प्राप्ति है।

देखते-देखते नलिनी जयवंत चोटी की कलाकार बन गईं। उन्होंने माटुंगा वाला एक कमरे का फ्लैट छोड़ दिया, जहाँ वे दिनभर की शूटिंग के बाद अपने हाथ से खाना बनाती थीं, और पति-पत्नी दोनों एक ही थाली में खाते थे। उनके उस छोटे-से घर में मुझे भी बहुत आनन्द मिला करता था। अब उन्होंने चैम्बूर

में बहुत बढ़िया बंगला बना लिया था, और उसकी साज-सजावट पर पानी की तरह पैसा बहाया था, जोकि फालतू पैसे की अधिकता के कारण कामयाब फिल्मी हस्तियों की आम आदत है। मैं कभी-कभी उनसे मिलने चला जाता। दोनों मुझे बड़े प्यार से मिलते थे। वीरेन्द्र मुझे अपने घर की ख़ास-ख़ास चीज़ें दिखाते। पर मुझे उनके चेहरे पर पहले जैसी ख़ुशी और तृप्ति दिखाई नहीं देती थी। दिन-प्रतिदिन उनके पास पैसा बढ़ता गया, प्यार घटता गया। पति-पत्नी में लड़ाई-झगड़े शुरू हो गए। आख़िर वे एक-दूसरे से अलग हो गए। मैं कभी वीरेन्द्र को बस-स्टापों पर लोगों की लाइन में खड़े देखता, तो मुँह दूसरी ओर मोड़कर गुज़र जाता। नाकामियों और ज़माने की ठोकरों से बेहाल बने वीरेन्द्र आख़िर इस संसार से चलते बने।

श्याम ने भी मेरे पड़ोस में अपना बंगला बनवाया था। एक दिन ख़बर मिली कि आउटडोर शूटिंग करते हुए वे घोड़े पर से गिरकर मर गए हैं। सुनकर बहुत दुःख हुआ। श्याम भी रावलपिंडी के थे, और हमारे परिवारों का आपस में बहुत प्यार था। वे मेरी बहुत इज़्ज़त करते थे।

मातमपुरसी के लिए मैं घर से पैदल चल पड़ा, क्योंकि मेरी मोटर-साइकल का ड्राइवर नहीं आया था। यह भी अपने-आप में एक दिलचस्प किस्सा है। मोटर के लिए ड्राइवर रखना आम बात है, पर मोटर-साइकल के लिए ड्राइवर रखने वाला मैं इतिहास में शायद पहला आदमी था।

मैं अपने अनुभव से बहुत जल्दी सीख गया था कि किसी फिल्म स्टूडियो के फाटक में पैदल दाखिल होना अपमान की बात है। दरबानों और पहरेदारों को पैदल आने वाले लोगों से बुरा व्यवहार करके बहुत मज़ा आता है। हास्य-अभिनेता, दीक्षित अपने बीते अपमानों की याद में स्टूडियो में दाखिल होते समय अपनी मोटर से उतरकर दरबान को प्रणाम किया करते थे। एक दिन मेरे मित्र, मामा फनसालकर ने मुझे बताया कि वी. शान्ताराम के छोटे भाई, अवधूत के पास एक बिल्कुल नई, पाँच हार्सपावर एजेएस मोटर-साइकल है, जिसे वे बेचना चाहते हैं। मैंने किसी-न-किसी तरह पैसा बटोरकर उसे ख़रीद लिया। पर उस शैतान के चरखे को चलाए कौन? उसे तो देखकर ही मुझे डर लगता था, चलाने की तो बात ही अलग थी। मामा फनसालकर को चलानी

आती थी, और चलाने का शौक भी था। उन दिनों वे थे भी बेकार। एक फिल्म में ख़्वाजा अहमद अब्बास के सहायक बनकर वे लाहौर गए थे और वापस आने पर उन्हें कोई काम नहीं मिला था। सो, मैंने उन्हें मोटर-साइकल की ड्राइवरी का काम दे दिया। वे चलाते, मैं पीछे बैठता। बदले में वे मेरे यहाँ खाते और सो रहते।

उस दिन वे किसी कारणवश आए नहीं थे। सो, मुझे बस में जाना पड़ा। उन दिनों चैम्बूर का रास्ता बहुत ऊबड़-खाबड़-सा था। जब मैं सायन में बस बदलकर दूसरी पर सवार हुआ, तो सामने की सीट पर एक परिचित स्त्री को देखा। उसने *गुड़िया* में दम्मो की सहेली का रोल किया था। वह थी भी रावलपिंडी की। मुसलमान स्त्री थी। छोटी कलाकार थी। पर दम्मो को इन बातों का कोई ख़्याल नहीं होता था। वह उसके साथ बहुत अच्छी तरह से पेश आती थी, और उसकी अच्छी-ख़ासी सहेली बन गई थी।

मैंने उसे बड़े प्रेम से हाथ जोड़कर नमस्ते की। पर उसने मुझे देखते ही आँखें फेर लीं। जब मैं चैम्बूर यूनियन-पार्क पहुँचा, तो लोगों की भीड़ का कोई अन्त नहीं था। मैं धक्के खाता और धक्के मारता ही आगे बढ़ा। श्याम की कहर की मौत हुई थी। उस समय मैं उनके परिवार के लोगों के साथ खड़ा होना चाहता था। जब मैं उनके पास गया तो उन लोगों ने मेरी ओर से वैसे ही मुँह फेर लिया, जैसे बस में उस स्त्री ने फेरा था। फिल्मी लोग जलती शमा के परवाने होते हैं, यह चीज़ मैंने दम्मो के मरने के बाद ही देख ली थी। पर अपने सगे-सम्बन्धी भी ऐसा व्यवहार कर सकते हैं, यह शिक्षा मुझे उस दिन मिल गई। मुझे ऐसे लगा, जैसे उस परिवार के लोगों की एक आँख आँसू बहा रही थी, और दूसरी उस शोक में शरीक होने वाले फिल्म स्टारों की हाज़िरी लगा रही थी।

वे दिन सचमुच बहुत मुश्किलों-भरे थे। देश के बंटवारे के बाद अपना सबकुछ खोकर पिताजी दर-ब-दर हुए फिर रहे थे। किसी एक जगह उनका दिल नहीं लगता था। परिवार के बाकी लोग मेरे यहाँ आए हुए थे। मेरे छोटे भाई, भीष्म और उनकी पत्नी, शीला जयंत देसाई की एक फिल्म की डबिंग में हिस्सा लेकर घर का गुज़ारा चलाने में सहायक हो रहे थे। मैं ख़ुद कभी ऑल इंडिया रेडियो और कभी फिल्म डिवीज़न के दरवाज़े खटखटाता। ऊपर से एक

और मुसीबत यह आ गई कि कम्युनिस्ट पार्टी की सन् 1948 की कांग्रेस के बाद धीरे-धीरे *इप्टा* का भी बेड़ा गरक होता जा रहा था। *इप्टा* का मुझे बहुत सहारा था, क्योंकि फिल्मों में असफल होने पर भी वहाँ मेरा असर-रसूख था। पर कम्युनिस्ट पार्टी की रणनीति के अनुसार जवाहरलाल नेहरू अंग्रेज़ी और अमरीकी साम्राज्य के बगल-बच्चे बन गए थे। कम्युनिस्ट पार्टी ने सभी बुर्जुआ लोगों को मजदूर-वर्ग और देश का दुश्मन करार दे दिया था। देश की आज़ादी को कबूल करने और कांग्रेस हुकमत के हाथ मज़बूत बनाने के बजाय उसने उसके ख़िलाफ बग़ावत करने का नारा बुलन्द कर दिया था। तब कम्युनिस्ट पार्टी के विभिन्न क्षेत्रों में बुर्जुआ को दुत्कारा जाने लगा। कल तक जिन्हें सम्मान दिया जा रहा था, वे अब दुश्मन-वर्ग के समझे जाने लगे। कई मेम्बर किसी-न-किसी बहाने पार्टी में से निकाल दिए गए, कई सरकारी दमन से डरकर भाग खड़े हुए, कई बिना कुछ कहे पार्टी छोड़ गए। ऐसे लोगों में ख़्वाजा अहमद अब्बास जैसे महत्त्वपूर्ण साथी भी थे।

नई पार्टी-लाइन के सिर-पाँव का मुझे भी कुछ पता नहीं लगता था। पर दम्मो के शव को लाल झंडे से ढककर दाह-संस्कार किया गया था। पार्टी मेरे जीवन का अभिन्न अंग बनी हुई थी। पार्टी में रहकर ही मैंने अक्ल को इन्कलाबी जोश के मुकाबले में अधिक महत्त्व देना सीखा था। अब मैं उसी तेज़ी से पार्टी के सामने अक्ल के दरवाज़े बन्द करके जोश को अधिक महत्त्व देने लगा। उसी जोश से प्रभावित होकर मैंने *जादू की कुर्सी* नामक नाटक लिखा। मेरे एक साथी, रामा राव ने, जो उस समय *इप्टा* के जनरल सेक्रेटरी थे, मुझे बहुमूल्य सुझाव दिए। नाटक यद्यपि मेरे नाम से ही प्रसिद्ध हुआ, पर वास्तव में वह हम दोनों की सांझी रचना थी। उसमें हमने पण्डित जवाहरलाल नेहरू और उनकी नीतियों का बेहद मज़ाक उड़ाया था। मैंने ही उसमें मुख्य पात्र का रोल भी किया था। निर्देशन मोहन सहगल ने किया था, जो आज एक प्रसिद्ध फिल्म निर्देशक हैं। नाटक को आशा से कहीं ज़्यादा सफलता मिली। हँस-हँसकर दर्शकों के पेट में दर्द होने लगता था। कृश्न चन्दर ने उसे ग्यारह बार देखा था।

जिन लोगों ने यह नाटक देखा है, मुझसे बार-बार उसकी पांडुलिपि माँगते हैं। पर मैं उन्हें बता नहीं सकता कि अपनी उस गलत हरकत पर मैं कितना

शर्मिंदा हूँ। मेरे जैसे नगण्य व्यक्ति ने नेहरू जैसे महान व्यक्ति का मज़ाक उड़ाने की कोशिश की, यह सोचकर मैं शर्म से पानी-पानी हो जाता हूँ। उस मनहूस नाटक की सभी कापियाँ मैंने आग लगाकर नष्ट कर दी थीं, और अब मुझे उसकी सिर्फ रूपरेखा ही धुंधली-सी याद है।

उन दिनों कोई फिल्म-निर्माता मुझे काम देने के लिए तैयार नहीं था। पर कई दोस्तों को मुझसे हमदर्दी थी और वे मेरी मदद करना चाहते थे। वीरेन्द्र देसाई की सिफारिश पर महेश कोल ने मुझे बुलाया और स्क्रीन-टैस्ट लिया यानी कैमरे के सामने मुझसे कुछ काम कराकर देखा। कैमरे के सामने जाते ही मैं जैसे लकड़ी का बन गया, और होश-हवास उसी तरह उड़ गए, जैसे कि *गुंजन* के दिनों में उड़ जाया करते थे। कैमरे का डर अब मेरे अन्दर बहुत गहरा धँस चुका था।

बम्बई का फिल्मी संसार छोटा-सा है। उसमें ख़बर फैलते देर नहीं लगती। शाहिद लतीफ़ ने अपनी फिल्म, *बुज़दिल* में मुझे एक अच्छा रोल देने का वादा किया हुआ था। दर्ज़ी से मेरे लिए कपड़े भी सिलवाए जा चुके थे। पर मुहूर्त से एक दिन पहले, मेरी 'मशहूरी' सुनकर, शाहिद लतीफ़ ने मुझे उस रोल की जगह एक छोटा-सा रोल देने का फैसला सुना दिया। यह अपमान मुझसे सहन न हो पाया और मैंने वह फिल्म छोड़ दी। मैं अपने मन में सारा दोष शाहिद लतीफ पर ही लगा रहा था।

इसी तरह, मेरे प्यारे दोस्त, अयूब ने अपने छोटे भाई, दिलीप कुमार को कहकर के. आसिफ़ की फिल्म, *हलचल* में मुझे एक अच्छा रोल दिलवा दिया। जैसे *गुंजन* में त्रिलोक कपूर नलिनी जयवंत के पति थे और मैं प्रेमी था, वैसे ही *हलचल* में दिलीपकुमार नरगिस के प्रेमी थे और मैं पति था। जब तक फिल्म की गिट शुरू हुई, मैं यही सोच-सोचकर ख़ुश होता रहा कि इस फिल्म के भी दो हीरो हैं, और मैं उनमें से एक हूँ।

मुझे एक जेलर का रोल करना था। के. आसिफ़ हर काम को बड़े पैमाने पर करके ख़ुश होते थे। एक दिन वे मुझे आर्थर रोड जेल दिखाने ले गए, ताकि मैं अपनी आँखों से जेलर और जेल देख लूँ। जेलर साहब हमारे स्वागत के लिए तैयार बैठे थे। उन्होंने पहले अपने दफ्तर में अपनी अलग-अलग वर्दियाँ हमें

अगले दिन पता लगा कि लड़का रात ही मर गया था। उसका अपेंडिक्स फट गया था। डॉक्टर नहीं आया था। शनिवार की रात थी वह, और डॉक्टर सिनेमा देखने गया हुआ था। जेलर ने किसी दूसरे डॉक्टर को बुलाने की या तो ज़रूरत नहीं समझी थी, या फिर उसे अधिकार नहीं था।

एक दिन जेलर ने मुझे अपने दफ्तर में बुला भेजा। वहाँ के. आसिफ़ बैठे हुए थे। मुझे देखते ही दोनों ज़ोर से हँस पड़े। मैं उनकी हँसी का कारण समझ गया। अब जेलर को पता लग गया था कि उन्होंने मुझे पहले कहाँ देखा था।

के. आसिफ़ पुलिस-कमिश्नर से एक अजीब आर्डर लेकर आए थे: जिस दिन स्टूडियो में मेरी ज़रूरत पड़े, मुझे पुलिस की हिरासत में वहाँ से जाने की इजाज़त मिल जाया करेगी।

ए क्लास ने पहले ही जेल की ज़िन्दगी सुखद बना दी थी। इस आर्डर ने तो जैसे मुझे सुर्खाब के पर लगा दिए। कैदी की सबसे बड़ी लालसा बाहर की दुनिया को देखने की होती है। हमारी बैरक के बाहर, बरामदे की ऊँची दीवार पर चढ़कर दूर सड़क पर आती-जाती बसें, डबल डेकर बसों की ऊपरी मंज़िल देखी जा सकती थी। बस, इतना कुछ देखने के लिए हम बारी-बारी से दीवार पर चढ़ने की प्रतीक्षा किया करते थे।

लेकिन अब! अब मुझे सारा दिन बाहर गुज़ारने की इजाज़त मिल गई थी। तब मैं अपने साथियों के लिए ही नहीं, बल्कि सभी कैदियों के लिए ईर्ष्या का पात्र बन गया।

जिस दिन मुझे शूटिंग के लिए जाना होता, जेल में काफी चहल-पहल होने लगती। हर किसी को फिल्मी बुखार-सा चढ़ जाता। मेरे पास तरह-तरह की फ़रमाइशें आतीं। कोई ख़ुशबूदार तेल लाने के लिए कहता, कोई दाँतों का मंजन, कोई दिलीप और नरगिस की फोटो, कोई चाय, कोई बीड़ी, कोई ख़ास ब्रांड की सिगरेटें। इन चीज़ों की लम्बी सूची जेब में डालकर मैं स्टूडियो पहुँच जाता। के. आसिफ़ वह सूची अपने सहायक के हवाले कर देते। शाम तक सब चीज़ें आ जातीं।

इस मनोरंजक स्थिति का जेलर भी मज़ा ले रहे थे। उनका एक कैदी फिल्म में जेलर का रोल कर रहा था, इसलिए उनकी ज़िम्मेदारी भी कुछ बढ़ गई थी।

मुझे भेजने से पहले वे मेरा ख़ासतौर पर निरीक्षण करते, मेरी हजामत देखते, और मुझे कई किस्म की हिदायतें देते। एक-दो बार तो वे मेरे साथ स्टूडियो भी गए।

उन दिनों अजीब-अजीब घटनाएँ होती। साहिर लुधियानवी भी कम्युनिस्ट पार्टी के नज़दीक थे और पुलिस की नज़रों से बचकर रहते थे। एक दिन उन्होंने सुना कि मैं स्टूडियो में हूँ, तो वे मुझसे मिलने के लिए आए। लेकिन ज्योंही सैट पर एक पुलिस अफसर को टहलते हुए देखा, वे डर के मारे झट बाहर दौड़ गए। बाहर जाकर उन्हें पता लगा कि जिसे वे पुलिस अफसर समझ बैठे थे, वह वास्तव में मैं था। (पुलिस अफसर और जेलर की वर्दी एक-सी होती है।)

सरकारी महकमों के तौर-तरीके निराले होते हैं। शूटिंग वाले दिन पुलिस मुझे सुबह छः बजे ही स्टूडियो में ले आती थी, हालाँकि शूटिंग नौ बजे शुरू होती थी। वे तीन घंटे बिताने बहुत मुश्किल हो जाते थे। स्टूडियो में कोई परिचित व्यक्ति नज़र न आता, और अगर आता भी तो पुलिस के डर से नज़दीक न आता।

उसी स्टूडियो में (आजकल उसका नाम रूपतारा है।) राजकपूर अपनी फिल्म, *बरसात* बना रहे थे। एक दिन मैं स्टूडियो पहुँचा तो सुबह की रोशनी होने ही लगी थी। राजकपूर रात की शिफ्ट ख़त्म करके घर जाने की तैयारी में थे। उनके बाकी साथी जा चुके थे। मुझे देखकर वे हमारे पास बैंच पर आ बैठे और कैंटीन के लड़के को चाय लाने के लिए कहा। पहले मैंने समझा कि उन्होंने यह हमदर्दी के तौर पर किया है, पर बाद में उनकी बातों से पता लगा कि वे हमदर्दी देने नहीं बल्कि लेने आए थे। उन्हें इस बात का कोई पता नहीं था कि मैं कहाँ से आ रहा था और मेरे साथी कौन थे।

मेरे साथ एक पुलिस इंस्पेक्टर और दो सिपाही स्टूडियो आते थे, जिन्होंने वर्दियों के बजाय सादे कपड़े पहने होते थे। राजकपूर का ख़्याल था कि हम रात-भर उनकी शूटिंग देखते रहे थे। वे इस बात से बहुत ख़ुश थे और हमें और भी ज़्यादा प्रभावित करना चाहते थे। वे जब भी कोई फिल्म बनाते, उसमें पूरी तरह खो जाते थे। उस समय भी उनका यही हाल था। वे अपनी फिल्म की विशेषताओं और अपनी निजी उलझनों और परेशानियों की लम्बी कहानी हमें

सुनाते रहे, हालाँकि रात-भर शूटिंग करने के बाद वे बहुत थके हुए थे। आख़िर अपना दिल हल्का करके वे चले गए। उन्होंने मुझसे एक भी सवाल नहीं पूछा, जबकि उस दिन मुझे ख़ुद किसी की हमदर्दी की ज़रूरत थी। मेरी पत्नी सख़्त बीमार थी, और मुझे पैरोल पर छोड़ने की इजाज़त नहीं दी गई थी। मैंने बहुत ही वीरानी महसूस की।

फिल्मी दुनिया में हर कोई अपने-आपमें लीन रहता है। उसी बात को ध्यान में रखकर अयूब और मेरे दूसरे दोस्त मुझे सलाह दिया करते थे कि काम न होने पर भी मुझे स्टूडियो के चक्कर लगाते रहना चाहिए, ताकि मैं फिल्म-निर्माताओं की नज़रों में रहूँ।

आज मैं दावे से कह सकता हूँ कि उनकी सलाह बिल्कुल ठीक थी। हमारे निर्माता और निर्देशक प्यास लगने पर ही कुआँ खोदते हैं। "स्टारों" के हाँ करने पर ही किसी फिल्म के बनने की योजना हरकत में आती है। क्या पता, कब हाँ हो जाए। इस हाँ की सूचना मिलते ही स्टूडियो में निर्माता का दफ्तर एक दरबार का रूप धारण कर लेता है। झटपट किस्मतों के फैसले होने शुरू हो जाते हैं। छोटे-मोटे रोल के लिए उस समय जो भी मुर्गा अहाते में गर्दन उठाए घूम-फिर रहा हो, "फिट" हो जाता है।

एक बात और। फिल्म-लाइन में सभी एक-दूसरे का बुरा सोचते हैं। ऊपर से तो वे बेहद प्यार-मुहब्बत से पेश आते हैं, पर मन में दूसरे की पूरी और हमेशा के लिए तबाही की कामना करते रहते हैं। जो व्यक्ति उनकी नज़र से दूर हो जाए, वे समझते हैं कि वह ख़त्म हो गया है। इससे उन्हें ख़ुशी और तसल्ली मिलती है। फिल्मों में सफल होने की एक शर्त यह भी है कि दोस्तों-साथियों को यह ख़ुशी और तसल्ली प्राप्त न होने दी जाए।

उन दिनों मैं यह नहीं मानता था। मोटर-साइकल होने पर भी बिना किसी काम से स्टूडियो के चक्कर लगाना मुझे पसन्द नहीं था। मेरे लिए यह भूलना मुश्किल था कि मैं लंदन से एक अच्छी नौकरी छोड़कर आया हूँ और एक अमीर बाप का बेटा हूँ। कहावत है न कि 'रस्सी जल गई पर बल न गया।'

जेल-यात्रा ने मुझे अपनी इस गलती का आसानी से अहसास करा दिया।

अगस्त का महीना था। मूसलाधार बारिश हो रही थी। हमेशा की तरह, पुलिस की मोटर मुझे लेकर स्टूडियो के फाटक पर आ पहुँची। फिर-फिर से हॉर्न बजाने पर भी लाला ने फाटक न खोला। आख़िर वह बारिश में भीगता हुआ बड़े गुस्से में हमारे पास आया।

'ओ तुम किस किसम का इन्सान ए ओए! इधर इतना फजर में आकर तुम किस व सता हमारी गां. . .में उ. . .देता है?' उसने कहा।

'फाटक खोलो। ज़्यादा बात से मतलब नहीं,' इस्पेक्टर ने कड़ककर कहा।

'ओ कैसे खोलेगा फाटक? आज स्टूडियो बन्द ए। तुम फिल्म का आदमी ए, फिर बी नहीं जानता ए, नरगिस का अम्मा गुज़र गया ए।'

सुनकर मुझे सख़्त सदमा हुआ। साथ ही हैरानी भी हुई। अभी दो हफ्ते पहले मैंने जद्दन बाई को अच्छी-भली हालत में देखा था। वे सिर्फ फिल्म इंडस्ट्री की सबसे बड़ी स्टार की माँ ही नहीं थीं, ख़ुद भी एक महान कलाकार और महान व्यक्तित्व वाली स्त्री थीं। इतनी सभ्य, कोमल दिल और मीठी ज़बान वाली महिला मैंने शायद ही कोई और देखी होगी। जब भी मेरी शूटिंग होती, वे स्टूडियो में आतीं। उन्हें बहुत गहरी हमदर्दी थी मेरे साथ, और प्रगतिशील विचारधारा थी उनकी। किसी-न-किसी बहाने से वे मेरी पत्नी और बच्चों को भी स्टूडियो में बुला लेती थीं और मेकअप रूम में या कहीं और हमारी मुलाकात करा देतीं। उस समय अचानक उनकी मौत की खबर सुनकर मैं भौंचक्का रह गया। रात को दिल की हरकत बन्द हो जाने से उनकी मौत हुई थी।

इंस्पेक्टर ने ड्राइवर को निर्लिप्त भाव से वापस जेल जाने का हुक्म दे दिया। मेरा दिल और भी बेचैन हो उठा। इतने इंतज़ार के बाद आज़ादी का एक दिन नसीब हुआ था। बच्चों से मिलने, तोष का हाल मालूम करने, और दूसरी कई किस्म की आशाएँ दिल में लेकर मैं जेल में से निकला था। दोस्तों-साथियों की फ़रमाइशें अलग थीं। इस प्रकार निराश लौट जाना मेरे लिए असह्य था। मैंने इंस्पेक्टर को बम्बई की ज़बान में, "मस्का लगाना" शुरू किया। मैंने उसे बताया कि जद्दन बाई फिल्म और संगीत की दुनिया में कितनी बड़ी हस्ती थीं। वे सिर्फ नरगिस की माँ ही नहीं, ख़ुद भी एक महान कलाकार रह चुकी थीं। उनके

परिवार से मेरा बहुत गहरा सम्बन्ध था। क्या मुझे दो मिनट के लिए भी उनके यहाँ जाकर शोक करने की इजाज़त नहीं मिल सकती?

'नहीं, नहीं। मुझे जो हुक्म है, उसी के मुताबिक चलना है। शूटिंग नहीं है तो इसका मतलब है, सीधे वापस जेल जाना।'

'पर दो मिनट देर से गए तो क्या फर्क पड़ जाएगा? मैं सिर्फ अपने ही नहीं, आपके भी फायदे की बात कर रहा हूँ। आपको पता है कि फिल्म-स्टारों का कितना बड़ा जमघट लगा होगा उनके घर में? दिलीप कुमार, कामिनी कौशल, राजकपूर, मोतीलाल, भारत भूषण, बेगम आरा, नलिनी जयवंत, अल नासिर और पता नहीं दूसरे कितने एक्टरों-एक्ट्रेसों को आप बहुत नज़दीक से देख सकेंगे। अगर चाहेंगे तो, मैं उनके साथ आपको मिला भी दूँगा। बस, पाँच मिनट अफसोस करके हम चल देंगे।'

'नहीं, नहीं! आप कम्युनिस्ट लोगों का कोई भरोसा नहीं है कि भीड़ में कब कहीं खिसक जाएँ, और मुझे नौकरी से हाथ धोने पड़ें।'

पर मैंने देखा कि उसका रवैया कुछ नर्म पड़ गया था।

मैंने व्यंग्य करते हुए कहा, 'क्यों डरते हैं? पिस्तौल आपकी जेब में है, दो कांस्टेबल आपके साथ में हैं। बेशक मुझे बाँह से पकड़े रखना।'

आख़िर वह मान गया, और हम नरगिस के घर की ओर चल दिए।

तीन महीने हो गए थे मुझे समुद्र का नज़ारा देखे हुए। चर्चगेट का मोड़ मुड़कर मेरीन ड्राइव की ओर जाने पर जब मैंने बबर शेर की तरह उन्मत्त बनी, उछलती हुई लहरों को देखा, तो मन बेचैन हो उठा। उस कैद की हालत में मैं समुद्र की असीम सुन्दरता का और भी आनन्द ले रहा था।

हज़रते खिजर गर शहीद न हों।

लुत्फ़े उम्र दराज़ क्या जानें।

नरगिस के घर में अफसोस करने वाले लोगों की जैसे बाढ़ आई हुई थी। जैसे कि मुसलमानों में रिवाज़ है, लोग अफसोस करते और कुछ देर बैठकर जनाज़े का वक्त पूछकर उठ जाते। पर मैं था कि एक बार बैठकर उठने का नाम ही नहीं ले रहा था। और इंस्पेक्टर भी फिल्म-स्टारों को देखता हुआ जैसे खो गया था।

मुझे उस दिन महसूस हुआ कि मैं अपने दोस्तों-साथियों की याद में से किस हद तक निकल चुका था। सब मेरी ओर ऐसे देख रहे थे, जैसे कोई मुर्दा कब्र में से उठकर आ गया हो। सिर्फ दुर्गा खोटे ने मेरे पास आकर मुझसे बात की। लेकिन मेरे जेल में होने का उन्हें भी कोई पता नहीं था।

ज़रूरत सिखाती है। उस दिन से मैंने पक्का फैसला कर लिया कि दिल चाहे न भी माने, फिल्मी हलकों की नज़र से मैं दूर नहीं रहूँगा और किसी-न-किसी तरह फिल्मी दुनिया को अपने अस्तित्व का अहसास कराता रहूँगा।

ऐसी बात नहीं है कि मेरे जेल में होने या शूटिंग के लिए जेल से लाए जाने की चर्चा नहीं थी। लेकिन इस चर्चा का फायदा मुझे तभी हो सकता था, अगर मैं प्रसिद्ध कलाकार होता। तब तो पत्रकार खूब मिर्च-मसाले लगाकर इस कहानी को लिखते, और फोटो खींचने के लिए जेल के फाटक तक मेरा पीछा करते। पर मेरे स्तर के कलाकार को पब्लिसिटी देने से कोई फायदा नहीं था। और न ही ऐसी पब्लिसिटी मेरे हक में जाती थी। ऐसे कलाकार को लेने का निर्माता को क्या फायदा, जिसके बारे में कोई भरोसा न हो कि वह शूटिंग के लिए बाकायदगी से आएगा। और कम्युनिस्ट शब्द के साथ तो उन दिनों कई प्रकार के बुरे विशेषण जुड़े हुए थे।

के. आसिफ़ की फिल्मसाज़ी दुनियाभर से निराली और अपनी ही किस्म की थी। उन्हें न तो पैसे की पाबन्दी थी, न ही समय की। हर बार जब मैं स्टूडियो जाता, तो *हलचल* की कहानी बदली हुई होती। ज़िन्दगी की तल्ख़ियों और कैमरे के डर ने पहले हो मेरे होश भुलाए हुए थे, अब उस वातावरण में मेरी अक्ल जैसे जवाब देने लगी। एक बार मेकअप करते हुए मैं चक्कर ख़ाकर कुर्सी से नीचे गिर पड़ा था।

कैमरे के सामने जाना मुझे सूली पर चढ़ने के बराबर लगता था। मैं अपने-आपको संभालने की बहुत कोशिश करता। कई बार रिहर्सल भी अच्छी-भली कर जाता। सभी मेरी हिम्मत बढ़ाते। पर शॉट के ऐन बीच में पता नहीं क्या हो जाता कि मुझे अपना अंग-अंग जकड़ा हुआ लगता, अपनी ज़बान हलक से नीचे उतरती हुई महसूस होती। बस, फिर रीटेक-पर-रीटेक होने लगते। मुझे लगता कि चारों ओर खड़े लोग जैसे मुझ पर हँस रहे हैं। मैं उनकी ओर से ध्यान

हटाने और अपना मन अभिनय की ओर लगाने की बहुत कोशिश करता, पर सब कुछ जैसे "आउट आफ फ़ोकस" होने लगता। मैं महसूस करता, जैसे अभिनय-कला के दरवाज़े मेरे लिए हमेशा के लिए बन्द कर दिए गए हों।

एक दृश्य इस प्रकार था: नरगिस से मेरी नई-नई शादी हुई है। मैं जेल से ड्यूटी ख़त्म करके घर आता हूँ। दिलीप कुमार, जो उम्रकैद भुगत रहा है, मेरे बंगले में बागवानी करता है। वह शादी की मुबारकबाद देने और फूलों का गुलदस्ता मुझे और मेरी पत्नी को भेंट करने के लिए आता है। नौकर चाय की ट्रे लाकर मेज़ पर रखता है। मैं नरगिस के लिए चाय का कप बनाता हुआ मीठी-मीठी बातें करने लगता हूँ। वह चुप रहती है, और मैं वर्दी उतारने के लिए कमरे में चला जाता हूँ। तब दिलीप नरगिस को अपने दुःख सुनाने लगता है, क्योंकि वे दोनों वास्तव में एक-दूसरे के प्रेमी होते हैं।

शॉट के दौरान में जब भी दिलीप या नरगिस से मेरी आँखें मिलतीं, तो मुझे लगता, जैसे वे आलोचना-भरी नज़र से मुझे घूर रहे हों। मैं उनकी नज़र का मतलब समझ न पाता, और मेरा ध्यान उखड़ जाता। तभी शॉट "कट" हो जाता। उस नज़र का रहस्य मैं आज बता सकता हूँ। शॉट से कुछ क्षण पहले तक दिलीप और नरगिस बड़े आराम से बैठे गप्प मार रहे होते, पर शॉट शुरू होते ही वे अपने-अपने पात्र में प्रवेश कर जाते; लेकिन मैं अपने पात्र से बाहर ही रह जाता। स्वाभाविक अभिनय करने की मैं भी कोशिश करता, पर यह नहीं जानता था कि स्वाभाविक होने का मतलब है, पात्र के अन्दर प्रवेश करके स्वाभाविक होना। और पात्र के अन्दर प्रवेश करने की एक मानसिक क्रिया है। मैं उस क्रिया से अनजान था, इसलिए समझता था कि मैं ख़ुद तो स्वाभाविक हो गया हूँ, पर दिलीप और नरगिस अस्वाभाविक लग रहे हैं। असलियत इसके उलट थी।

उस दिन मेरी पत्नी भी स्टूडियो के किसी कोने में बैठी शूटिंग देख रही थी। बहुत "रीटेक" हुए। मैं चाय बनाते समय अपने संवाद भूल जाता, या संवाद बोलते समय चाय बनानी भूल जाता। बहुत दुर्गति हुई मेरी।

आख़िर ओझा और आसिफ़ ने किसी-न-किसी तरह खींचतान कर वह दृश्य पूरा किया। मेरा काम ख़त्म हुआ तो दिलीप और नरगिस के संवाद शुरू हुए। मैं, *इप्टा* का तीसमारखां, जो फिल्म अभिनेताओं को किसी गिनती में नहीं

लाता था, तब पहली बार आदर और नम्रता के साथ उनकी कला की कीमत पा रहा था। मुझे लग रहा था कि मैंने ख़ुद कला की उस सीढ़ी के पहले डंडे पर भी अभी पाँव नहीं रखा था। उस दिन मुझे बहुत ज़बर्दस्त धक्का लगा।

मेरी पत्नी नई-नई इंग्लैंड से आई थी। *सिग्नलमैन दुली* की रिहर्सलों के दौरान में उसने मुझे डिक्टेटरों की तरह अभिनेताओं से पेश आने से रोका था। 'निर्देशक का काम कलाकार को कठपुतली की तरह नचाना नहीं है,' उसने कहा था। 'कलाकार की हरकतें उसके अपने अन्दर से निकलनी चाहिए, उसकी कल्पना में से।' और उसने स्तानिस्लाव्स्की का हवाला दिया था, जो मेरी नज़र में बस एक बूर्जुआ चोंचला था। मैंने पत्नी को डाँटकर चुप करा दिया था। आज अपनी मूर्खता को याद करके मैं शर्म से पानी-पानी हो रहा हूँ।

सैट के एक ओर खड़े होकर मैंने दिलीप कुमार से जैसे भिक्षा माँगते हुए कहा, 'कैमरे के आगे आप इतनी सहजता से कैसे काम कर लेते हैं? कुछ मुझे भी बताइए।'

दिलीप कुमार का जवाब मुझे आज तक याद है। 'कुछ दूसरों को देखकर सीखा है, कुछ दोस्तों ने मदद की है।'

उनके जवाब ने मुझे निराश किया। मैं उनसे सीखने के लिए इतना उत्सुक था, पर वे मुझे टाल गए थे। मेरी गाड़ी का पहिया दलदल में फँसा देखकर भी उन्होंने मेरी मदद नहीं की थी।

पर आज मैं ख़ुद यही कहता हूँ। उदाहरणार्थ, कल की बात लीजिए। मैं समुद्र-तट पर सैर कर रहा था कि कबीर बेदी मिले। उनके माता-पिता से मेरी गहरी दोस्ती रह चुकी है। मैंने उनकी कुशलता पूछी। कुछ बातों के बाद कबीर बेदी ने कहा, 'मुझे राज खोसला के साथ काम करने में बड़ा मज़ा आ रहा है। मैं ख़ुद को अपने पात्र में ढालने के काबिल हो जाता हूँ। पहले तो मैं कैमरे के सामने अपने-आपमें सिकुड़ा हुआ-सा महसूस करता था।'

'हाँ, राज खोसला बहुत बढ़िया डायरेक्टर हैं,' मैंने कहा।

'पर आप तो हर किस्म के डायरेक्टरों के साथ काम कर चुके हैं, बलराज जी। अगर डायरेक्टर अच्छा न हो तो फिर आप ख़ुद को पात्र में किस प्रकार ढाल लेते हैं?'

'हाँ, डायरेक्टर अच्छा न हो तो जान मुश्किल में फँस जाती है,' मैंने बात ख़त्म करने के अन्दाज़ में कहा।

कबीर ने सोचा होगा कि मैं बात टाल गया हूँ। पर मैं क्या करता? कला के बारे में बात करना सुई के छेद में से हाथी निकालने वाली बात है।

जज़्बाए बेअख़तयारे शौक़ देखा चाहिए
दामने शमशीर से बाहर है दम शमशीर का।

आख़िर छ: महीने की कैद काटकर मैं शारीरिक और मानसिक दोनों तरह से थका-हारा हुआ बाहर आया। जिन परिस्थितियों में मैं जेल से रिहा हुआ, उनका ज़िक्र करने की यहाँ ज़रूरत नहीं है। बस, इतना कहना काफी है कि मैं *इप्टा* के नाटक-परिवार से भी टूट गया, जो अजनबी बम्बई शहर में मेरा एकमात्र सहारा था। *इप्टा* की नज़रों में मैं देशद्रोही और गद्दार बनकर जेल से निकला था। उस परिवार में अब मेरे लिए कोई जगह नहीं थी।

यद्यपि मेरा मन ख़ुद को देशद्रोही और गद्दार मानने से इंकार कर रहा था, फिर भी इसमें शक नहीं कि मेरे हौसलों और उमंगों की कमानी हमेशा के लिए टूट गई थी। मुझे ऐसे लगता था, जैसे मेरा अन्दर खोखला हो चुका हो, और मैं जवानी में ही बूढ़ा हो गया हूँ।

हलचल की शूटिंग मेरे जेल से बाहर आने के बाद भी जारी रही। कभी-कभी लंच के समय ओझा, आसिफ़, दिलीप कुमार, याक़ूब आदि बरामदे में कुर्सियाँ रखवाकर बैठ जाते, और एक एक्स्ट्रा को, जिसका नाम बदरुद्दीन था, नक्लें निकालते के लिए कहते। शराबी, जुआरी और सड़कों पर भीड़ इकट्ठी करके दवाइयाँ बेचने वाले की नक्लें वह बहुत अच्छी लगा लेता था।

एक दिन मैंने अपने अन्दर की सारी तल्खी उसके सामने निकालते हुए कहा, 'तुम्हें यहाँ रोज़ के कितने पैसे मिलते हैं?'

'पाँच रुपए। पर उनमें से एक रुपया सप्लायर ले जाता है।'

'क्या इन चार रुपयों में नक्लें निकाल कर दिखाने के पैसे भी शामिल हैं?'

'नहीं जी।' वह हैरानी से मेरी ओर देखने लगा।

'तो फिर तुम्हें इनके सामने बन्दरों की तरह हरकतें करते हुए शर्म नहीं आती?'

मैं जितने महीने जेल में रहा, मेरे किसी फिल्मी या ग़ैर-फिल्मी दोस्त ने मेरे परिवार की आर्थिक सहायता नहीं की थी। सो, उस समय मैं अपनी तल्खी बदरुद्दीन पर निकाल रहा था।

'आप ठीक कहते हैं, साहब! पर क्या करें? बड़े लोगों को नाराज़ भी तो नहीं कर सकते,' उसने कहा।

'मैं तुम्हें तुम्हारी काबलियत के मुताबिक काम दिलाऊँगा,' मैंने यूँ ही गप्प हाँकी, 'बशर्ते कि तुम ख़ुद अपने हुनर की कद्र करो। वह तुम्हारे इन तमाशबीनों की पहुँच की बाहर की चीज़ है।'

वही बदरुद्दीन एक्स्ट्रा बाद में जाकर कामेडियन जॉनी वॉकर के नाम से मशहूर हुआ।

4

हलचल में बड़े निर्माताओं और कलाकारों के साथ काम करने का मेरा पहला तजुर्बा था, जो कई प्रकार से बहुत शिक्षाप्रद भी था। मैंने देखा कि कैसे इन लोगों के पहलू में दौलत का दरिया बहता है, कैसे फाइनेन्सर और डिस्ट्रीब्यूटर उनके दरवाज़ों पर नौकरों की तरह खड़े रहते हैं, कैसी बेदर्दी से दौलत तबाह की जाती है, कैसे ये लोग रियासती राजाओं की तरह मनमानी और ऐशपरस्ती करते हैं, कैसे उनके गिर्द जी-हुज़ूरी करने वाले मूर्ख और निकम्मे लोगों की तूती बोलती है, कैसे स्वाभिमानी व्यक्तियों की मिट्टी पलीत होती है, कैसे दिन-रात मेहनत करने वालों को अपनी तनख़्वाह के लिए भी हाथ जोड़ने पड़ते हैं।

मैंने यह भी देखा कि इन बड़े लोगों के गिर्द चुम्बकीय आकर्षण का एक क्षेत्र होता है, जिसमें फिल्मी जुनून के मारे हुए लोग आँखें मूंदे फँस जाते हैं और ख़ुद को तबाह कर लेते हैं।

यह ख़तरा मुझे ख़ुद के बारे में ही नहीं, बल्कि अयूब के बारे में भी महसूस होने लगा। उन दिनों दिलीप कुमार और कामिनी कौशल के रोमांस की बहुत चर्चा थी। दोनों कलाकार सफलता और प्रसिद्धि के शिखर पर थे। किसी हद तक अयूब का अपने छोटे भाई, दिलीप की इस समस्या के प्रति चिन्तित होना

स्वाभाविक था। लेकिन जब यह समस्या हमारी बातचीत का विषय बनने लगी तो मैं कन्नी कतराने लगा। कुछ और घटिया किस्म की ग़लतफ़हमियाँ भी पैदा हो गईं, जिनकी वजह से हमारी आपस की बोलचाल बंद हो गई। यहाँ तक कि हमारे परिवार भी एक-दूसरे से दूर हो गए।

मुझे क्या पता था कि अयूब इस दुनिया में अब कुछ दिनों के मेहमान हैं। अगर पता होता तो मैं अपनी सारी तंगनज़री और स्वार्थ को एक तरफ रखकर उन्हें सीने से लगाए रहता, और उनसे कभी दूर न होता। पर किस्मत में कुछ और ही लिखा था। अयूब की कब्र बांद्रा में है। उनके जनाज़े में मैं शामिल हुआ था, पर उसके बाद ज़ियारत के लिए एक बार भी न जा सका। फिर भी, अपने उस प्यारे और नाज़ुक दिल वाले दोस्त को बड़ी हसरत से याद करता रहता हूँ:

सँभलने दे मुझे ऐ ना-उमीदी क्या क़यामत है
कि दामान-ए-ख़याल-ए-यार छूटा जाए है मुझ से।

घर की आर्थिक दुर्दशा का अहसास बच्चों को पता नहीं कैसे हो गया था। एक दिन मैं घर लौटा तो परीक्षित अपनी छोटी बहन, शबनम को कह रहा था:

'कितनी फ़िज़ूल चीज़ हैं पटाखे! लोग यूँही पैसा बर्बाद करते हैं।'

मुझे याद आया कि अगले दिन दीवाली थी। पड़ोस में एक दिन पहले से पटाखे छुट रहे थे। मेरे दिल में टीस उठी। उसी समय मैं उलटे पाँव गया और एक दोस्त से पचास रुपए उधार लेकर पटाखों से भरा हुआ टोकरा और मिठाई लेकर वापस आया।

उन दिनों परीक्षित दस वर्ष का था। मैं दोस्ताना तौर पर, बिना पैसों के, इस बात के लिए मान गया था कि वह *हलचल* में दिलीप कुमार के लड़कपन का रोल करेगा। बाद में, नितिन बोस ने *दीदार* में भी परीक्षित को लेना चाहा, तो पारिश्रमिक के तौर पर डेढ़ हज़ार रुपए देने की बात की। मेरी पत्नी को परीक्षित का फिल्मों में काम करना बिल्कुल पसन्द नहीं था, क्योंकि इससे उसकी पढ़ाई का नुकसान होता था। पर मैंने उसे मना लिया, क्योंकि हमें पैसों की ज़रूरत थी। फिर, मैंने एक दोस्त की तरह परीक्षित के सामने सारी बात खोलकर रखी और कहा कि उस समय वह भी ख़ुद को घर का मर्द समझे, क्योंकि उसकी कमाई परिवार के लिए इस्तेमाल की जाएगी। परीक्षित चुप बना सुनता रहा। मैं अपनी

तरफ से बड़ी अक्ल की बात कर रहा था, पर कह नहीं सकता कि मनोवैज्ञानिक दृष्टिकोण से वह सही थी या गलत।

नाबालिग बच्चे का स्टूडियो में अकेले काम पर जाना ठीक नहीं समझा जाता। उसके साथ घर के किसी-न-किसी व्यक्ति का जाना ज़रूरी है। परीक्षित के साथ स्टूडियो जाने में मेरे स्वाभिमान को चोट पहुँचती थी। इस प्रकार मैं लोगों की नज़रों में बच्चे से काम कराने वाला बेरोज़गार बाप बन जाता। परीक्षित को तो मैंने मर्द बनने के लिए मना लिया था, लेकिन मैं ख़ुद मर्दानगी से परिस्थितियों का मुकाबला करने लायक न बन सका। मैंने यह सोचकर ख़ुद को तसल्ली दे ली कि नितिन बोस और दिलीप कुमार परीक्षित को अपने बच्चों की तरह समझते हैं और उसका पूरा ख़्याल रखते होंगे। मैं यह भी देखता था कि स्टूडियो से लौटने पर परीक्षित हमेशा ख़ुश नज़र आता था।

एक दिन मैं मोटर-साइकल पर सेंट्रल स्टूडियो के सामने से गुज़र रहा था कि परीक्षित से मिलने अन्दर चला गया। बड़ा डरावना दृश्य था वह, जिसकी शूटिंग की जा रही थी। एकदम अंधेरी रात। आंधी-तूफान। वीरान जंगल। और परीक्षित एक बेसहारा, मासूम बच्चे के रूप में भटक रहा है। वह चीख़ता-चिल्लाता है, पर कोई उसकी मदद के लिए नहीं आता। एकाएक एक पेड़ की मोटी टहनी उसके सिर पर आकर गिरती है। लालटेन गिरकर बुझ जाती है यानी बच्चा हमेशा के लिए अंधा हो गया है।

दीदार बहुत कामयाब फिल्म बनी थी। देश के लगभग सभी बड़े शहरों में उसने जुबली की थी। उपर्युक्त दृश्य को देखकर लाखों दर्शक रोए होंगे। पर उस समय मैं रो नहीं सका था, बल्कि मेरी आँखों में ख़ून उतर आया था। आँधी-तूफान में धूल-मिट्टी और दूसरी चीज़ों को उड़ाने के लिए बिजली के बड़े-बड़े पंखे चलाए गए थे। निर्देशक, कैमरामैन और अन्य कर्मचारी अपनी आँखों और फेफड़ों की रक्षा के लिए चेहरों पर "गैस-मास्क" चढ़ाए हुए थे। ऐसे लगता था, जैसे वे सब लोग कोई बहुत बड़ा कारनामा करने के लिए मोर्चे पर आए हुए हों। पर जिस मासूम बच्चे को ख़तरे में झोंका जा रहा था, उसकी किसी को चिन्ता नहीं थी।

देखते ही मैं भौंचक्का रह गया और सीधे नितिन बोस के पास जाकर उन्हें बुरा-भला कहने लगा। वे बड़े नम्र स्वभाव के व्यक्ति थे। सच पूछा जाए तो सारा प्रबन्ध ठीक से करना प्रोडक्शन-डिपार्टमेंट की ज़िम्मेदारी थी, नितिन बोस की नहीं। फिर भी, उन्होंने बड़ा अफसोस ज़ाहिर किया और पूरी सावधानी से और जल्दी-से-जल्दी शॉट ख़त्म करने का प्रबन्ध किया।

उस समय महेश कौल नितिन बोस के पास खड़े थे। मैं एक तरफ बैठकर सोचने लगा कि अगर मैं न आता तो मेरे बच्चे का क्या हाल होता। कभी मेरी नज़र महेश कौल की तरफ जाती तो मैं उन्हें बड़े गौर से अपनी ओर देखता हुआ पाता। वे शायद मुझे पहचानने की कोशिश कर रहे थे। या शायद सोच रहे थे कि नितिन बोस के सामने इस तरह बोलने की एक मामूली कलाकार की इतनी हिम्मत कैसे हुई। यह अनहोनी-सी बात थी। बहुत-से गरीब माता-पिता पैसे की मजबूरी के कारण अपने बच्चों से फिल्मों में काम कराते हैं और उन्हें बहुत कुछ देखा-अनदेखा करना पड़ता है।

एक दिन मधुबाला के पिता मेरे यहाँ तशरीफ़ लाए। मुझे लगा कि शायद मुझे अपनी फिल्म में काम देना चाहते हैं। पर उन्होंने परीक्षित के लिए फ़रमाइश की। अपनी निराशा को छिपाते हुए मैंने बड़ी नम्रता से इंकार किया।

'बच्चे की पढ़ाई का हर्ज़ होता है,' मैंने कहा।

वे चुप रहे और काफी देर तक मेरी ओर एकटक देखते रहे। वे मुझे बड़े सहृदय पंजाबी बुज़ुर्ग लगे। आख़िर उन्होंने कहा, 'बेटा, तुम भी बाप हो, और मैं भी एक बाप हूँ। मैंने भी ज़िन्दगी के बहुत उतार-चढ़ाव देखे हैं। और मैं इस नतीजे पर पहुँचा हूँ कि इस दुनिया में बिना पैसे के कोई किसी का दोस्त नहीं है। ज़रा ख़ुद ही सोचो, क्या रखा है आजकल की पढ़ाई-लिखाई में? मैंने तुम्हारे बेटे का काम देखा है। बहुत प्यारा लगता है वह स्क्रीन पर। काम भी बहुत अच्छा करता है। एक फिल्म रिलीज़ होने की देर है कि प्रोड्यूसर उसके लिए तुम्हारे आगे-पीछे दौड़ने लगेंगे। तुम्हें दस-दस, बीस-बीस हज़ार की रकमें देने की बात करेंगे। और फिल्म में बच्चे का काम भी कितने दिन का होता है! मुश्किल से आठ-दस दिन का। एक साथ बीस फिल्मों में काम कर सकता है। साल दो साल में तुम हर किस्म की आर्थिक चिन्ताओं से छुटकारा पा जाओगे। फिर,

चाहे एक दर्जन मास्टर घर में बुलाकर बेटे को पढ़ा-लिखा लेना। मैं तुम्हें मजबूर नहीं करता, बेटा! पर तुम्हारी भलाई की बात करना अपना फ़र्ज़ समझता हूँ। सोच लो, कोई जल्दी नहीं है। अपनी बीवी से सलाह-मशवरा कर लेना। मैं कभी फिर आ जाऊँगा।'

'खान साहब, मैं आपका बहुत शुक्रगुज़ार हूँ; पर मेरा फैसला पक्का है,' मैंने सहमी हुई-सी आवाज़ में कहा।

'अच्छा, तुम्हारी मर्ज़ी।'

उनके जाने के बाद मैं देर तक विचारों में डूबा रहा। यह कैसी दुनिया है, जहाँ आदमी को अपने किसी भी फैसले के ठीक या गलत होने का यकीन नहीं होता!

फिर भी, जब मैं मुड़कर पीछे की ओर देखता हूँ, तो सोचता हूँ कि वे दिन इतने बुरे भी नहीं थे। ज़िन्दगी में थोड़ा-बहुत वलवला था। एक रूसी फिल्म "डब" करने का छोटा-सा कॉन्ट्रैक्ट मिल गया। फेमस स्टूडियो के एक कमरे में मैं और मेरी पत्नी मूवियोला पर सारा-सारा दिन रूसी संवादों की जगह हिन्दी संवाद बोलते रहते। तोष को थोड़ी-बहुत रूसी आती थी, जिससे काम कुछ आसान हो जाता था। बच्चों को स्कूल रवाना करके और खाने का डिब्बा अपने साथ लेकर हम मोटर-साइकल पर सवार हो जाते। पड़ोस का कुत्ता भौंकता हुआ हमें कॉलोनी के फाटक तक छोड़ जाता, और शाम को हमारे स्वागत के लिए भी हाज़िर रहता। इसका भी अपना ही मज़ा था।

फेमस स्टूडियो की इमारत में ही चेतन आनन्द की फिल्म कम्पनी नवकेतन का भी दफ्तर था। चेतन को भी हमारा पता लग गया होगा। एक दिन उन्होंने मेरे सामने अपनी अगली फिल्म के लिए, जिसका निर्देशन गुरुदत्त करने वाले थे, पटकथा (स्क्रीन-प्ले) और संवाद लिखने का प्रस्ताव रखा और पारिश्रमिक के तौर पर चार हज़ार रुपए देने की बात की। मैंने ख़ुशी से प्रस्ताव स्वीकार कर लिया और उनका धन्यवाद किया।

पूना में गुरुदत्त की देव आनन्द से दोस्ती हुई थी। वहीं वे प्रसिद्ध निर्देशक ज्ञान मुखर्ज़ी के सहायक थे। कुछ साल उन्होंने अलमोड़ा में उदयशंकर के केन्द्र में नृत्य भी सीखा था। वे बहुत अच्छी बंगाली जानते थे। निर्देशन का उन्हें यह

पहला मौका मिल रहा था। साहिर लुधियानवी ने भी पहली बार इसी फिल्म में गीत लिखे थे।

फिल्म का नाम था, *बाज़ी*, जो बहुत कामयाब फिल्म बनी थी।

हिन्दी फिल्मों में पटकथा-सम्बन्धी दृष्टिकोण बहुत मैकेनिकी किस्म का रहा है, जोकि विदेशी फिल्मों के बिल्कुल उलट है। विदेशी फिल्मों के टाइटलों में विशेष महत्त्व पटकथा और उसके लेखक को दिया जाता है। उसके नीचे छोटे अक्षरों में कहानी या उपन्यास और उसके लेखक का नाम दिया जाता है।

पर हिन्दी फिल्मों में विशेष महत्त्व कहानी को दिया जाता है। कहानी का चौखटा गढ़ लेने के बाद दृश्य लिखने को ही पटकथा का नाम दिया जाता है। और जब सारे दृश्य लिख लिए जाते हैं, तो उनमें संवाद भर दिए जाते हैं। निर्माताओं को कहानी पर इतना भरोसा होता है कि दृश्य और संवाद कई बार सैट लगने वाले दिन तक लिखे ही नहीं जाते। कई बार तो कैमरामैन शॉट के लिए लाइटिंग ठीक करके शॉट लेने के इन्तज़ार में बैठा रहता है। प्रकट है कि ऐसी हालत में चरित्र-चित्रण की ज़्यादा गुंजाइश नहीं रहती।

उन दिनों फिल्मिस्तान के प्रसिद्ध निर्माता, शशधर मुखर्ज़ी को "बॉक्स-ऑफिस" का जादूगर माना जाता था। उनकी कोई फिल्म फेल नहीं होती थी। उनका फॉर्मूला था कि पटकथा को जानबूझकर बनावटी और कमज़ोर रखना चाहिए, ताकि दर्शक गाने और नाच का बेसब्री से इन्तज़ार करें। अगर दर्शक कहानी में खो गए तो नाच और गाने उन्हें फ़िज़ूल और उकताहट-भरे लगेंगे, जो कि बॉक्स-ऑफिस के दृष्टिकोण से ठीक नहीं हैं। हिन्दी फिल्मों की कामयाबी की बुनियाद एक ही है—गाने।

गुरुदत्त इस फार्मूले के किस हद तक कायल थे, मैं नहीं जानता था। पर इसमें शक नहीं कि नाच-गानों में उनकी बहुत दिलचस्पी थी। पटकथा को वे उनके बाद ही महत्त्व देते थे। फिर उन्हें मुश्किल से निर्देशन का मौका मिला था। और वे जल्दी-से-जल्दी सैट पर जाना चाहते थे।

पर मेरा दृष्टिकोण कुछ और था। गुरुदत्त की कहानी, जिसके आधार पर मुझे पटकथा लिखनी थी, मुझे बहुत कच्ची और धुंधली लग रही थी। मैं पात्रों और परिस्थितियों को उन कद्रो-कीमतों के अनुसार पेश करना चाहता था, जो

मैंने साहित्य और रंगमंच से सीखी थीं। दृश्य और संवादों को अलग-अलग कर लिखना मेरी नज़र में बहुत बड़ी गलती थी। पटकथा को मैं एक पौधे की तरह देखता था, जिसकी जड़ें, तना, टहनियाँ और पत्ते अपने सही क्रम में धीरे-धीरे विकसित होते हैं। सो, मैंने पूरी पटकथा लिखने के लिए छः महीने माँगे। गुरुदत्त को मजबूर होकर छः महीने इन्तज़ार करना पड़ा। मैं चेतन का दोस्त था, इसलिए गुरुदत्त मुझ पर एतराज़ भी नहीं कर सकते थे। लेकिन वे मन-ही-मन में कुढ़ते ज़रूर थे। वे चाहते थे कि मैं फिल्म को एक बार "फ्लोर" पर ले जाने दूँ, फिर चाहे लिखने में कितनी ही देर लगाऊँ। पर मैं अपनी बात पर अड़ा रहा। मैं जानता था कि एक बार फिल्म की शूटिंग शुरू हो गई तो मैं परवश हो जाऊँगा।

बड़े हँगामी दिन थे वे भी। किसी दृश्य के बारे में सोचते और बहस करते हुए हम कई रातें सड़कें नापने में बिता देते। कभी गुरुदत्त मेरे यहाँ आकर डेरा लगा लेते, कभी मैं माटुंगा में उनके छोटे-से फ्लैट में जाकर टिक जाता। उनकी माताजी मुझे बहुत प्यार करने लगी थीं।

उन दिनों लेखक-निर्देशक, ज़िया सरहदी मेरे पड़ोस के एक होटल में रहने लगे थे। *हलचल* के सेट पर मैं उन्हें देखा करता था। देखने में सुन्दर थे, और ज़बान के मीठे। उन दिनों वे के. आसिफ़ की अगली फिल्म लिख रहे थे; पर आसिफ़ के साथ उनका कुछ मतभेद हो गया था।

गुरुदत्त और मैं *बाज़ी* के क्लाइमेक्स पर बुरी तरह उलझे हुए थे। कई हफ्तों से कोई राह दिखाई नहीं दे रही थी। एक शाम हम ज़िया सरहदी के पास जा बैठे, और उनकी सलाह माँगी। उन्होंने झट हमें क्लाइमेक्स सुझा दिया। सूझा उन्हें भी किसी पुरानी अमरीकी फिल्म में से था, लेकिन हमारी कहानी के साथ फिट बैठता था। हम ख़ुशी में छलांगें लगाने लगे। हमने चाहा कि कहीं से व्हिस्की की बोतल लाएँ और जश्न मनाएँ। पर हम दोनों की जेबें खाली थीं। ज़िया की हालत तो हमसे भी ख़स्ता थी।

बहुत अरसा पहले ज़िया ने मुझे *इप्टा* के एक नाटक, सड़क के किनारे में रोल करते देखा था। उस शाम उन्हें उस नाटक की याद आई। अगले दिन वे मुझसे ज़िक्र किए बिना के. आसिफ़ वाली कहानी, जिसका नाम उन्होंने *हम*

लोग रखा था, रणजीत मूवीटोन के मालिक, सेठ चंदूलाल शाह को सुनाने चले गए। सेठजी को कहानी बहुत पसंद आई और उन्होंने आसिफ़ को किसी-न-किसी तरह मनाकर वह उनसे ख़रीद ली।

पर जब उन्हें यह पता लगा कि ज़िया ने जो रोल दिलीप कुमार के लिए लिखा था, वह मुझ जैसे गुमनाम, बल्कि बदनाम अभिनेता से करवाना चाहते हैं, तो वे गहरी सोच में पड़ गए। और जब उन्होंने मुझे प्रत्यक्ष रूप में देखा, तब तो जैसे उनका दिल ही बैठ गया।

5

मैं जब भी मोटर-साइकल पर माहीम के इलाके में से गुज़रता, किसी-न-किसी जगह बदरू (जॉनी वॉकर) मुझे ज़रूर दिखाई दे जाता। कभी वह मुझे रोक लेता और मेरा वादा याद कराता। मैं भी भूला नहीं था। बदरू को ख़ासतौर पर ध्यान में रखकर मैंने *बाज़ी* के कथानक में शराबी का एक छोटा-सा महत्त्वपूर्ण पात्र डाला था। पर अब सवाल यह था कि निर्माता और निर्देशक को कैसे मनाऊँ कि उस पात्र के लिए वे बदरू को ही लें।

आख़िर मैंने एक तरकीब सोची और वह बदरू को समझा दी।

अगले दिन सुबह जब चेतन, देव, गुरुदत्त और मैं दफ्तर में बैठे विचार-विमर्श कर रहे थे, तो देखा कि एक शराबी नशे में धुत्त बना, चपरासी के रोकने पर भी, अन्दर घुस आया है और क्लर्कों को तंग कर रहा है। तभी वह सीधा हमारे पास पहुँच गया और देव आनन्द को सम्बोधित करके अंट-शंट बोलने लगा। उसने ऐसा ठाठ बाँधा, जिसका जवाब नहीं था। हँस-हँसकर हम सबके पेट दुखने लगे। हमारी हँसी ज़रा ठंडी होती कि वह फिर कोई नया नुक्ता छेड़कर रौनक लगा देता। आधा-पौना घंटा इसी तरह होता रहा। आख़िर चेतन को दफ्तर की मर्यादा का ख़्याल आया। उन्होंने बेतहाशा हँस रहे कर्मचारियों को डाँटा और उस शराबी को दफ्तर से ज़बरदस्ती बाहर निकालने का हुक्म दिया।

उसी समय मैंने बदरू को सलाम करने के लिए कहा। वह उसी समय अटेंशन हो गया और किसी मदारी की तरह सबको सलाम करने लगा। देखने वालों की

हैरानी का हद-हिसाब नहीं था। कुछ क्षण पहले जो व्यक्ति मदहोश था, अब पूरी तरह होश में था। सच तो यह है कि जिस शराब के कारण सिनेमा के लाखों दर्शक बदरुद्दीन को याद करते हैं, उसे उसने सारी उम्र कभी हाथ नहीं लगाया है।

चेतन प्रश्नवाचक दृष्टि से मेरी ओर देख रहे थे। मैंने उन्हें बताया कि यह सारा प्रपंच क्यों रचा गया था। उन्होंने बड़ी ख़ुशी से वह रोल बदरुद्दीन को देना कबूल कर लिया।

उस छोटे-से दृश्य के आधार पर जॉनी वॉकर की किस्मत चमक गई। एक साल के अन्दर-अन्दर वे मुझे बहुत पीछे छोड़कर मशहूरी और अमीरी की चोटी पर जा पहुँचे।

फिल्मों में मौके का इन्तज़ार करना ही काफी नहीं होता, अपने अन्दर यह योग्यता पैदा करना भी बहुत ज़रूरी होता है, ताकि मौका मिलने पर उसका पूरा लाभ उठाया जा सके। इस बात की ओर नए कलाकारों का ध्यान ज़्यादा नहीं जाता।

बाज़ी में नर्तकी के रोल के लिए गुरुदत्त गीता बाली को लेना चाहते थे। एक शाम हम दोनों कहानी सुनाने के लिए वर्सोवा में उनके बंगले पर गए। गीता बाली स्टूडियो से काफी देर से आईं। उनके चेहरे पर अभी तक मेकअप था, और लिबास भी कम्पनी का ही पहना हुआ था। वे बेहद सुन्दर लग रही थीं। एक तो किसी फिल्मी अभिनेत्री को कहानी सुनाने का मेरा पहला मौका था, दूसरे उनकी हरकतें ऐसी चंचल थीं कि मुझे सारा समय ऐसा लगता रहा, जैसे उन्हें सख़्त उकताहट हो रही हो। लेकिन उनकी समझबूझ कमाल दर्जे की थी। मैंने स्क्रिप्ट का अभी एक-तिहाई हिस्सा ही पढ़ा था कि गीता बाली सोफे पर से उठ खड़ी हुई और उन्होंने कहा, 'बहुत बढ़िया! मैं ज़रूर आपकी फिल्म में काम करूँगी। बाकी बातें आप बीबीजी से कर लें।'

वे अन्दर चली गईं। हमारी ख़ुशी का कोई ठिकाना नहीं रहा। गीता बाली उन दिनों लगभग तीस फिल्मों में काम कर रही थीं। हम बहुत कम आशा लेकर आए थे।

बाज़ी और *हम लोग* एक ही समय सैट पर गई। शूटिंग शुरू होने के बाद मैं एक बार भी गुरुदत्त के सैट पर नहीं गया। और न ही उन्होंने मुझे कभी बुलाया

ही। छः महीने मेरे साथ माथा-पच्ची करके वे तंग आ चुके थे। मुझे लगता था, जैसे मैंने एक बच्चे को जन्म देकर उनके हवाले कर दिया हो। राज खोसला और कुलदीप कोहली उन दिनों गुरुदत्त के सहायक थे। मैं उनसे बातों-बातों में *बाज़ी* के बारे में पूछता। वे बड़े निराशा भरे जवाब देते। एक दिन तो कुलदीप कोहली ने साफ सुना दिया, 'स्क्रिप्ट तो जो है सो है, पर कर रहे हैं कुछ जोड़-तोड़।'

मेरा दिल बैठ गया। मैंने कथानक में छः गानों के लिए जगह बनाई थी। मैंने सुना कि गुरुदत्त छ: के बजाय नौ गाने डाल रहे थे। तीन नए गाने घुसेड़ने के लिए मुझे पूछे बिना, पता नहीं कितने दृश्य काटे जाएँगे। सोच-सोचकर मुझे रात को नींद न आती। फिल्मों में लेखकों की बेकद्री और बेचारगी के किस्से मैंने सुने हुए थे। मैं वैसा लेखक नहीं बनना चाहता था। मैं चेतन के सामने अपने अधिकारों का ज़रूरत से कुछ ज़्यादा प्रदर्शन करने लगा। यह बात गुरुदत्त को बुरी लगी। हमारी दोस्ती रस्मी-सी होकर रह गई। मुझे क्या पता था कि अयूब की तरह गुरुदत्त भी इतनी जल्दी इस संसार से कूच कर जाएँगे!

(यह पंक्ति लिख ही रहा था कि सुना, मीनाकुमारी भी चल बसी हैं।)

(31-3-72)

खंडाला में *पिंजरे के पंछी* की आउटडोर-शूटिंग। शॉट है: मीनाकुमारी आत्महत्या करने के लिए रेल की पटरी पर चली जा रही हैं। मैं उनके पीछे 'बहू! बहू!' पुकारता हुआ भाग रहा हूँ, और ऐन वक्त पर उन्हें गाड़ी के नीचे आने से बचा लेता हूँ। हम दोनों रेलवे-लाइन से बाहर गिर पड़ते हैं, और हमारे बीच में बड़ा जज़्बाती झगड़ा होने लगता है।

सलिल चौधरी सिर्फ हमारे भागने और रेलवे लाइन से बाहर गिरने का शॉट लेना चाहते थे। गाड़ी के आने और हमारे झगड़े के शॉट वे बाद में बैक प्रोजैक्शन की मदद से ले सकते थे।

अचानक मुझे ख़्याल आया कि डेक्कन क्वीन के आने का समय हो रहा है। वह खंडाला पर नहीं रुकती थी। अगर कैमरामैन जल्दी-जल्दी लाइटें फ़िक्स कर लें, तो सारा सीन एक ही शॉट में हो सकता है। मैंने सलिल चौधरी से बात की तो उन्होंने मीनाकुमारी से पूछा। वे झट मान गईं। सो, जल्दी-जल्दी सारी तैयारी कर ली गई। तब मुझे ख़्याल आया कि मीनाकुमारी को तो सिर्फ एक बार

सुनकर संवाद याद हो जाते हैं, लेकिन मेरा क्या बनेगा? काफी लम्बे संवाद थे वे। पर उस समय सोचने का समय नहीं था। मैं संवाद अभी पूरी तरह सुन भी नहीं पाया था कि सामने से गाड़ी आ गई, बड़ी तेज रफ़्तार के साथ।

ड्राइवर ने हमें लाइन पर भागते हुए देखकर लम्बी-लम्बी सीटियाँ बजानी शुरू कर दीं। मुझे खीझ होने लगी। अगर वह इसी तरह सीटियाँ बजाता गया, तो हमारे संवाद कैसे रिकॉर्ड होंगे? मुश्किल से दस गज़ का फासला रह गया होगा, जब मैं मीनाकुमारी को बाँहों में भरकर लाइन के बाहर गिर पड़ा। गाड़ी के पहिए हमारे पीछे खड़-खड़ करते हुए गुज़र रहे थे। लाइटें ठीक हमारे चेहरों पर पड़ रही थीं। सब काम बड़ी ख़ूबसूरती से हो गया। हमने ख़ुशी-ख़ुशी मेकअप किया और होटल में पहुँचे। मेरा सारा शरीर दुख रहा था। थकावट से अंग-अंग चूर था। मैं गर्म पानी का टब भरकर उसमें लेट गया। एकाएक मुझे अपनी थकावट का कारण समझ में आया। कितना ख़तरनाक काम मोल लिया था हमने! अगर हममें से किसी का भी पाँव लड़खड़ा जाता तो? कितनी मूर्खतापूर्ण तजवीज़ पेश की थी मैंने! किसी दूसरे की जान ख़तरे में डालने का क्या हक था मुझे? मुझे बेहद पछतावा होने लगा।

नहाकर मैं कमरे से बाहर निकला। मीनाकुमारी अपनी कॉटेज के बाहर बरामदे की सीढ़ियों पर बाँहों में सिर दिए बैठी हुई थीं।

मुझे देखकर उन्होंने कहा, 'आज यह क्या किया, बलराज जी, आपने? ज़िन्दगी से तंग आए हुए हैं क्या?'

'यही सोच-सोचकर तो मेरी जान निकली जा रही है। मैं तो बेवकूफी कर ही रहा था, पर तुमने मुझे क्यों नहीं रोका?'

वे हँस दी। वही हँसी, जो आदमी एक बार सुनकर कभी भुला नहीं सकता।

'आप शॉट जो उस तरह लेना चाहते थे। भला मैं आपको कैसे रोकती?'

तमाशे की दुनिया! मीनाकुमारी अपना खेल ख़त्म करके चली गईं।

इक दम दी वारसा एह दुनिया
रब बेवारिस कर मारदा ए।

(यह दुनिया एकदम की है, वारिस! ईश्वर लावारिस बनाकर मारता है।)

हम लोग की शूटिंग शुरू हुई तो मेरी बुरी हालत थी। पहले दिन मैं एक भी अच्छा शॉट न दे पाया। कैमरे का डर जो पहाड़ की तरह मेरी छाती पर बैठा चला आ रहा था, अब असह्य हो उठा। उस दृश्य में अनवर हुसैन मेरे साथ काम कर रहे थे मुर्गी चोर कुन्दन के रोल में। उनकी ओर देखते ही मेरा आत्मविश्वास टूट जाता, होश-हवास उड़ जाते। शॉट तो क्या, एक भी रिहर्सल मुझसे सिरे न चढ़ी। मेरी उस हालत का अन्दाज़ा इस बात से लगाया जा सकता है कि एक मौके पर जब मैं हवा खाने के लिए बाहर बैंच पर जाकर लेटा, तो पतलून में मेरा पेशाब निकल गया।

लंच की छुट्टी के बाद मैं किसी हद तक अपने को सम्भाल सका। एक-दो शॉट भी हुए, पर जैसे मुझे हौसला देने के लिए ही ओके किए गए। मैं जितना ही डरता, अनवर हुसैन उतने ही जोश में आते। फिल्मों की शूटिंग में आमतौर पर यही होता है। यहाँ खरबूज़े को देखकर खरबूज़ा रंग पकड़ता नहीं, बल्कि रंग छोड़ता है। अनवर का रोल बेहद चुलबुला था। ऐसा लग रहा था, जैसे वह उन्हीं के लिए तैयार किया गया हो।

अनवर हुसैन *हम लोग* की जान थे। उनका अभिनय अद्वितीय था। उस के बाद पिछले बीस-बाईस वर्षों में उस स्तर का रोल उन्हें एक बार भी नहीं मिला।

ज़िया उस दिन मुझे टैक्सी में अपने साथ बैठाकर स्टूडियो ले गए थे। शाम को भी हम टैक्सी में इकट्ठे ही वापस आए।

रास्ते में मैंने बड़ी नम्रता से कहा, 'ज़िया, जो भरोसा तुमने मुझपर किया है, मैं उसके काबिल नहीं हूँ। तुम्हें बड़ी मुश्किलों से फिल्म मिली है। अभी कुछ भी बिगड़ा नहीं है। मेरी जगह किसी और को ले लो। मैं बिल्कुल बुरा नहीं मानूँगा।'

जवाब में ज़िया ने जिस अपनत्व और बड़प्पन का सबूत दिया, उसे मैं भूल नहीं सकता। अपनी आदत के अनुसार वे कुछ देर दाँतों तले अपना नाख़ून काटते रहे। फिर उन्होंने कहा, 'बलराज साहब, अब तो या इकट्ठे तैरेंगे, या इकट्ठे डूबेंगे।'

पर इस जवाब से मुझे न हौसला मिला, न ख़ुशी मिली, बल्कि अगले दिन फिर कैमरे के सामने जाने का डर और ज़्यादा सताने लगा।

घर पहुँचकर अपनी पत्नी को देखते ही मैं फूट-फूटकर रोने और दीवार से सिर टकराने लगा।

'मैं कभी ऐक्टर नहीं बन सकता, कभी नहीं!' मेरे मुँह से बार-बार निकल रहा था।

इतने में ज़िया सरहदी का द्वितीय सहायक, नागरत वहाँ आया। उसकी उम्र मुश्किल से उन्नीस साल की होगी। उसने मुझे उस हालत में देखा, तो लगा ऊँची आवाज़ में डाँटने-फटकारने।

'कायर! डरपोक! बड़े कम्युनिस्ट बने फिरते हैं! और आपकी आत्मा है कि अमीरों के जूतों में पल रही है। शर्म से डूब मरना चाहिए आपको!'

मैं भौंचक्का-सा उसके चेहरे की ओर देखने लगा।

वह बोले जा रहा था, 'यार ऐक्टिंग नहीं कर सकते? बिल्कुल बकवास! आप दूसरों से सौ दर्जे बेहतर एक्टिंग कर सकते हैं; मगर तब तक नहीं, जब तक आप उनकी मोटरों की तरफ देखते रहेंगे, उनकी शोहरत और अमीरी के रोब के नीचे दबे रहेंगे। अनवर अमीर है, नरगिस का भाई है। इसीलिए आपकी जान निकली जा रही है। ईर्ष्या आपको अन्दर-ही-अन्दर खा रही है। बड़े दावेदार बनते हैं कला के! लेकिन असल में आपकी नज़रें कला की तरफ नहीं, दौलत की तरफ हैं। वही सबसे बड़ी और ऊँची चीज़ है आपकी नज़रों में। हाथी के दाँत खाने के और, दिखाने के और।'

इप्टा का नाटक, सड़क के किनारे नागरत ने भी देखा था। उसमें भी मैंने एक बेरोज़गार और बीमार नौजवान का रोल किया था। पूरे नाटक में वह पात्र पूँजीवादी व्यवस्था के विरुद्ध ज़हर उगलता है। वह रोल मैं बड़े जोशीले और प्रभावशाली ढंग से करता था। मेरे शब्द दर्शकों के दिलों में उतरते चले जाते थे, उन पर बहुत गहरा असर डालते थे। नाटक के अन्त में हॉल तालियों से गूँज उठता था। *हम लोग* का मेरा रोल भी वैसा ही था। फिर, रो-रोकर दीवार से सिर फोड़ना कहाँ की अक्लमन्दी थी?

नागरत का तीर निशाने पर बैठा। उसने मेरे रोल का रहस्य मुझे समझा दिया–नफ़रत। हर आदमी से नफ़रत। हर चीज़ से नफ़रत। पूरी ज़िन्दगी से नफ़रत। बेहिसाब नफ़रत।

मेरे ठंडे, निर्ज़ीव शरीर में गर्मी आई। मेरी आत्मा पर नागरत सूरज बनकर चमक उठा। उन्नीस साल के एक नौजवान ने मेरी कठिनाई कैसे पहचान ली, यह सोचकर मैं आज भी हैरान होता हूँ।

उस रात मैं अपने भीतर नफ़रत की भट्ठी जलाता रहा। अब मैं समझ गया था कि मेरा हौसला अकारण ही नहीं टूटा था, बल्कि मेरे परिवेश ने जान-बूझकर या अनजाने उसे तोड़ने की साज़िश की थी। यह परिवेश नए कलाकार को ऊपर उठाता नहीं, बल्कि हर सम्भव उपाय से कुचलना चाहता है। और उस कलाकार को तो वह हर हालत में कुचलता है, जो कोई विशेष शारीरिक या मानसिक गुण लेकर जन्म लेने का गुनाह कर बैठा हो। जो कलाकार ठीक समय पर इस बात को समझ गया और अपने बचाव के लिए डट गया, समझिए वह बच गया। जिसने अपने बारे में दूसरों की बातें कबूल कर लीं, वह ख़त्म हो गया।

उस रात मैंने अपने दोस्तों, साथियों और दूसरे लोगों को उस नफ़रत की भट्ठी में झोंक दिया। मैं सबको अपने दुश्मन के रूप में देखने लगा। मेरा हौसला बढ़ने लगा, सहम घटने लगा। तब मैं बेसब्री से उस पल की प्रतीक्षा करने लगा, जब अनवर से मेरा मुकाबला होगा, अपने ही जैसे परिस्थितियों के गुलाम एक आदमी से। असल में मैं घोर अन्याय कर रहा था।

अगले दिन मैं ज़िया के साथ नहीं, बल्कि अपनी मोटर-साइकल पर बैठकर स्टूडियो गया। मेकअप-मैन, दादा परांजपे मेरे कमज़ोर झुर्रियों-भरे चेहरे पर कई प्रकार के लेप और रंग लगाने लगे, ताकि मैं कैमरे के सामने सुन्दर लगूँ। मैंने उन्हें रोक दिया। 'मुझे कोई ज़रूरत नहीं है सुन्दर बनने की। और न मैं सिर पर नकली बाल ही लगाऊँगा। मैं जैसा हूँ, वैसा ही रहने दो मुझे। पैक-केक का सादा-सा पोचा फेर दो चेहरे पर, और बस। मैं अपने चेहरे को अपना महसूस करना चाहता हूँ।'

दादा परांजपे मेरे मुँह की ओर देखते रह गए। फिर बोले, 'जैसे ज़िया साहब ने कहा है, वैसे ही करना होगा।'

जवाब में मैंने कड़ककर कहा, 'ज़िया साहब डाइरेक्टर हैं और मैं पिक्चर का हीरो हूँ। उनका दोस्त भी हूँ। हम आपस में निबट लेंगे। आप वही कीजिए, जो मैं कहता हूँ।'

दादा को झुकना पड़ा।

वहाँ से सैट तक, अहाते में, कई चमचमाती हुई मोटरें खड़ी थीं। मैंने इधर-उधर देखा और एक-दो पर थूका। फिर, बाकी मोटरों पर मन-ही-मन थूका। जब मैं सैट पर पहुँचा तो अनवर की तरफ ऐसी हिकारत से घूरकर देखा, जैसे वे सचमुच अपनी बहन के टुकड़ों पर पलते हों। (आज यह सब सोचकर मन में बड़ी ग्लानि होती है।) और जब अनवर ने मेरी नज़र के सामने आँखें झुका लीं, तो मैंने जीत का गुरूर महसूस किया।

इस समाज में हर आदमी दूसरे आदमी का दुश्मन है। इसीलिए तो इस किस्म के फिल्मी मुहावरे सुनाई देते हैं: 'वह उसे खा गया', 'वह उस पर छा गया।' आज देखता हूँ कि कौन मुझे खाता और कौन मुझ पर छाता है! मैं अपने मन में बार-बार कह रहा था।

अजीब बात थी कि मुझे पूरे दृश्य के संवाद अपने-आप याद हो आए। रिहर्सल में मैं इस तरह बोला, जैसे बाज़ चिड़िया पर झपटता है। ज़िया ने मुझे सीने से लगा लिया। पास खड़े मेरे गुरुदेव यानी नागरत की आँखें चमक रही थीं। उस दिन ख़ुशी-भरे वातावरण में शूटिंग हुई। पूरे स्टूडियो में जैसे नया ख़ून दौड़ गया।

कहावत है न कि चहा सोंठ का टुकड़ा पाकर पनसारी बन बैठा था। मैं भी नफ़रत पाकर कलाकार बन गया। अगर मेरा रोल या वह दृश्य किसी और मूड का होता, तो यह नफ़रत काम न आती। और क्योंकि मुझे वह नफ़रत रास आ गई थी, इसलिए वह सब रोगों की दवा प्रतीत होने लगी। मैं ज़िया की उम्मीदों पर कुछ-कुछ पूरा उतरने लगा। मैं जो कुछ कर रहा था, वह फिल्म अभिनय की दृष्टि से घटिया था, पर उस पात्र के संदर्भ में वह बहुत अनुकूल और सही था। मेरी किश्ती भंवर में से निकल आई। ख़ुशकिस्मती से संवाद काव्यात्मक और नाटकीय थे।

छोटी-सी हार पर हौसला छोड़ देना, और छोटी-सी जीत पर फूलकर कुप्पा हो जाना अनाड़ी कलाकार की पहली निशानी है। ज्योंही मेरी गाड़ी चल पड़ी, मैं दोस्तों-साथियों में बैठकर चढ़-चढ़कर बातें करने लगा।

रणजीत स्टूडियो के फाटक में दाखिल होते ही पहली नज़र उस बरामदे पर पड़ती है, जहाँ गौहरबाई और सेठ चन्दूलाल शाह रोज़ सुबह अपना दरबार लगाते थे। फिल्म-लाइन की सब बड़ी-छोटी हस्तियाँ उनके दर्शन करने आती थीं। जिसे विशेष सम्मान देना होता, उसे सेठजी खाने के लिए रोक लेते। शाम को सेठजी अपनी पेढ़ी पर चले जाते—सट्टे के कारोबार के सिलसिले में। फिल्मों और सट्टे में उन्होंने करोड़ों रुपए कमाए थे, और करोड़ों ही हारकर बैठ गए थे।

उनका बादशाहों का-सा मिज़ाज था। रेस के घोड़ों के साथ उनकी फोटो आए दिन समाचार-पत्रों में छपती थीं। उनका छः फुट से ऊँचा कद था, मीठी मनमोहक मुस्कुराहट, और चांदी-से सफेद बाल थे। अनवर हुसैन उन्हें प्यार से "नेगेटिव प्लेट" कहकर बुलाते थे। यह बात मशहूर थी कि एक बार रेस के बाद पूना से बम्बई लौटते समय सेठजी अपनी पूरी फिल्म हार आए थे। और एक शीशमहल का दृश्य लेने के लिए उन्होंने संगमरमर के बुतों के बजाय मैट पर नंगी लड़कियाँ खड़ी की थीं। और भी कई किस्म की कहानियाँ – सच्ची या झूठी – उनके बारे में प्रचलित थीं।

सेठजी के दिल में कलाकारों के लिए बहुत कद्र थी। मेरे काम के बारे में उनकी चाहे जो भी राय रही हो, मेरे साथ उनका सलूक बहुत अच्छा था। कॉन्ट्रैक्ट करते समय उनके साथ मेरी बड़ी दिलचस्प बातचीत हुई थी। उस समय ज़िया भी पास बैठे हुए थे।

सेठजी ने कहा, 'भाई, सच्ची बात तो यह है कि तुम हमको इस रोल के लिए पसन्द नहीं हो। पर चलो, डाइरेक्टर तुमको ही माँगता है, तो इसमें हम क्या कर सकते हैं! बताओ, तुमको क्या दें?'

मैंने कहा, 'मैं तो, सेठजी, बताने की पोज़ीशन में नहीं हूँ। आप जो देंगे, ले लूँगा।'

'नहीं-नहीं, अब जो तुम्हें ले ही रहे हैं, तो हम चाहेंगे कि तुम ख़ुशी-ख़ुशी काम करो।'

'दस हज़ार दे दीजिए,' मैंने कुछ क्षण सोचने के बाद कहा।

'दस?' सेठजी हँस पड़े। 'हमने तो पाँच सोचा था। पर पाँच और दस में कौन-सा बड़ा फ़र्क है! तुम दस से ख़ुश होते हो, तो हम दस ही दे देंगे।'

मेरा हौसला बढ़ा, और मेरे मुँह से निकला, 'सेठजी, आप कुछ भी दें, पर मेरी दरख्वास्त है कि मुझे बाकायदा हर महीने किस्त मिलती रहे। मेरे सिर पर कर्ज़ है, और मैं बड़ी मुश्किल के दौर में से गुज़र रहा हूँ।'

'अच्छी बात है। तुम्हें हर महीने के पहले हफ्ते डेढ़ हज़ार रुपए मिल जाया करेंगे।' उसी समय उन्होंने मैनेजर को बुलाकर इस बारे में हिदायत दे दी।

उन दिनों सेठजी ख़ुद भी मुश्किल के दौर में से गुज़र रहे थे। इसीलिए वे अपनी आदत के उलट छोटे बजट की फिल्म बना रहे थे। *हम लोग* के दूसरे कलाकारों को आज तक पैसे नहीं मिले, पर मेरे साथ सेठजी ने अपना वादा पूरी तरह निभाया।

उन दिनों राजकुमार पुलिस इंस्पेक्टर थे। मैं उन्हें कई मौकों पर सेठजी के पास बैठे देखता। पुलिस की वर्दी में वे बहुत ही सुन्दर लगते थे। राजेन्द्र कुमार भी सेठजी के यहाँ बहुत चक्कर लगाया करते थे। इससे मुझे अनुमान होता है कि मेरे साथ कॉन्ट्रैक्ट करने के बाद भी सेठजी ज़िया को सही रास्ते पर लाने की कोशिशें करते रहे होंगे।

एक दिन शॉट के दौरान दुर्गा खोटे ने मेरे कान में कहा, 'तुम्हारे डायलॉग कुछ फ्लैट हो रहे हैं।' यह सुनकर पहले तो मेरे आत्मविश्वास का बुर्ज ढहने लगा, पर फिर मैं सम्भल गया। मुझे महसूस हुआ कि नागरत की तरह उन्होंने भी मुझ पर कृपादृष्टि की है। मुझे उनका आभारी होना चाहिए। कभी डेविड ने भी तो इसी तरह मुझे सही रास्ता दिखाया था। कितना काम पा रहा था उनका दिया सबक! मैं अपनी रिहर्सलों और "टेकों" का ख़ुद आलोचक बन गया। दुर्गा खोटे ने बिल्कुल ठीक कहा था। मैं सारे वाक्य एक ही सुर में बोले जाता था; उनमें वे उतार-चढ़ाव गायब थे, जोकि स्वाभाविक बोलचाल में ज़रूरी हैं।

अब मैं रिहर्सल से पहले एक कोने में चला जाता, डेविड के बताए तरीके के मुताबिक संवाद अपने दिमाग में बैठाता, और दुर्गा खोटे की बात ध्यान में रखकर उतार-चढ़ाव पर ग़ौर करता, ताकि उनके अन्दर छिपे हुए भाव भी साकार हों।

मैंने एक और कसौटी तलाश ली थी। मैं ख़ुद से पूछता कि अगर यही संवाद मुझे पंजाबी में बोलने हों, तो कैसे बोलूँगा? पंजाबी मेरी मातृभाषा है

और वह हिन्दी के बहुत निकट है। इस प्रकार स्वाभाविक ढंग से संवाद बोलने के रास्ते में मैं एक कदम और आगे बढ़ सका।

इसी तरह कुछ ज़िया की, कुछ अपने साथियों की, और कुछ स्टूडियो के सुखद वातावरण की सहायता से मेरा काम ज़ोर पकड़ता गया, और फिल्म के बारे में भी अच्छी बातें कानों में पड़ने लगीं।

स्टूडियो के वातावरण के बारे में एक बात स्पष्ट करना चाहता हूँ कि वह सबके लिए एक-सा सुखद नहीं होता। उदाहरणार्थ, ज़िया फिल्म के एडिटर के लिए एक आदमी बाहर से लाए थे, जिसकी वे बहुत तारीफें करते थे, और उसे फिल्म इंडस्ट्री के सबसे बढ़िया एडिटरों में गिनते थे।

बद्किस्मती से उस एडिटर के पिता दिल का दौरा पड़ने के कारण पूरे हो गए। उसके पास अन्तिम संस्कार के लिए भी पैसे नहीं थे। अपनी सहायता के लिए वह स्टूडियो आया। सुबह के दस बजे से शाम के चार बजे तक वह पैसों के इन्तज़ार में बैठा रहा। स्टूडियो के अन्दर हमारी शूटिंग निर्विघ्न चलती रही।

उस एडिटर के दिल-दिमाग को बहुत गहरा सदमा पहुँचा। *हम लोग* के बाद उसने काम छोड़ दिया और नीम पागल-सा हो गया। वह दिन-रात शराब पीने लगा, और हर जगह निःसंकोच होकर भीख माँगने लगा। आख़िर उसकी हालत बहुत ही ख़राब हो गई। मैं तरस ख़ाकर कभी उसकी थोड़ी-बहुत मदद कर देता। पर इससे उसका फायदा नहीं बल्कि नुकसान ही होता था। आख़िर मैंने उसे पैसे देने बंद कर दिए। अब कई सालों से उसे देखा नहीं है। पता नहीं वह ज़िन्दा है या मर गया है।

टैक्नीशियनों और मजदूरों का ऐसी हालत में से गुज़रना हमारी फिल्म इंडस्ट्री की पुरानी रवायत है।

स्टूडियो के एक मेकअप रूम में मैंने मुगल ढंग की एक ज़रीदार पगड़ी एक तरफ फर्श पर पड़ी हुई देखी। मुझे बड़ा अजीब-सा लगा। मेकअप-मैन ने बताया कि *शाहजहाँ* फिल्म की शूटिंग के समय केएल सहगल यही पगड़ी सिर पर रखा करते थे। सुनकर दुःख हुआ। दूसरे देशों में ऐसी निशानियों को बड़े प्यार और आदर से संभालकर रखा जाता है। मुझे एक कहावत याद आई, जो मेरी माताजी प्रायः दोहराया करती थीं: 'आज नहीं तो कभी भी नहीं।'

उस मेकअप-मैन का नाम स्वामी था। उसने अपने बारे में भी मुझे बड़ी दिलचस्प बात बताई। वह ठाणे में रहता था, जो बम्बई से लगभग पच्चीस मील दूर एक छोटा-सा शहर है। सुबह जब वह काम के लिए रवाना होता था, तो उसके बच्चे सोए हुए होते थे। रात को जब घर काम से लौटता था, तो भी बच्चे खा-पीकर सो चुके होते थे। उसने अपने बच्चों को सिर्फ सोने की हालत में ही बढ़ते हुए देखा था। उस ज़माने में स्टूडियो में इतवार की छुट्टी नहीं होती थी। आजकल महीने में एक इतवार की छुट्टी ज़रूर होती है।

हम लोग लगभग छः महीने में पूरी हुई। जिस शाम को स्टूडियो में उसकी पहली "ट्रायल" हुई, मेरी अजीब-सी हालत थी। मेरा शरीर तप रहा था, जैसे बुखार हो। कहानी का कोई सिर-पैर मेरी समझ में न आया, क्योंकि मैं सिर्फ अपना काम देख रहा था और उसमें मुझे कुछ भी अच्छा नहीं लग रहा था। फिल्म ख़त्म होने पर कोई कुछ न बोला। बड़ी डरावनी चुप्पी थी वह। पर स्टूडियो के अहाते में कन्हैयालाल ने मुझे एक तरफ ले जाकर कहा, 'मार दी!' और फिर मेरी बाँह को ज़ोर से दबाया। मैं सोचता रह गया—क्या मतलब?

फिल्म बम्बई के लिबर्टी सिनेमा में लगी, जो उन दिनों नया ही बना था। नामी कलाकार उसमें न होने के कारण तीन-चार हफ्ते वह नरम गई। पर बाद में उसने बेहिसाब ज़ोर पकड़ लिया। लिबर्टी सिनेमा के कर्मचारियों को वह इतनी पसन्द आई कि वे टिकट-बुक हाथ में लेकर गली-गली में ख़ुद टिकटें बेचने लगे। सारे बम्बई शहर में *हम लोग* कम्युनिस्ट फिल्म कहलाने लगी, और मुझे 'कम्युनिस्ट एक्टर' कहा जाने लगा।

फिल्म रिलीज़ होने के अगले दिन सेठ चन्दूलाल शाह ने मुझे बडे प्यार से अपने पास सोफे पर बैठाकर कहा, 'बलराज, तुम इंडस्ट्री में हीरो नहीं, कैरेक्टर हीरो के तौर पर कामयाब हुए हो। इसका यह मतलब है कि बुढ़ापे तक तुम्हें काम मिलता रहेगा। हीरो की फिल्मी ज़िन्दगी बहुत लम्बी नहीं होती।'

हिन्दी फिल्मों में बड़े पक्के खाने बने हुए हैं। सामाजिक फिल्म, स्टंट फिल्म, हीरो, कैरेक्टर हीरो, साइड हीरो, कैरेक्टर आर्टिस्ट, डीसेंट एक्स्ट्रा, एक्स्ट्रा आदि। एक खाने से कूदकर दूसरे खाने में जाना बहुत मुश्किल है।

मैं भी एक खाने में पड़ गया। सड़कों पर लोग मुझे पहचानने लगे। एक बार किसी फिल्म के प्रीमियर पर लड़कियों की एक टोली ऑटोग्राफ़ लेने के लिए मेरे पास आई। मैंने बड़े शौक से जेब में से पैन निकाला। उसी समय लड़कियों की नज़र राजकपूर पर पड़ी, तो वे ऑटोग्राफ़-बुक मेरे हाथ से छीनकर उनकी ओर दौड़ पड़ी।

एक दिन एक रेस्तरां में हितेन चौधरी, जिनके यहाँ मैंने कड़की के ज़माने में काफी चक्कर लगाए थे, मेरे पास आकर बोले, 'क्यों बलराज, हाऊ डज़ इट फील टू बी सक्सेसफुल?' (कामयाब होना कैसा लग रहा है?) मुझसे कुछ उत्तर देते न बना।

नए और दिलचस्प अनुभव थे वे!

6

हम लोग की सफलता के कुछ मनोरंजक नतीजे भी सामने आए। शाहों के शाह, सेठ चन्दूलाल शाह ने एक नई-नवेली हिलमैन मिक्स कार ड्राइवर समेत ज़िया सरहदी को तोहफे के तौर पर दी। ज़िया का अहंकार, जो पहले से ही सीढ़ी के ऊपरी डंडे तक पहुँच चुका था, अब आसमान छूने लगा। वे जुहू में हमारा पड़ोस छोड़कर कोलाबा के एक होटल में जाकर रहने लगे। मैं एक-दो बार उनसे मिलने गया, पर उन्हें अच्छा नहीं लगा। मैंने जाना छोड़ दिया। ऐसी बातों का अब मैं आदी हो चला था।

पर सेठ चन्दूलाल शाह से बढ़कर कम्युनिस्ट पार्टी ने ज़िया सरहदी को उछाला। उसे लगा, जैसे 'समाजवादी यथार्थवाद' का मसीहा प्रकट हो गया हो। ज़िया को सम्मान देने के लिए नागपाड़ा के एक बड़े मैदान में शानदार जलसा किया गया। वहाँ बहुत बड़ा मंच बनवाया गया, जिसके पीछे सिनेमा के पर्दे जितनी बड़ी सफेद चादर पर दो चित्र बने हुए थे—एक कामरेड स्तालिन का, और दूसरा कामरेड ज़िया सरहदी का। बाद में पता लगा कि यह सारा ख़र्च ज़िया ने ख़ुद किया था।

मंच पर सबके बीच में कामरेड डांगे बैठे हुए थे। उनके दायें हाथ ज़िया और *हम लोग* के सितारे थे: नूतन, श्यामा, सज्जन, दुर्गा खोटे, कन्हैयालाल,

अनवर हुसैन और मैं। बाएँ हाथ थे: अली सरदार जाफ़री, मुगनी अब्बास, साबिर और कुछ अन्य प्रगतिशील लेखक।

कामरेड डांगे ने अपने भाषण में ज़िया सरहदी की तो प्रशंसा करनी ही थी, उस मौके को मेरे कान खींचने के लिए भी इस्तेमाल किया। उन्होंने मेरी ओर संकेत करते हुए कहा, 'कभी यह भी हमारे साथ थे। अब साथ छोड़ गए हैं। खैर, कोई बात नहीं।'

कुछ सीटियाँ बजीं, एक-दो आवाजें शेम! शेम!' की भी आई। तभी कामरेड डांगे को अपनी गलती का अहसास हुआ और उन्होंने झट भाषण का रुख़ मोड़ दिया। मैंने ईश्वर का शुक्र मनाया और सिर झुकाए बैठा रहा।

हम लोग में सारी यूनिट ने एक साथ मिलकर भ्रातृभाव से काम किया था। सबको आशा थी कि भविष्य में यह यूनिट और भी मजबूत होगी, और *हम लोग* से भी बढ़िया सामाजिक फिल्में बनाएगी। मुझे तो ऐसा लगता था, जैसे एक पराई दुनिया में मनमर्ज़ी का ठिकाना मिल गया हो। इसमें शक नहीं कि ज़िया ने मुझे बहुत संभाला और सम्मान दिया था। पर लिखने के काम में उन्होंने *बाज़ी* में मेरी जितनी मदद की थी, उससे कहीं ज़्यादा मैंने *हम लोग* में उनकी मदद की थी। *हम लोग* का मुख्य पात्र ज़िया ने अमरीकी नाटक, *टोबैको रोड* में से लिया था, पर उसे हिन्दुस्तानी परिस्थितियों के अनुसार ढालने में उन्हें मुश्किल पेश आ रही थी। इस सिलसिले में मेरी राजनैतिक और सामाजिक सूझबूझ उनके बहुत काम आई थी। फिल्म का क्लाइमेक्स लिखने के लिए, जो लोगों को बेहद पसन्द आया था, ज़िया, किशन चोपड़ा और मैं रात-भर इकट्ठे जागे थे। अदालत में मेरा भाषण फिल्म का सबसे बड़ा आकर्षण था, जिसे बार-बार देखने के लिए लोग टिकट खरीदते थे। *टाइम्स ऑफ इण्डिया* की समालोचक, क्लेयर ने, जिनकी याद में 'फिल्म फेयर अवार्ड' की स्थापना की गई थी, मुझमें ओवर एक्टिंग का नुक्स ज़रूर निकाला था, लेकिन साथ ही लिखा था कि मेरा पात्र कभी भुलाया नहीं जा सकता।

ज़िया सरहदी को अगली फिल्म *फुटपाथ* में मुँह माँगी मुरादें मिलीं— दिलीप कुमार और मीना कुमारी जैसे सितारे, ख़र्च करने के लिए बेहिसाब पैसा,

और सैद्धान्तिक विचार-विमर्श के लिए कम्युनिस्ट पार्टी के प्रसिद्ध विद्वान अली सरदार जाफ़री, रमेश थापर, गवानकर, आदि।

पर अफसोस कि इन सारी सहूलतों के बावजूद *फुटपाथ* बुरी तरह फेल हुई। समाजवादी यथार्थवाद का किला मजबूत न हो सका। सेठ चन्दूलाल शाह तो हमेशा के लिए ख़त्म हो गए। उनका स्टूडियो बन्द हो गया और टैक्नीशियनों और मज़दूरों पर मुसीबतों का पहाड़ टूट पड़ा।

उधर *बाज़ी* की सफलता अपने करिश्मे दिखा रही थी। देखते-देखते देव आनन्द, गीता बाली, गुरुदत्त, साहिर लुधियानवी, सचिनदेव बर्मन प्रसिद्धि के शिखर पर जा बैठे, और अपनी-अपनी पीठ थपथपाने लगे। उनका गुणगान करने के लिए फिल्मी पत्रिकाएँ भी हाज़िर हो गईं। भला इस नक्कारखाने में एक अज्ञात लेखक की तूती कैसे बज सकती थी? आज भी, जब मैं किसी को बताता हूँ कि *बाज़ी* की पटकथा और संवाद मैंने लिखे थे, तो वह हैरानी से मेरी ओर देखने लग जाता है।

चेतन आनन्द ने अपनी अगली फिल्म की पटकथा और संवाद लिखने के लिए मुझे छः हज़ार रुपए देने की बात की। पर *हम लोग* के बाद बीस-बीस हज़ार रुपए की पेशकशें मेरे गिर्द घूमने लगी थीं। फिल्मी लेखकों की बेकद्री मैं देख ही चुका था। सो मैंने चेतन की बात बेदिली से ही मंज़ूर की।

पर चेतन की पेशकश का एक और महत्त्वपूर्ण पहलू भी था। वे अगली फिल्म का निर्देशन मुझे दे रहे थे, जिसके लिए एक हज़ार रुपए माहवार मुझे अलग मिलने थे। आज जब मैं पीछे की ओर देखता हूँ, तो इस बात से इंकार नहीं कर सकता कि उस समय चेतन मुझ पर बहुत बड़ा अहसान कर रहे थे। अभिनेता बनने के बजाय लेखक और निर्देशक बनना मेरे स्वभाव के बहुत अनुकूल था। अगर मैं अच्छा निर्देशक बन जाता, तो फिर अपने विचारों के अनुसार, अपनी मर्ज़ी की फिल्में बना सकता। तब मैं आज की तरह हिन्दी फिल्मों के घटियापन के रोने रो-रोकर दिल की भड़ास न निकालता, बल्कि उन्हें मोड़ देने की कोशिश कर सकता। मैं अभिनय और लिखने का अनुभव तो प्राप्त कर ही चुका था, अगर निर्देशक के तौर पर भी एक बार सफल हो

जाता, तो आज की तरह फिल्मों में से भाग निकलने के सपने देखने की शायद ज़रूरत न पड़ती।

मैंने नई फिल्म की कहानी पर दो-तीन महीने काम किया। उसका नाम हमने *सोलह आने* रखा। पर एक्टिंग की पेशकशें मेरा ध्यान अपनी ओर खींच रही थीं। फिर, कुछ और उलझने उठ खड़ी हुई, जिनका ज़िक्र यहाँ करने की ज़रूरत नहीं है। आख़िर उस फिल्म की योजना ठप कर दी गई।

ऊपर से मज़े की बात यह कि *हम लोग* का उबाल ठंडा पड़ते ही एक्टिंग की पेशकशें भी झट ठंडी पड़ गईं। मुश्किल से एक फिल्म मिली—*बदनाम*, जो डीडी कश्यप फिल्मिस्तान के लिए बनाने वाले थे। उस फिल्म में श्यामा हीरोइन थी और मैं हीरो था। शीला रमानी और हेलेन भी उस फिल्म में पहली बार आई।

हेलेन उस समय चौदह-पन्द्रह साल की बड़ी ही सुन्दर लड़की थी—बस, गुड़िया-सी लगती थी। वह अपनी माँ के साथ बर्मा से नई-नई आई थी। उस समय उसे न नाचना आता था, न हिन्दी बोलनी आती थी। शिक्षा की ओर से भी वह कोरी थी। लेकिन इस सब कुछ के बावजूद वह फिल्मी भेड़ियों को बहुत जल्द पहचान गई। माँ को तो पैसों के लालच में भविष्य उजला प्रतीत हुआ, पर हेलेन को नहीं। वह जल्दी ही अपनी माँ से पीछा छुड़ाकर प्रोड्यूसर पीएन अरोड़ा के साथ जुड़ गई, यद्यपि वह उम्र में उसके पिता के बराबर थे। इस प्रकार वह न सिर्फ सुरक्षित होकर जीवन बिताने लगी, बल्कि नृत्य-कला और अभिनय में भी उसने भरपूर विकास किया। मेरे दिल में हेलेन के व्यक्तित्व के लिए गहरा सम्मान है। अगर वह माँ का कहना मानकर पैसा कमाने वाली मशीन बन जाती, तो कहीं की न रहती।

इसी फिल्म में उल्हास और मुराद भी महत्त्वपूर्ण रोल कर रहे थे। दोनों की ज़बान पर सरस्वती विराजमान थी। उन्हें सैकड़ों-हज़ारों की संख्या में शे'र याद थे। उर्दू उनकी मातृभाषा थी। जब वे शराब के गिलास भरकर एक-दूसरे से चोंचबाज़ी करने लगते तो सुनने वालों पर जादू-सा हो जाता। इसी तरह, केएन सिंह, हमीद बट्ट, कामेश्वर सहगल, कन्हैयालाल, और बद्रीप्रसाद जैसे कलाकारों के मुँह से भी मैं शब्दों की फुलझड़ियाँ छूटती हुई देखता और महसूस करता कि

मैंने *बीबीसी* की नौकरी के ज़माने में यद्यपि हिन्दी-उर्दू पर बेहद मेहनत की थी, पर फिल्मी कलाकार कहलाने का मैं तभी हकदार हो सकता हूँ, जब मैं इन लोगों जैसी सहजता, रवानी और सुन्दरता के साथ हिन्दी बोल सकूँगा। अभिनय के मामले में मैं आवाज़ से ज़्यादा खेलने का हिमायती नहीं था, पर यह ज़रूर मानता था, और आज भी मानता हूँ कि जिस भाषा में अभिनेता बनना हो, उसका, उसके उच्चारण का, उसकी शब्दावली और साहित्य का आदमी को माहिर होना चाहिए, वरना उसका विकास एक जगह पर आकर रुक जाने का ख़तरा है। इस बात को ध्यान में रखकर मैं लगातार अभ्यास करता था, और मुझे सफलता भी ज़रूर मिलती थी, पर फिर भी उल्हास या मुराद तक पहुँचने की आशा मैं एक जन्म में तो क्या दो जन्मों में भी नहीं कर सकता था। मुझे अपनी मातृभाषा पंजाबी की ओर प्रेरित करने के लिए उल्हास और मुराद का बहुत-सा हाथ है।

उस ज़माने में फिल्में रंगीन नहीं होती थीं। बजट भी मामूली होता था—मुश्किल से तीन-चार लाख रुपए। इसलिए आउटडोर शूटिंग के लिए कुल्लू-काश्मीर या लंडन-पेरिस जाने का रिवाज़ नहीं पड़ा था। बम्बई शहर से लगभग बीस मील दूर छोटी-मोटी पहाड़ियाँ और जंगल थे, जिन्हें चाइना ब्रिज या घोड़बन्दर कहते हैं। बरसात शुरू होने से एक महीना पहले आसमान में बादल दिखाई देने लगते थे। रंगीन फिल्म में नीला आसमान सुन्दर लगता है, लेकिन काली-सफेद फिल्म में प्राकृतिक दृश्यों में बादल जान डाल देते हैं। इसलिए सभी फिल्म-कम्पनियाँ उस ओर निकल पड़ती थीं। बड़ा ही ख़तरनाक समय होता था वह, क्योंकि जहाँ बैठो च्यूटियाँ, मक्खियाँ, बिच्छू, सांप आदि से सामना हो जाता था। एक दिन आम के पेड़ों से घिरे हुए एक बहुत बड़े पोखर के पास तीन-चार फिल्मों के "लव-सीन" (प्रेम-दृश्य) फिल्माए जा रहे थे। बादल, पानी, जंगल-भला रोमांटिक वातावरण के लिए और क्या चाहिए था! पानी को हिला-हिलाकर उसकी लहरों में झिलमिलाहट पैदा की जा रही थी। पर उस दिन दुर्भाग्यवश एक मेढक सांप के गले में फँस गया। उसकी चीखों ने लगभग दो घण्टे शूटिंग का काम बन्द किए रखा। कोयल कूक रही होती या बुलबुल बोल रही होती, तो और बात थी, पर सांप की वह आवाज़ तो प्रेम-दृश्यों के साथ बिल्कुल मेल नहीं खाती थी।

एक दिन डीडी कश्यप ने (गवर्नमेंट कॉलेज, लाहौर में चेतन आनन्द और बीआर चोपड़ा की तरह वे भी मेरे सहपाठी थे) घोड़बन्दर की एक पहाड़ी जितनी बड़ी चट्टान पर कैमरा टिकाया। वह बड़ी ख़तरनाक जगह थी, जहाँ से नीचे गहरी खाई दिखाई देती थी।

'यहाँ कैमरा रखने का क्या मतलब हुआ, कश्यप साहब?' मुराद ने पूछा।

'यहाँ हीरो और विलन की थोड़ी-सी फाइट होती है यानी आपकी और बलराज साहब की।'

मुराद चुपचाप खड़े अपनी बड़ी-बड़ी, नीली आँखों से बिटर-बिटर देखते रहे। फिर वे बोले, 'आपका मतलब है कि बलराज साहब और मैं यहाँ खड़े होकर लड़ेंगे?'

'जी।'

'बात समझ में आ गई। अब मैं पूरी तरह से समझ गया, कश्यप साहब,' मुराद ने कहा और उल्हास की ओर चल पड़े, जो दूर एक चबूतरे पर बैठे हुए थे। शराब का प्रबन्ध उल्हास ने पहले से ही कर रखा था। मुराद ने नौकरों को सोडा, बर्फ, गिलास आदि लाने के लिए कहा।

उस जगह खड़े होकर मुक्केबाज़ी करने के ख़्याल से मुझे बेहद डर लग रहा था, लेकिन मुराद को इस प्रकार लापरवाह देखकर मैं चुप रहा और मेकअप कराने लगा। जब मैं तैयार होकर फिर कश्यप के पास गया, तो मुराद और उल्हास अभी भी मज़े से बैठे खा-पी रहे थे।

कश्यप ने ऊँची आवाज़ में कहा, 'मुराद साहब, आप भी तैयार हो जाइए।'

मुराद ने पहले तो जैसे सुना ही नहीं, फिर बड़े आराम से झूमते हुए कश्यप के पास पाए।

'मुझे याद फरमाया, कश्यप साहब?'

'जी हाँ। शॉट रेडी है।'

'शॉट?'

'बताया तो था आपको। बलराज साहब और आपके लड़ने का एक शॉट लेंगे यहाँ।'

'लड़ाई भी कई तरह की होती है, कश्यप साहब! आपका मतलब किस किस्म की लड़ाई से है?'

'बस, यही थोड़ी-सी मुक्केबाज़ी, जैसे कि आम फिल्मों में होती है,' कश्यप ने हँसकर कहा।

'बात समझ में आ गई, कश्यप साहब! अब मैं पूरी तरह से समझ गया,' मुराद ने दाँतों में दियासलाई की तिल्ली घुमाते हुए कहा।

मैं बड़ी मुश्किल से अपनी हँसी रोक रहा था।

'तो फिर आप तैयार हो जाइए न, वरना सूरज की पोज़ीशन बदल जाएगी।'

'मैं इस सिलसिले में आपसे कुछ अर्ज़ करना चाहूँगा, कश्यप साहब!'

'फरमाइए।'

'एक मुश्किल पेश आ रही है।'

'क्या?'

'लड़ना तो एक तरफ रहा, कश्यप साहब, मुझ नाचीज़ से तो यहाँ खड़ा भी नहीं हुआ जा रहा है,' मुराद ने कहा और वे अपना सफेद कुर्ता-पाज़ामा झड़काते, बड़े आराम से चलते हुए फिर उल्हास के पास जाकर बैठ गए।

कुछ देर के बाद मैं उनके पास गया, तो उन्होंने मेरी ओर ध्यान नहीं दिया। मैंने साहस बटोरकर कहा, 'कश्यप साहब से कहकर अगर कैमरा थोड़ा पीछे हटा लिया जाए, तो फिर शॉट हो सकता है।'

'बलराज साहब, अच्छा यही रहता है कि इंसान अपना ख़्याल करे और दूसरों के मामले में दखल न दे।'

'लेकिन अगर काम पर आए हैं तो काम तो होना चाहिए।'

तब मुराद ने मेरी ओर मुड़कर ऐसा वाक्य कहा, जिसका मतलब मैं आज तक समझने की कोशिश कर रहा हूँ।

'बलराज साहब, हमें इंडस्ट्री में काम करते हुए दस साल हो गए हैं, पर जब भी दुम उठाकर देखा है, घोड़ी ही नज़र आई है, घोड़ा आज तक नज़र नहीं आया।'

बदनाम की बहुत-सी आउटडोर शूटिंग मनाली में भी हुई। मेरे ख़्याल में इससे पहले कुल्लू-मनाली में कभी किसी फिल्म की शूटिंग नहीं हुई थी। कश्यप ने यह फिल्म के दृष्टिकोण से किया था या शीला रमानी को रिझाने के लिए, इस बारे में यूनिट के लोगों में अलग-अलग राय थीं। उन दिनों रास्ते बहुत ख़राब थे। ख़ासकर मंडी से कुल्लू वाला रास्ता तो बहुत ही ख़तरनाक था। ऊपर से, फिल्मिस्तान के किसी अधिकारी ने सफ़र और रिहायश का ठेका पठानकोट के अपने किसी रिश्तेदार को दिला दिया था। उसने पैसे बचाने के लिए हमें एक निकम्मी-सी बस दी और ऐसे ड्राइवर के हवाले कर दिया, जिसने पहले कभी उस सड़क पर बस चलाई ही नहीं थी। हम ब्यास दरिया की नज़र होते-होते बड़ी मुश्किल से बचे। फिर भी, उल्हास की मज़ेदार बातों ने हमारा हौसला बनाए रखा। वे जब ब्यास को वीएम व्यास कह कर बुलाते, तो ख़तरे के बावजूद सबकी हँसी फूट पड़ती, क्योंकि वीएम व्यास फिल्म इंडस्ट्री के एक मशहूर और बेहद कंजूस निर्देशक का नाम था।

मीनाली से लौटने पर मैं पहली बार पंजाबी के प्रसिद्ध उपन्यासकार, नानकसिंह के दर्शन करने के लिए अमृतसर गया।

उल्हास अब इस संसार में नहीं हैं। वे अद्वितीय व्यक्ति थे। उनके दोस्तों के लिए उन्हें भुला पाना बहुत मुश्किल है।

उन्हीं दिनों भगवान गाई ने मुझे फिल्म-अभिनय के बारे में एक पुस्तक पढ़ने के लिए दी, जिसका नाम था, *माडर्न एक्टिंग*। वह हॉलीवुड के प्रसिद्ध अभिनेता, क्लार्क गेबल की पत्नी ने लिखी थी।

इस पुस्तक को पढ़ने पर मेरा बहुत नुकसान हुआ। वास्तव में, वह नौसिखिये कलाकारों के लिए नहीं, बल्कि सिद्धहस्त कलाकारों के लिए लिखी गई थी। उसमें बताया गया था कि फिल्म अभिनेता के बाह्य लक्षणों और उसके व्यक्तित्व के प्रभावों को कैसे सुधारा जाए। वह यह मानकर लिखी गई थी कि अभिनेता ने अपने अन्दरूनी लक्षणों को साध लिया होगा। कैमरे के सामने हँसते समय किस प्रकार होंठों को दोनों ओर बराबर और सीधा रखना चाहिए, उन्हें टेढ़ा नहीं होने देना चाहिए, वरना चेहरा रोनी सूरत वाला और कुरूप लगेगा। बोलते समय ऊपरी होंठ को ज़्यादा हरकत देनी चाहिए, ताकि निचले दाँतों के बजाय ऊपरी

दाँत दिखाई पड़ें। अगर क्लोज़-अप में ऊपरी दाँत अदृश्य हों और सिर्फ निचले दाँत दिखाई दें, तो चेहरा डरावना लगेगा। क्लोज़-अप में दाएँ-बाएँ देखना हो, तो पहले आँखों को और फिर गरदन को हरकत देनी चाहिए। कमरे में दाखिल होने पर दरवाज़ा बन्द करना हो, तो मुड़े बिना हाथ पीछे करके बन्द करना चाहिए। कुर्सी पर कैसे बैठना-उठना चाहिए। अपनी चाल को कैसे आकर्षक बनाना चाहिए। बेशक वह एक बहुमूल्य पुस्तक थी। अच्छा अभिनेता बनने के लिए अपने चेहरे, बोलचाल, हर हरकत में आकर्षण पैदा करना बहुत ज़रूरी है। क्लार्क गेबल ने अपनी संसार-प्रसिद्ध मुस्कुराहट तैयार करने के लिए आईने के सामने महीनों तक अथक मेहनत की थी, ताकि वह स्वाभाविक और उनके व्यक्तित्व का अभिन्न अंग बन जाए। और उस मुस्कुराहट पर लाखों स्त्रियाँ परवानों की तरह कुर्बान हुआ करती थीं। इसी तरह, दिलीप कुमार की बिखरी जुल्फों का अंदाज़ और उनकी उदासी-भरी गहरी नज़र भी बड़ी मेहनत से तैयार की गई चीज़ें हैं। ज़िन्दगी में बहार ले आने वाली अशोक कुमार या देव आनन्द की हँसी के बारे में भी यह कहना गलत न होगा।

पर मेरे लिए वह पुस्तक 'समय से पहले' थी। उसने मुझे गलत रास्ते पर डाल दिया। *हम लोग* में मैंने अपने भावों को समेटने और उन्हें केन्द्रित करके अपने अन्दर ले जाने का तरीका बड़ी मुश्किलों से सीखा था। इस दिशा में अभी बहुत कुछ करना बाकी था। मेरी रुचि भी इसी ओर थी। अपनी शिक्षा और स्वभाव के कारण मेरी नज़र में आत्मप्रदर्शन अधिक महत्त्व नहीं रखता था।

पर "हीरो" और "स्टार" बनने का लालच किसे नहीं होता? मेरी भावनाएँ फिर अन्दर से बाहर आने लगी, मैं न इधर का रहा, न उधर का। कैमरे के सामने मैं क्लार्क गेबल की तरह हँसने की बहुत कोशिश करता, पर मेरे गाल सूखे चमड़े की तरह अकड़े रहते। इस बार क्लेयर ने मेरे बारे में लिखा : 'ऐसा लगता है जैसे हीरो के बजाय कोई मुर्दा कब्र में से निकालकर लाया गया हो।'

बदनाम का रिलीज़ होना दिल तोड़ने वाला अनुभव था। मैं ऊपर उठते-उठते फिर नीचे आ गिरा। पर मेरे दोस्त, गुरुमुखसिंह ने, जो आजकल बेरूत में हिन्दुस्तानी फिल्मों के वितरक हैं, हाल में से बाहर निकलते ही मेरी तारीफों के पुल बाँध दिए। मैं जानता था कि उन्होंने यह सिर्फ दिखावे के तौर पर किया

था; पर मैं उनका बहुत आभारी हूँ कि उस समय मुझे सहारा देने वाला कोई दोस्त मेरे साथ था।

7

सुबह का समय था। मैं समुद्र-तट पर बच्चों के साथ रेत के घरौंदे बना रहा था। तभी मैंने देखा, एक गोल-मटोल बंगाली बाबू अपनी धोती का सिरा पकड़े मेरी ओर आ रहा है। मैं उसे जानता नहीं था। (उस व्यक्ति का नाम असित सेन था, जो उन दिनों बिमल राय के सहायक निर्देशक थे; और बाद में हिन्दुस्तानी फिल्मों के प्रसिद्ध हास्य-अभिनेता बने।)

असित सेन ने मेरे बिल्कुल निकट पहुँचकर उदास और नाकसुरी आवाज़ में कहा, 'बिमल राय दादा आपको याद कर रहे हैं। उन्हें फिल्म के बारे में बात करनी है।'

बिमल राय मुझे याद कर रहे हैं! और वह भी फिल्म के बारे में बात करने के लिए! मैं विश्वास न कर सका। हाँ, एक बार वे *हम लोग* के सैट पर आए थे, जबकि श्यामा के साथ मेरा "लव-सीन" चल रहा था। उस दृश्य में श्यामा बिना किसी शर्म संकोच के मुझ पर झुकी जा रही थी, और मैं काठ की तरह अकड़ा हुआ था। मेरे उस घटिया अभिनय को देखने के बाद बिमल राय जैसे निर्देशक मुझे कभी अपनी फिल्म में लेना चाहेंगे, यह अनहोनी-सी बात थी।

फिर भी, मैं जल्दी से तैयार होकर मोहन स्टूडियो पहुँचा। अपने चेहरे पर मैंने हल्का-सा पाउडर लगा लिया था और इंग्लैंड का सिला सूट प्रेस करवाकर पहन लिया था, जो उस मौसम को देखते हुए काफी भारी था।

जब मैं बिमल राय के कमरे में दाखिल हुआ, तो वे मेज़ पर बैठे कुछ लिख रहे थे। उन्होंने आँखें उठाकर मेरी ओर देखा, तो देखते ही रह गए। मुझे लगा, जैसे मैंने कोई कसूर कर दिया हो।

कुछ देर के बाद उन्होंने मुड़कर, अपने पीछे कुर्सियों पर बैठे, कुछ लोगों से बंगला में कहा, 'एईजे की चमत्कार मानुष! आभार शोगे ठाठा को छो की?' (क्या अजीबो-गरीब आदमी पकड़ लाए हो! मेरे साथ मज़ाक कर रहे हो क्या?)

उन्हें शायद पता नहीं था कि मैं बंगला जानता हूँ। उन्होंने मुझे बैठने को भी नहीं कहा। आख़िर वे बोले, 'मिस्टर साहनी, मेरे आदमियों से गलती हुई है। जिस किस्म का पात्र मैं फिल्म में पेश करना चाहता हूँ, आप उसके बिल्कुल उपयुक्त नहीं हैं।'

इतना रूखा व्यवहार! ग़ैरत की माँग थी कि मैं उसी समय वहाँ से चला जाता। लेकिन मैं वहाँ जैसे गढ़ा रहा। आसमान को पहुँची हुई आशाएँ इतनी जल्दी मिट्टी में मिल जाएँगी, इसके लिए मैं तैयार नहीं था।

'क्या पात्र है?' मैंने गला साफ करते हुए पूछा।

'एक अनपढ़, गरीब देहाती का!' बिमल राय के लहजे में व्यंग्य था।

मैंने फिर चाहा कि उलटे पाँव वापस चला जाऊँ, लेकिन पैरों ने हिलने से जवाब दे दिया, और कोई अदृश्य शक्ति उन्हें रोके हुए कह रही थी कि यह मौका दुबारा नहीं आएगा।

और उसी अदृश्य शक्ति ने मेरे मुँह से कहलवाया, 'ऐसा रोल मैं पहले कर चुका हूँ।'

'कहाँ?'

'पीपुल्स थियेटर की फिल्म, *धरती के लाल* में।'

बिमल राय के चेहरे का भाव बदला। उनके पीछे बैठे लोगों ने भी जैसे सुख की साँस ली। तब उनमें बैठे सलिल चौधरी को मैंने पहचाना, जो ख़ुद *इप्टा* के सदस्य थे, और जिनसे मैं एक-दो बार मिल चुका था। क्या पता, उन्होंने बिमल राय को मेरा नाम सुझाया हो।

'*धरती के लाल* में किस पात्र का रोल किया था?' बिमल राय ने पूछा।

'प्रधान के बेटे, निरंजन का। शंभु मित्रा उस फिल्म के सहयोगी निर्देशक थे। उन्होंने मेरी बहुत मदद की थी।'

'बोशो।' बिमल राय ने कुर्सी की ओर संकेत करते हुए कहा।

धरती के लाल से भी ज़्यादा काम किया शंभु मित्रा के नाम के जादू ने। जैसे मैंने बिमल राय की निर्देशकीय योग्यता को चुनौती दी हो। मुझे रोल मिल गया।

स्टूडियो के बगीचे में सीमेंट की एक बैंच पर बैठकर हृषीकेश मुकर्ज़ी ने मुझे फिल्म की कहानी सुनाई। सुनाते समय उन्होंने मुझे भी रुलाया और ख़ुद भी रोए।

बम्बई शहर से बाहर जोगेश्वरी के इलाके में उत्तर प्रदेश और बिहार के भैंसें पालने वाले भैया लोगों की बहुत बड़ी बस्ती है। मैं अगले दिन से वहाँ के चक्कर लगाने लगा। मैं भैया लोगों के साथ बैठता, उनकी बातें सुनता, उन्हें काम करते हुए देखता। वे कैसे चलते हैं, क्या पहनते हैं, क्या खाते हैं, कैसे उठते-बैठते हैं—यह सब मैं बड़े ग़ौर से देखता और अपने मन में बैठाता। भैया लोगों को सिर पर गमछा लपेटने का बहुत शौक होता है और हर कोई उसे अपने ही ढंग से लपेटता है। मैंने भी एक गमछा खरीद लिया और घर में उसे सिर पर लपेटने का अभ्यास करने लगा। लेकिन वह ख़ूबसूरती पैदा न होती। मेरे सामने यह एक बहुत बड़ी समस्या थी, जिसे हल करने की मैंने पूरी कोशिश की। *दो बीघा ज़मीन* में मेरी सफलता ज़्यादातर इसी अध्ययन का नतीजा है।

शूटिंग का दिन आ पहुँचा। इस बार मैं मन में डर लेकर नहीं, बल्कि उमंग से स्टूडियो जा रहा था। मुझे अपनी पसन्द के मुताबिक काम मिल रहा था। मैंने बिमल-दा से प्रार्थना की कि मुझे ख़ुद अपना मेकअप करने और कपड़े पहनने की इजाज़त दी जाए। वे मान गए। आख़िर मैं 'शंभु महतो' बनकर किसानों के से अन्दाज़ में चलता हुआ उनके सामने गया, तो मुझमें पहले दिन वाले सूटेडबूटेड आदमी की कोई बात बाकी नहीं थी। देखकर बिमल-दा बहुत ख़ुश हुए। वे अपनी ख़ुशी कभी शब्दों द्वारा प्रकट नहीं करते थे। ऐसे मौकों पर उनका गोरा, गोल-सा चेहरा ज़रा-सा सुर्ख़ हो उठता था।

बिमल राय का निर्देशन बड़ा ही सूक्ष्म और कलात्मक था, यद्यपि उसमें बरुआ वाली शिद्दत नहीं थी। पहला शॉट था, जिसमें मैं ज़मींदार के दीवानखाने में दाखिल होता हूँ। रिहर्सल के समय बिमल राय ने मुझे हिदायत दी कि मैं पायदान पर पाँव पोंछकर अन्दर जाऊँ। इस यथार्थवादी स्पर्श ने मेरी कल्पना में पता नहीं और कितनी बातें जाग्रत कर दी। मैंने सिर्फ पाँव ही नहीं पोंछे, उस हरकत द्वारा यह भी दिखाया, जैसे किसान डर के मारे ज़मींदार के सामने पेश

होने के मौके को टाल रहा हो। और मैंने देखा कि बिमल राय ने इस बात को भाँप लिया था। हमारे बीच एक नई पहचान का रिश्ता पैदा होने लगा।

ज़मींदार का रोल मुराद कर रहे थे। उस दृश्य में कई शॉटों के दौरान, मुझे फिर अपनी ख़ामियों का अहसास हुआ ख़ासकर जब कैमरा मेरे बिल्कुल नज़दीक न जाता था। मैं अपना चेहरा जकड़ा हुआ महसूस करता। मैं वह चीज़ अभिव्यक्त न कर पाता, जो मैं अपने दिल में महसूस करता था। लेकिन स्टूडियो का वातावरण शांत और सुखद था, जो मुझे सहलाता हुआ प्रतीत होता था। इसके पूर्व मैंने शूटिंग के समय शोर-शराबा ही देखा था, जो मेरे होश गायब कर देता था।

दृश्य के अन्तिम शॉट में मैं ज़मींदार के पाँव पकड़कर गिड़गिड़ाता हूँ कि वे मेरी ज़मीन न छीनें। "टेक" से पहले बिमल राय ने मुराद के कान में कह दिया था कि जब मैं उनके पाँव पकडूँ, तो वे उसे ज़ोर से झटककर छुड़ा लें और कैमरे के दायरे से बाहर निकल जाएँ। मुझे यह बात पता नहीं थी। सो, जब "टेक" में मुराद ने झटककर अपना पाँव छुड़ाया और वह मेरे मुँह पर आकर लगा, तो मैं गुस्से और अपमान से बुरी तरह रो पड़ा। "कट" होने के बाद भी मैं देर तक कालीन पर उसी तरह पड़ा सिसकियाँ भरता रहा। शॉट बहुत बढ़िया हुआ था। मुराद ने मुझे बाँहों में लेकर माफी माँगी और असली बात बताई। मैं बिमल राय का और भी कायल हो गया।

उसी दिन मेकअप-मैन जगत बाबू से पता चला कि मेरे रोल के लिए अशोक कुमार, जयराज, भारत भूषण और अन्य कई प्रसिद्ध अभिनेताओं ने काफी कोशिश की थी। यह भी पता चला कि अनुबंध होने के बाद भी मुझे हटाया जा सकता है। उस दिन की शूटिंग एक तरह से मेरी परीक्षा थी। मुझे लगा कि मैं पास हो गया था।

उसी दिन निरूपा राय भी सैट पर आईं और हमारी पहली मुलाकात हुई। मैं उन्हें बहुत बड़ी फिल्मी अभिनेत्री समझे हुए था। (वास्तव में, वे फिल्मों में नई-नई ही आई थीं।) जब उन्होंने कहा, 'आपके साथ काम करने की मुझे बहुत ख़ुशी है,' तो मैंने समझा कि वे मेरा मज़ाक उड़ा रही हैं।

निरूपा राय का चुनाव भी बड़ी सावधानी और सोच-विचार के बाद किया गया था। निरूपा असल में किसान घराने की लड़की थीं। जो कुछ उन्हें फिल्म में करके दिखाना था, दो-तीन साल पहले तक वे अपने नित्य प्रति के जीवन में करती रही थीं। मैं जहाँ अध्ययन और अभ्यास करके किसान बन रहा था, वहाँ निरूपा जन्म से किसान थीं। फिल्म में यथार्थ का रंग ज़्यादातर उन्हीं के कारण आया था। दर्शकों ने इस बात को महसूस ज़रूर किया था, पर वे इसका विश्लेषण नहीं कर पाए थे। पति-पत्नी के रूप में हमारी जोड़ी इतनी जमी कि फिल्मों में आज तक चली आ रही है।

दो-तीन महीने तक शूटिंग का काम बहुत अच्छी तरह चलता रहा। किसानों की वेशभूषा और चाल-ढाल तो मैं अपना चुका था, लेकिन किसानों की बोलचाल कहाँ से लाता? हाँ, यह मैं जान गया था कि संवाद एकदम स्वाभाविक ढंग से बोलने हैं। तब इतना कर पाना ही मेरे लिए बहुत था। जहाँ मुश्किल पेश आती, मैं दिलीप कुमार की नकल करता। फिल्म के संवाद-निर्देशक, पॉल महेन्द्र मुझ पर ख़ुश नहीं थे। उनके निर्देशन पर "न्यू थियेटर्स" की शैली का बहुत असर था। मेरी नज़र में वह शैली पुरानी पड़ चुकी थी। पूर्णतः स्वाभाविक तो वह कभी भी नहीं थी, हालाँकि उसमें स्वाभाविकता का दिखावा था। पॉल महेन्द्र मुझे अलग बैठाकर टोकते। मेरे कारण फिल्म के फेल हो जाने का ख़तरा उन्हें डरा रहा था। पता नहीं, यह ख़तरा और किस-किस को डरा रहा था। मैंने तो अपने-आपको विमल राय के साथ समस्वर कर लिया था, और वे मुझे पूरी तरह संतुष्ट लगते थे। मेरा दिल भी गवाही दे रहा था कि मैं ठीक रास्ते पर चल रहा था।

कलकत्ता की आउटडोर शूटिंग का समय आ पहुँचा। वहाँ मुझे रिक्शा चलाना था। मैं और मेरी पत्नी यूनिट के अन्य साथियों से तीन-चार दिन पहले ही कलकत्ता के लिए रवाना हो गए — ख़ासतौर पर रेलगाड़ी के तीसरे दर्जे के डिब्बे में। मैं अपने पात्र को पूरी तरह अनुभव करना चाहता था। मैं रास्ते में किसानों को गाड़ी में चढ़ते, उतरते, बैठते, लेटते देखना चाहता था, क्योंकि बाद में ऐसा एक दृश्य फिल्माया जाना था।

कलकत्ते में मैं रिक्शेवालों की यूनिट के दफ्तर में गया। वहाँ के एक साथी ने मुझे एक ही दिन में रिक्शा चलाने के सभी गुर सिखा दिए। हाथ-रिक्शा

चलाना, साइकल-रिक्शा चलाने से आसान है, मगर इसमें मेहनत इतनी करनी पड़ती है कि अंग-अंग टूटने लगता है। फिर कलकत्ता की घनी और तेज रफ़्तार भीड़ में तो बहुत संभलकर चलना पड़ता है।

शूटिंग शुरू होने से पिछली शाम को मैं और मेरी पत्नी शिशिर भादुड़ी का नाटक *चन्द्रगुप्त* देखने गए। नाटक के क्षेत्र में स्वर्गीय शिशिर भादुड़ी का वही स्थान है, जो साहित्य के क्षेत्र में रवीन्द्रनाथ ठाकुर का। उनके अभिनय को यूरोप और अमरीका में भी सम्मान मिला है।

उनका उच्चकोटि का, नितांत सहज-स्वाभाविक, सरल, और प्रयत्नहीन अभिनय देखकर मेरा आत्मविश्वास, जो मैंने बड़ी कठिनाई से प्राप्त किया था, फिर से डगमगा उठा। उस रात मैं सो न सका। रह-रहकर मुझे लगता कि मैं अभिनय-कला में बिल्कुल कोरा हूँ। अपने को हौसला देने की मैंने काफी कोशिश की, पर कोई लाभ न हुआ।

अगले दिन विक्टोरिया मेमोरियल के आस-पास शूटिंग प्रारंभ हुई। देखते-देखते मेरी फिर वही हालत हो गई, जो *हम लोग* के शुरू के दिनों में थी। मुझे अपने संवाद भूल जाते। जो कुछ भी मैं कहता-करता, मुझे गलत महसूस होता। मैंने दिलीप कुमार का सहारा लेना चाहा। लेकिन उनकी जगह शिशिर भादुड़ी सामने आ खड़े हो जाते। मैं उन दोनों की तरह बोलने, हरकतें करने का यत्न करता। दो मौलानाओं के बीच मुर्गी हराम होने वाली बात थी।

बिमल राय हैरान थे। 'क्या बात है? तबीयत ठीक नहीं है क्या?' उन्होंने पूछा।

'हाँ। मैं रात ठीक से सो नहीं पाया।'

वे शायद असली बात भाँप गए थे। मुझे वहीं छोड़कर वे चौरंगी में कुछ शॉट लेने चले गए। मेरा सिर बुरी तरह चकरा रहा था। मैं हताश होकर अपने रिक्शे में ही बैठ गया। इतने में एक अधेड़ उम्र का रिक्शेवाला, जो दूर खड़ा हमारा तमाशा देख रहा था, मेरे पास आया। उसका हुलिया जोगेश्वरी के भैया लोगों से काफी मिलता था; लेकिन सेहत से वह बहुत कमजोर था—पीले, कमज़ोर दाँत बाहर की ओर निकल हुए, झुर्रियों-भरे चेहरे पर कई दिनों की बढ़ी हुई दाढ़ी, जो बीच-बीच में सफेद हो चुकी थी।

‘इधर क्या होता है, बाबू?’ उसने पूछा।

‘फिल्म उतार रहे हैं,’ मैंने बताया।

‘तुम फिल्म में पार्ट करते हो?’

‘हाँ।’

‘क्या पार्ट करते हो?’

यह सोचकर कि उससे बातें करने में मन दूसरी ओर लगेगा, मैं उसे फिल्म की कहानी सुनाने लगा, जैसे कभी हृषीकेश मुकर्ज़ी ने मुझे सुनाई थी। उस पर भी वही प्रतिक्रिया हुई। उसकी आँखों से आँसू झरने लगे। फर्क सिर्फ यह था उसे वह अपने ही जीवन की कहानी महसूस हो रही थी।

उसने मुझे बताया कि बिहार के किसी गाँव में उसकी भी दो बीघा ज़मीन थी, जो पन्द्रह साल से ज़मीदार के पास बंधक पड़ी थी। उसे छुड़ाने के लिए वह पन्द्रह साल से कलकत्ते में रिक्शा चला रहा है। पर अब उसे कोई आशा नहीं है कि वह कभी उसे छुड़ा सकेगा। मेरे पास खड़ा वह कुछ देर तक ठंडी साँसें लेता रहा और फिर वह यह कहता हुआ चला गया, ‘यह तो मेरी कहानी है, बाबू! यह तो मेरी कहानी है।’

मेरे भीतर से एक नई आवाज़ उठी—अभिनय-कला की ऐसी की तैसी! शिशिर भादुड़ी की ऐसी की तैसी! दिलीप कुमार को ऐसी की तैसी! मेरे जैसा ख़ुशकिस्मत और कौन होगा, जिसे एक दु:खी, लाचार इन्सान की कहानी दुनिया को सुनाने का मौका मिला है। यह जिम्मेदारी मुझपर डाली गई है, चाहे मैं उसे पूरा करने के योग्य हूँ या नहीं। कुछ भी हो, इसे पूरा करने के लिए मुझे अपनी सारी शक्ति लगाना होगी। कर्तव्य से मुँह मोड़ना कायरता होगी, पाप होगा।

तब मैंने उस अधेड़ उम्र के रिक्शेवाले की आत्मा जैसे अपने अन्दर समा ली और अभिनय-कला के बारे में सोचना बिल्कुल छोड़ दिया। मैं समझता हूँ कि मेरे उस रोल की अप्रत्याशित सफलता का असली रहस्य इसी में है। किसी पुस्तक में से नहीं, बल्कि जीवन में से अभिनय-कला का एक बुनियादी उसूल अचानक ही मेरे हाथ लग गया था: जिस पात्र का रोल करना है, अभिनेता उसके साथ जितना ही अभिन्न हो जाएगा, उतना ही सफल होगा। अर्जुन ने तीर चलाते समय सिर्फ मछली की आँख देखी थी, जोकि उसका लक्ष्य था।

अमृत बाज़ार पत्रिका के समालोचक ने मेरे उस रोल के बारे में लिखा था: 'बलराज साहनी के अभिनय में प्रतिभा का स्पर्श है।' वह स्पर्श मुझे उस अधेड़ रिक्शेवाले ने दिया था।

सोवियत रूस के एक फिल्मकार ने कहा था, 'बलराज साहनी के चेहरे पर एक संसार चित्रित है।' वह संसार भी उस अधेड़ रिक्शेवाले का ही था। यह शर्म की बात है कि आज भी, आज़ादी के पचीस साल बाद भी, वह संसार बदला नहीं है।

कलकत्ता की शूटिंग के दौरान में और भी कई घटनाएँ हुई, जिन्होंने मेरे जीवन-अनुभव को समृद्ध बनाया।

हावड़ा पुल पार करके शहर की ओर आते हुए पहले एक बहुत बड़ा गोलाकार चौराहा आता है जिसमें से बड़ा बाज़ार और दूसरी सड़कें निकलती हैं। वह चौराहा सीमेंट का बहुत बड़ा टापू-सा है, जहाँ दिन-रात लावारिस और दुतकारे हुए कंगाल इन्सान बसेरा करते हैं।

बिमल राय ने कैमरा ट्रैफिक कंट्रोल के ऊँचे कैबिन पर लगवाया था, जहाँ से चौराहे का पूरा दृश्य दिखाई देता था। मुझसे कहा गया था कि इशारा मिलते ही मैं देहाती लोगों की-सी घबराहट में हावड़ा पुल की ओर से आऊँ और चौराहे के उन कंगाल लोगों में से गुज़रूँ। बहुत महत्त्वपूर्ण शॉट था वह। मेरी कहानी मानो सिर्फ मेरी नहीं, उन अभागे इंसानों की भी कहानी थी।

मुझे घबराहट का दिखावा भर करना था; लेकिन लोगों की भाग-दौड़ को देख मैं सचमुच घबरा गया। मैं चौराहे के पास पहुँचा ही था कि अचानक एक ट्राम आ धमकी, और मैं उसके नीचे आते-आते बचा। ऐन मौके पर मैं लाइन तो पार कर गया; लेकिन मेरे हाथ में पकड़ी हुई लाठी का निचला सिरा सीमेंट के चबूतरे से टकरा गया, और मैं चारों खाने चित गिर पड़ा। साथ ही, मेरा बेटा (रतन कुमार) भी गिर पड़ा, जिसने मेरी उँगली पकड़ रखी थी। लाठी के सिरे पर टँगी हुई कपड़ों की गठरी दूर जा गिरी। ड्राइवर ट्राम रोककर मुझे तोल-तोलकर गालियाँ देने लगा। यह सोचकर कि कैमरा चल रहा होगा और मेरे गिरने से शॉट में और भी सुंदरता पैदा हुई होगी, मैं जल्दी से उठा और बच्चे को पकड़कर फिर आगे चल पड़ा। अपनी लारी और कपड़ों की गठरी उठाना मैं भूल ही गया।

मेरी इस हालत का कंगाल-बिरादरी पर अजीब-सा असर हुआ। कभी वे भी इसी तरह आशाएँ लेकर शहर आए थे, और मेरे जैसी ही बौखलाहट उन्हें भी हुई होगी। तभी वे भागकर आए और उन्होंने मुझे घेर लिया। स्त्रियों ने बच्चे को थाम लिया और पुरुषों ने मुझे बाँह से पकड़कर फर्श पर बैठाया। फिर, वे मुझे हौसला देने लगे।

'घबराओ मत। माथा ठंडा रखो। सब ठीक हो जाएगा। पहले पहल सबके साथ ऐसा होता है। थोड़ी देर इधर आराम करो। हम तुमको सब कुछ बताएगा, तुम्हारा मदद करेगा। किसी बात का फिकर मत करो।'

इतने में उनमें से कोई मेरे लिए पीने का पानी ले आया।

पर मेरा ध्यान अभी भी कैमरे को ओर था।

'मैं बिल्कुल ठीक हूँ, मुझे काम है, मुझे जाने दो।' मैंने उठकर फिर आगे बढ़ना चाहा। उन लोगों को और भी विश्वास हो गया कि मैं होशो-हवास खो चुका हूँ। उन्होंने मुझे और भी मज़बूती से पकड़ लिया।

'क्या ठीक है? तुम्हारा गठरी किधर गिरा, इसका तो तुमको पता नहीं है। हमारा बात क्यों नहीं सुनता तुम?'

एक स्त्री बोली, 'इस बच्चा को मारना चाहता है तुम क्या?'

मैं बुरी तरह घिर गया था। मुझे यही नहीं पता था कि शॉट कब का कट गया था और बिमल राय, हृषीकेश मुकर्ज़ी तथा अन्य साथी भीड़ में खड़े मेरा तमाशा देख रहे थे। आख़िर हृषीकेश मुकर्ज़ी ने आगे बढ़कर मुझे छुड़ाया और उन लोगों को समझाया कि मैं असली गरीब नहीं हूँ, बल्कि जो फिल्म खींची जा रही है, उसमें गरीब का रोल कर रहा हूँ।

एकाएक मेरे चारों ओर खड़े लोगों की आँखों में इंसानी प्यार और हमदर्दी के चश्मे चढ़ गए। वे आँखें मुझे दूर जाती हुई प्रतीत हुईं—बहुत दूर, जैसे "ज़ूम लेंस" में से निकट का दृश्य एकाएक दूर चला जाता है। ज़िन्दगी उन लोगों के साथ रोज़ ही मज़ाक करती थी। आज मैंने उनका भेष बनाकर उनसे मज़ाक किया था। यह सबसे क्रूर मज़ाक था। यह बात उनको आँखें कह रही थीं। अब उन आँखों में नफ़रत थी। एकाएक हुए इस मौन परिवर्तन को मैं कभी भूल नहीं सकूँगा।

बिमल राय अब इस संसार में नहीं हैं। मैं उनसे अपने कथन की पुष्टि नहीं कर सकता, लेकिन मुझे लगता है कि *दो बीघा ज़मीन* में कंगाल बस्ती की मालकिन का पात्र उन्होंने शायद उसी भीड़ में से लिया था।

बिमल राय और हृषीकेश मुकर्ज़ी दिनभर शूटिंग करते और सारी रात नई लोकेशनों के लिए भटकते। कलकत्ता में प्रातःकाल के समय सड़कें धोने का रिवाज़ है। उस वातावरण को फिल्माने के लिए उन्होंने मुझे रात के तीन बजे ही रिक्शा में जोत दिया। मुझे इतना ज़्यादा रिक्शा चलाना पड़ा कि भूख के मारे मेरा बुरा हाल हो गया। एक बस्ती के बाहर मैंने एक हलवाई को गर्म-गर्म दूध बेचते देखा। मैं उसके पास गया और आधा सेर दूध देने के लिए कहा।

हलवाई ने एक नज़र मुझे देखा और कड़ककर कहा, 'जानो, दूध नहीं है।'

'कड़ाही में यह क्या उबल रहा है? मैं पैसे दे रहा हूँ, मुफ्त तो नहीं माँगता !'

'कह जो दिया, दूध नहीं है!' उसके गुस्से का पारा और भी चढ़ गया था।

दोपहर का समय था। गर्मी बेहद थी। कैमरा एक ट्रक में छिपाकर लगाया गया था। सारी यूनिट उस ट्रक पर सवार थी। रूमाल का इशारा पाते ही मैं रिक्शा लेकर दौड़ पड़ता था। कभी सवारी उतारता, कभी नई सवारी लेता। कभी दो सवारियाँ, कभी तीन। प्यास के मारे मेरी बुरी हालत थी। लेकिन ट्रकवालों को रोकना संभव नहीं था। एक जगह सड़क के किनारे मैंने एक पंजाबी सरदार का ढाबा देखा, तो कुछ क्षणों के लिए रिक्शा एक ओर खड़ा करके भागता हुआ वहाँ गया और बड़े अपनत्व से पंजाबी में बोला, 'भरा जी, बहुत सख़्त प्यास लगी है। एक गिलास पानी पिलाने की किरपा कीजिए।'

'दफ़ा हो जा, तेरी बहन की. . .' उसने मुझे घुसा दिख़ाकर कहा।

एक पंजाबी आदमी रिक्शा चलाने का घटिया काम करे, यह उसे शायद सहन नहीं हो पाया था। मेरे मन में आया कि उसे अपनी असलियत बताऊँ और दो-चार खरी-खरी सुनाऊँ,पर इतना समय नहीं था।

एक पानवाले की दुकान पर मैंने गोल्ड फ्लैक सिगरेट का पैकेट माँगा और साथ ही पाँच रुपए का नोट उसकी ओर बढ़ाया। पानवाले ने कुछ देर

मेरा हुलिया देखा, फिर नोट लेकर उसे धूप की ओर उठाकर देखने लगा कि कहीं नकली न हो। आख़िर कुछ देर सोचने के बाद उसने मुझे सिगरेट का पैकेट दिया। अगर वह हमें पुलिस के हवाले भी कर देता, तो कोई हैरानी न होती।

चौरंगी में शूटिंग करते समय भीड़ जमा होने लगी थी। बिमल राय ने मुझे और निरूपा राय को कुछ देर के लिए किसी होटल में चले जाने के लिए कहा। हम 'फर्को रेस्तरां' में दाखिल हुए, तो वेटरों ने हमें धक्के देकर बाहर निकाल दिया।

हम भारतीय सभ्यता और उसके मानवतावादी मूल्यों की डींग मारते नहीं थकते; पर हमारे देश में सिर्फ पैसे की कद्र है, आदमी की कद्र नहीं है—यह बात मैंने उस दिन साफतौर पर देख ली थी। हमारे देश में गरीब आदमी के पास पैसा हो, तो भी उसे चीज़ नहीं मिलती। यह हमारी सभ्यता की विशेषता है।

लेकिन सभी अनुभव कटु नहीं थे। कुछ एक बहुत मज़ेदार भी थे।

जिस दिन घोड़ागाड़ी से मेरे रेस करने का दृश्य लिया गया, उस दिन दौड़-दौड़कर मेरी जो हालत हुई, उसका वर्णन नहीं कर सकता। कोलतार की तपती हुई सड़कों पर मेरे नंगे पाँव जल रहे थे और उन पर बड़े-बड़े ख़ूनी छाले उभर आए थे। मैं जब भी शूटिंग बन्द करने के लिए प्रार्थना करता, बिमल राय कहते, 'बस, दो शॉट और रह गए हैं।' उस समय मेरे चेहरे पर दुःख और पीड़ा के भाव शायद बहुत स्पष्ट और स्वाभाविक रूप में आ रहे थे। विमल राय को उन्हें फिल्माने का लालच था और वे रुकने का नाम नहीं ले रहे थे। आख़िर मैंने तंग होकर कहा, 'अब तो बियर की दो बोतलें मेरे सामने टाँगिए, तभी मैं दौड़ सकूँगा, वरना नहीं।'

बिमल राय ने यकीन दिलाया कि शॉट ख़त्म होते ही असित मुझे 'फर्को' में ले जाएँगे, और वहाँ मैं जितनी चाहूँ बियर पी सकूँगा। यह लालच दिलाकर उन्होंने कई शॉट और लिए। आख़िर जब असित सेन और मैं फर्को पहुँचे, तो पता लगा कि उस दिन "ड्राई डे" था। मैंने बाहर निकलते ही असित सेन को

गर्दन से पकड़ लिया और कहा, 'जहाँ से भी हो, मेरे लिए बियर लाओ, वरना मैं तुम्हें जान से मार डालूँगा!'

असित ने काफी भटकने के बाद बियर प्राप्त कर ही ली। लेकिन तब तक मेरा जोश और जिस्म दोनों ठंडे हो चुके थे। तब मैंने ब्रांडी पीनी चाही। मैंने असित सेन से कहा, 'अब मैं बियर नहीं पीऊँगा। मुझे, ब्रांडी पिलाओ।'

अमित सेन के मन की हद हो चुकी थी। सो, हमारे बीच में अच्छा ख़ासा झगड़ा हुआ। असित सेन को बियर पिलाने का आदेश मिला था, सो बियर ही पिलाएँगे, ब्रांडी चाहे सस्ती ही क्यों न हो। मुझे बियर ही पीनी पड़ी, और बाद में ठंडे पेट और बेहद थकावट के कारण ज़ुकाम हो गया।

8

मरते समय अपने जीवन की कम-से-कम एक प्राप्ति का मुझे ज़रूर गर्व होगा कि मैंने *दो बीघा ज़मीन* जैसी फिल्म में काम किया था।

यह कह चुकने के बाद कुछ तकनीकी नुक्ते बयान करने का भी मेरा हक बन जाता है।

इस फिल्म का आधार रवीन्द्रनाथ ठाकुर की इसी नाम की एक प्रसिद्ध कविता को बनाया गया था। इस सम्बन्ध में उनके प्रति बिमल राय का कहीं भी कृतज्ञता प्रगट न करना मेरे ख़्याल में न्याय-संगत नहीं है।

फिल्म के मुख्य पात्र का कहीं भी ज़ुल्म और अन्याय के ख़िलाफ खड़ा न होना, और अपने दोस्तों, साथियों और पड़ोसियों से अलग-थलग रहना उसके चरित्र को काफी कमज़ोर कर डालता है। दर्शक हमेशा अपने को कहानी के नायक के साथ जोड़ना चाहता है। पर ऐसे कमज़ोर और अपने-आप में सिमटे हुए नायक के साथ कौन जुड़ना चाहेगा? उस पर तो तरस ही खाया जा सकता है। इसीलिए *दो बीघा ज़मीन* शिक्षितों में तो लोकप्रिय हुई, पर आम जनता में उतनी नहीं।

यह दोष किसी-न-किसी मात्रा में हमारी सारी प्रगतिवादी कला और प्रगतिवादी साहित्य में पाया जाता है। हम अपने देश की जनता के साथ जुड़ने

के बजाय विदेशी कद्रों-कीमतों से जुड़ने की ज़्यादा कोशिश करते हैं। *दो बीघा ज़मीन* की तकनीक संसार प्रसिद्ध इतावली निर्देशक, वितोरियो डीसिका की फिल्म *वाइमिकल चोर* और इतालवी नव यथार्थवाद से बहुत प्रभावित थी। उसके गानों पर रूसी धुनों की छाप थी।

शायद इसीलिए रूस में *दो बीघा ज़मीन* के पल्ले केवल प्रशंसा ही आई, जबकि सारी लोकप्रियता राजकपूर की फिल्म, *आवारा* ले गई। घर, खेतों और कारखानों में करोड़ों मजदूर व किसान उसका गीत 'आवारा हूँ' गाते फिरते थे। राजकपूर वहाँ रूसी फिल्मी कलाकारों से भी ज़्यादा लोकप्रिय कलाकार बन गए। हमारे प्रतिनिधिमंडल को इस बात का अनुमान तक नहीं था। समाजवाद के तीर्थ-स्थान से हमें कहीं ऊँचे स्तर के सौंदर्यबोध की आशा थी। पर ध्यान से देखा जाए, तो इसमें रूसियों का कोई दोष नहीं था। *आवारा* में सशक्त हिन्दुस्तानियत की झलक थी। यह उसी तरह की बात है, जैसे इंग्लैंड का अंग्रेज़ उस हिन्दुस्तानी की बोलचाल को ज़्यादा पसंद करता है, जिसे सिर्फ टूटी-फूटी अंग्रेज़ी बोलनी आती हो।

अगर इश्तहारबाज़ी उतनी अच्छी न होती और रिलीज़ का प्रबन्ध बहुत बढ़िया न किया गया होता, तो *दो बीघा ज़मीन* अगर हिन्दुस्तान में फेल हो गई होती, तो अचरज की बात न होती। उससे पहले *धरती के लाल* और *नीचा नगर* फेल हो चुकी थीं। इसका सबसे बड़ा सबूत यह है कि बिमल राय ने उसके बाद ऐसी फिल्म बनाने का कभी साहस नहीं किया।

दो बीघा ज़मीन के विदेशी प्रदर्शन के अधिकार राजवंश खन्ना और उनके हिस्सेदार, राजेन्द्रसिंह होड़ा और गुरुमुख सिंह के पास थे। ये तीनों व्यक्ति प्रगतिशील विचारों वाले और विद्यार्थी आन्दोलन के प्रसिद्ध नेता रह चुके थे। उन्होंने फिल्म की सफलता के लिए पूरा जोर लगाया और बम्बई के मेट्रो सिनेमा में उसे बड़े ठाठ-बाट से रिलीज़ कराया। रूस, चीन, फ्रांस, स्विट्ज़रलैण्ड और अन्य कई देशों में फिल्म को जो प्रसिद्धि मिली, वह इन्हीं व्यक्तियों की अथक मेहनत का नतीजा थी।

दो बीघा ज़मीन और *परिणीता* के बाद जो सम्मान बिमल राय को मिला, वह कभी देवकी बोस, बरुआ, और वी. शान्ताराम के हिस्से भी आया था। पर

उनकी तरह बिमल राय भी उसे पचाने और अपनी नम्रता को कायम रखने में असमर्थ रहे। अपने गिर्द बड़े-बड़े कलाकारों, सेठों, और डिस्ट्रीब्यूटरों की भीड़ से वे भी बच न पाए। नतीजा यह हुआ कि वे यथार्थवादी और प्रगतिशील विचारों के मामले में समझौता करने लगे। यही नहीं, अपने साथियों की प्रसिद्धि का हिस्सा भी ख़ुद ही लेने लगे। सच्चे, शुभचिन्तक और गुणी साथी उनका संग छोड़ गए, और उनका स्थान मूर्ख और चापलूस लोगों ने ले लिया। तकनीक का पलड़ा दिनोंदिन भारी होता गया, और कला की आत्मा कमज़ोर पड़ती गई। विदेशों में जो स्थान उन्होंने बनाया था, वह सत्यजित राय ने ले लिया। फिर, व्यापारिक सूझ-बूझ तो उनमें थी ही नहीं। आख़िर वे कलाकार थे। ख़र्च और आडम्बर बढ़ते गए। ऐसे गोरखधन्धे में वे फँसते चले गए, जिसमें से निकलना बहुत मुश्किल था। आख़िर सुख, शान्ति, सेहत सबने जवाब दे दिया, और पचपन वर्ष की अल्पायु में उनका देहान्त हो गया। फिल्म-इंडस्ट्री के लिए यह बहुत बड़ा दुःखान्त था। उनके जाने से एक ऐसा अभाव पैदा हुआ, जिसे आज तक भरा नहीं जा सका। उन जैसे अद्वितीय फिल्मकार रोज़-रोज़ पैदा नहीं होते।

प्रसिद्धि मुझे भी *दो बीघा ज़मीन* ने बहुत दिलाई। अचानक लोगों को याद आ गया कि मैं शान्ति निकेतन में अध्यापक और लंडन में *बीबीसी* का एनांउसर रह चुका हूँ। तब तक मैंने संकोचवश इन बातों का कभी ज़िक्र नहीं किया था। आख़िर पंजाबी की वह कहावत सच हुई–'जिसके पल्ले में दाने, उसके पगले भी सयाने।'

कई अक्ल के कोरे यह कहकर मुझे इंकलाबी पंख भी लगाने लगे कि एक लखपति बाप का बेटा, जिसका दिल गरीबों के लिए धड़कता है, वह पैसे के लालच में नहीं, बल्कि फिल्मी दुनिया में इंकलाबी मोड़ लाने के लिए इस मैदान में उतरा है, और सिर्फ उन्हीं फिल्मों में काम करता है, जो मेहनतकश लोगों की आवाज़ बुलंद करती हों। और मज़े की बात यह कि समाचार-पत्रों ने मेरी जो तस्वीर पेश करनी शुरू की, मैंने अचेतन रूप से अपने को उसके अनुसार ढालना भी शुरू कर दिया।

लेकिन आर्थिक दृष्टि से मैं *हम लोग* की तरह *दो बीघा ज़मीन* के बाद भी ठन-ठन गोपाल ही रहा। लगभग छः महीने बेरोज़गारी में काटे। मैं जब भी

काम की तलाश में स्टूडियो के चक्कर लगाता, तो लोगों की नज़रें मुझे बेधती हुई प्रतीत होती। जेल में मिली पेचिश की सौगात के कारण मेरी सेहत पहले ही माशाल्लाह थी, अब घर में बैठ-बैठकर और भी कमज़ोर हो गई। हाथ-पैर की उँगलियों में फिर से एग्ज़ीमा शुरू हो गया। यह सोचकर भी दिल डूबता था कि कहीं मेरे नाम के साथ लगा 'कम्युनिस्ट' विशेषण ही तो निर्माताओं को भयभीत नहीं कर रहा है। आख़िर खदा-बदा करके एक फिल्म का कॉन्ट्रैक्ट मिला। फिल्म का नाम था, *बाजूबंद*, जिसका निर्देशन रामानन्द सागर कर रहे थे। मेरा रोल तो नायक का था, लेकिन काम खलनायक जैसे थे। वह एक ऐसे शराबी-कबाबी आदमी का रोल था, जो वेश्या के हुस्न का गुलाम होकर अपनी सुयोग्य और सुशील पत्नी को परेशान करता है।

एक दिन सैट पर अचानक बिमल-दा आए, जैसे कि कभी *हम लोग* के सैट पर आए थे। उस समय मैं दिखावे के नशे की हालत में वेश्या का नाच देख रहा था। बिमल-दा को देख कर मुझे शर्म-सी महसूस होने लगी। तभी उन्होंने पास आकर मेरे कान में कहा, *दो बीघा ज़मीन* के बाद ऐसी फिल्मों में काम करने लगे हो!'

सुनकर मैं भौचक्का रह गया और एकाएक कोई जवाब देते न बना। लेकिन मेरा मन तल्खी से भर गया। दूसरे की आलोचना करना कितना आसान होता है ! हर कोई दूसरे से ही आदर्श मनुष्य बनने और कुर्बानी करने की आशा करता है। बड़ी मुश्किल से मेरा दाना-पानी फिर से चला था। उस समय मेरी नज़र में *बाजूबंद* की कीमत *दो बीघा ज़मीन* से कई गुना ज़्यादा थी। उसके ही सहारे मेरे बच्चों का पेट पल रहा था। क्या बिमल-दा के लिए ऐसा व्यंग्य करना उचित था, जबकि ख़ुद उन्होंने मेरा हाल तक नहीं पूछा था?

पर क्या पता, उन्होंने व्यंग्य न किया हो। क्या पता, मेरी तरह बिमल-दा भी अपने को दूसरों की नज़रों से देखने लग गए हों और सोचते हों कि उन्होंने इंकलाबी फिल्म ही नहीं बनाई थी, बल्कि सचमुच इंकलाब कर डाला था। कुछ अरसा पहले एक और बंगाली निर्देशक, हेमेन गुप्ता ने *आनन्द मठ* फिल्म बनाई थी। अंग्रेजों के ज़माने में हेमेन गुप्ता बड़े पिस्तौलबाज़ इंकलाबी रह चुके थे। *1983* और *भूली नाई* जैसी लाजवाब बंगाली फिल्में बनाने के बाद वे बम्बई

आए थे। *आनन्द मठ* फिल्म बंकिमचन्द्र चटर्ज़ी के उपन्यास पर आधारित थी। यह उपन्यास इंकलाबी आन्दोलन के बारे में था। हेमेन गुप्ता ने उस फिल्म की शूटिंग को भी एक इंकलाबी महायज्ञ बना दिया था। कलाकारों की जानें ख़तरे में डालकर शॉट लेते हुए उन्हें आनन्द आता था, जैसे अपने देश के कुर्बानी-भरे बीते दिनों को फिर से जी रहे हों। उनके इस जोश का शिकार बड़े कलाकार तो बनने को तैयार न थे, लेकिन छोटे कलाकारों और मज़दूरों को अपनी मजबूरियों के कारण उनकी बातें मानकर ख़तरा मोल लेना पड़ रहा था। वे अपने स्वयं पर उनसे मर-मिटने की उसी प्रकार आशा करते थे, जिस प्रकार नेपोलियन अपने सिपाहियों में करता था। तीन-चार एक्स्ट्रा तो सचमुच मर गए थे। *दो बीघा ज़मीन* में काम करने के बाद कहीं मैं भी तो विमल-दा की नज़रों में किसी महायज्ञ के लिए अर्पित नहीं हो चुका था? देश उन्हें यथार्थवादी कला का गुरु मान चुका था। फिर, मुझे उनसे दूर होने का क्या हक था?

बातों का ज़ख्म मुश्किल से भरता है। हो सकता है कि बिमल-दा ने वह बात सहज भाव से कही हो, पर मैं उन्हें माफ न कर सका। उस समय मेरी मनोदशा ही कुछ ऐसी थी। *इप्टा* और कम्युनिस्ट पार्टी से टूटने के बाद मेरी ज़िन्दगी डाँवाडोल थी। ऊपर से पुलिस की धमकियाँ। मुझे मुखबिर बनाने की कोशिश भी की जा रही थी। दोस्तों-साथियों की शिकायतों और तानों ने ज़िन्दगी बिल्कुल बेजार कर दी थी। और फिर, ज़िन्दगी की तल्खी अलग।

बिमल राय के आने से पहले अनवर हुसैन फिल्म-लाइन के बड़े तल्ख किस्से सुना रहे थे। उनमें एक मुझे आज तक याद है। एक मशहूर फिल्म-निर्माता और निर्देशक ने मीना कुमारी को अपनी फिल्म में लिया था। शूटिंग के पहले ही दिन दोपहर के खाने के समय निर्माता-निर्देशक ने मेज़ के नीचे मीना कुमारी के पाँव पर अपना पाँव रख दिया। (ऐसी हरकतें करना निर्माता-निर्देशक अपना हक समझते हैं। इंडस्ट्री में आम मशहूर है कि किसी-न-किसी की टाँगों के नीचे से निकले बिना शायद ही कोई लड़की हीरोइन बनने की आशा कर सकती है। कई लड़कियाँ तो निर्माताओं के झूठे वादों पर यकीन करके ही अपनी ज़िन्दगी बर्बाद कर लेती हैं। उस समय मीना कुमारी कोई मामूली अभिनेत्री नहीं थीं। उन्होंने अपमान महसूस किया, और निर्माता-निर्देशक को

अलग ले जाकर शराफ़त से पेश आने के लिए कहा। तब निर्माता-निर्देशक ने बदला लेने के लिए एक ऐसा दृश्य लिखवाया जिसमें नायक नायिका को ज़ोर का थप्पड़ मारता है। उस दृश्य के इकतीस रीटेक लिए गए। और नायक भी कोई मामूली अभिनेता नहीं था। वह प्रथम श्रेणी का कलाकार था, जिनके नाम की लाखों लड़कियाँ माला जपती थीं, और जिसकी फोटो सामने रखकर आहें भरती थीं। उसे अच्छी तरह पता था कि थप्पड़ क्यों मरवाए जा रहे हैं, फिर भी उसने मारने में संकोच नहीं किया। इकतीस थप्पड़! लेकिन मीना कुमारी ने उफ़्फ़ तक न की। शॉट ख़त्म होने पर वे अपने मेकअप रूम में गईं और रोईं।

एक बात और याद आती है। उस समय मुझे गदरी बाबा गुरुमुखसिंह बहुत याद आए थे। जेल से उम्रकैद काटकर रिहा होने के बाद वे बम्बई में कम्युनिस्ट पार्टी के दफ्तर में आकर ठहरे थे। एक कॉमरेड मुझे उनके दर्शन कराने के लिए ले गया था। बाबा गुरुमुखसिंह ने मुझे घूरकर देखा था और कहा था, 'प्रो. बलराज! तुम पंजाबी! पंजाब क्यों नहीं जाते? यहाँ क्या करते हो?'

मैंने उनकी बात हँसकर टाल दी थी। बम्बई शहर का जनरल सेक्रेटरी होने के नाते मैं ज़बरदस्ती कुल हिन्द *इप्टा* का लीडर बना फिरता था। तब वही सवाल मेरे मन में बार-बार उठा। पंजाब जाकर मैं फिर क्यों वापस आ गया इस मनहूस शहर में। क्यों न भाग जाऊँ यहाँ से? वहाँ जहाँ अपने लोग, अपनी ज़बान, अपना अन्न-पानी है। पर वहाँ जाकर क्या करूँगा? वहाँ तो यहाँ से भी बुरी हालत होगी। मेरा भाई भीष्म जगह-जगह धक्के खा रहा है। राजवंश खन्ना, राजेन्द्रसिंह बेदी, साहिर लुधियानवी, और कितने अन्य साथी रोज़गार की ख़ातिर बम्बई आ रहे हैं। मेरा तो फिर भी किसी हद तक नाख़ून अड़ा हुआ है। लोग चाहे जो करते रहें, पर मैं सबसे पहले आर्थिक रूप से स्वतन्त्र होना चाहूँगा। और इसके लिए अपने काम में योग्यता पैदा करनी होगी। और ज़्यादा मेहनत करनी होगी। फिल्मों में मन चाहे न लगे, वातावरण चाहे कैसा भी बुरा क्यों न हो, पर मुझे कामयाब होकर दिखाना है। पंजाब जाने के बारे में सोचना एक तरह से अपसार है।

कह नहीं सकता कि मन में उठने वाले ये तर्क किस हद तक सच्चे थे, क्योंकि उसके बाद हालात बहुत जल्दी अच्छे बनने लगे। मेरा झुकाव फिर से पिताजी के दिए हुए संस्कारवान वैदिक सिद्धांतों की ओर हो गया। मेरे जैसे

चेहरों पर से कम्युनिस्ट गद्दार होने का दाग मिट गया। लगभग उन्हीं दिनों एक साथ *औलाद*, *टकसाल*, *आकाश*, *राही*, आदि चार-पाँच फिल्मों के कॉन्ट्रैक्ट मिल गए। कम-से-कम अगले चार-पाँच साल ज़िन्दगी आराम से बीतने की आशा बंधी। अब मैं अपने तरीके से जी सकता था, फिल्मों के घटिया वातावरण को अच्छा बनाने के लिए संघर्ष कर सकता था।

पर इतनी बहादुरी मेरे अन्दर कहाँ? कामयाबी के बाद मेरी किस्मत में भी अपनी आत्मा के साथ समझौता करना ही लिखा था। बिमल-दा का व्यंग्य सही था, मगर समय से पहले किया गया था।

मैंने चार्ली चैप्लिन की आत्मकथा बड़े शौक से पढ़ी है। मुझे लगा कि जहाँ तक वह महान कलाकार अपनी गरीबी और गुमनामी के दिनों का वर्णन करता है, उसकी ज़िन्दगी की कहानी बेहद दिलचस्प बनी रहती है; पर कामयाबी के दौर की शुरुआत होते ही वह फीकी पड़ने लगती है। तब चैप्लिन व्यक्तिगत समस्याओं और लार्डो-लेडियों की दोस्ती में खोया हुआ प्रतीत होता है, जैसे आत्मिक रूप में छोटा होता जा रहा हो, हालाँकि उस दौर में उसने संसार को *गोल्डरश*, *माडर्न टाइम्स*, *ग्रेट डिक्टेटर*, *मोस्य वर्द* जैसी महान फिल्में दीं। अजीब-सा विरोधाभास है यह!

कहाँ राजा भोज, कहाँ गंगू तेली! कहाँ चार्ली चैप्लिन और कहाँ मेरे जैसा नगण्य-सा आदमी! जितना मैं नगण्य, उतनी मेरी सफलता नगण्य। फिर भी, मैं यह कहने का साहस ज़रूर करूँगा कि कलाकार की ज़िन्दगी विरोधाभासों और विषमताओं से भरी होती है। उसके चरित्र की कमज़ोरियाँ और सीमाएँ भी कई बार उसके कलात्मक विकास का स्रोत बन जाती हैं।

अब तक जितनी फिल्मों में मैंने काम किया है, उनके नाम गिनाता आया हूँ। दस सालों में दस फिल्में। पर अगले, यानी कामयाबी के अट्ठारह सालों में मैं सौ से ज़्यादा फिल्मों में काम कर गया। कश्ती ठहरे हुए पानी में सपने की तरह थिरकती चली गई। निर्माता और नोटों के बंडल हवा-पानी की तरह हो गए, जिन्हें इस्तेमाल करता हुआ आदमी कभी सोचता भी नहीं है।

●●●